# 中国绿色金融改革创新试验研究

陈云 编著

中国财经出版传媒集团
中国财政经济出版社

图书在版编目（CIP）数据

中国绿色金融改革创新试验研究／陈云编著．－－北京：中国财政经济出版社，2021.12

ISBN 978－7－5095－4318－4

Ⅰ.①中… Ⅱ.①陈… Ⅲ.①金融改革－研究－中国 Ⅳ.①F832.1

中国版本图书馆 CIP 数据核字（2021）第 257528 号

责任编辑：樊　闽　　　　　责任印制：张　健
封面设计：北京兰卡绘世　　责任校对：张　凡

## 中国绿色金融改革创新试验研究
ZHONGGUO LYUSE JINRONG GAIGE CHUANGXIN SHIYAN YANJIU

中国财政经济出版社 出版

URL：http：//www.cfeph.cn

E－mail：cfeph@cfeph.cn

（版权所有　翻印必究）

社址：北京市海淀区阜成路甲 28 号　邮政编码：100142
营销中心电话：010－88191522
天猫网店：中国财政经济出版社旗舰店
网址：https：//zgczjjcbs.tmall.com
北京财经印刷厂印刷　各地新华书店经销
成品尺寸：170mm×240mm　16 开　17.5 印张　305 000 字
2021 年 12 月第 1 版　2021 年 12 月北京第 1 次印刷
定价：70.00 元
ISBN 978－7－5095－4318－4
（图书出现印装问题，本社负责调换，电话：010－88190548）
本社质量投诉电话：010－88190744
打击盗版举报热线：010－88191661　QQ：2242791300

# PREFACE 前言

1972年，罗马俱乐部发表《增长的极限》，首次深刻反思了以资源（包括能源）的高消耗、污染的高排放和生态的严重破坏为代价的高增长理论，揭示了"高增长"的不可持续性。1987年，世界环境与发展委员会发表《我们共同的未来》，正式提出可持续发展概念。1992年，联合国环境与发展大会提出并通过了全球可持续发展战略——《21世纪议程》，可持续发展战略作为各国实现经济、社会和环境协调发展的核心战略逐渐得到广泛采纳。2008年全球金融危机爆发，与气候变化加剧、能源危机、粮食危机和水资源危机交织在一起，共同构成了影响全球未来经济增长和发展的多重危机。在此背景下，联合国环境规划署在全球发出"绿色经济"倡议，旨在寻求一条有效而可持续地解决多重危机的道路，确保"后危机"时代的经济遵循一种可持续发展的模式。2011年，联合国环境规划署发布《迈向绿色经济：通往可持续发展和消除贫困的各种途径》，OECD发布《迈向绿色增长》，自此，绿色经济和绿色增长成为全球经济发展的新方向。

可持续发展、绿色经济、绿色增长催生了绿色金融。绿色金融是指金融部门将环境保护与资源节约作为目标，在相关政策配合下，将环境影响的潜在回报、风险和成本作为重要的因素纳入投资决策和日常业务中，以此引导社会经济资源向保护环境、促进可持续发展的领域集聚的一种创新性的金融模式。

2016年是绿色金融的元年，国内外一些机构和国家努力推动绿色金融的主流化：2016年8月，中国人民银行、财政部、国家发展改革委、环境保护部、银监会、证监会、保监会七部委联合发布《关于构建绿色金融体系的指导意见》，成为全球第一个具有明确的政府政策支持的、全面构建绿色金融体系的国家。2016年9月，G20杭州峰会达成了可持续发展行动计划，并通过了《G20绿色金融综合报告》，指出了全球绿色金融发展面临的五大障碍，并提出了克服这些障碍的政策选项。自此，绿色金融成为主流议题和全球共识。

在中国，党的十八届五中全会提出"创新、协调、绿色、开放、共享"的新发展理念，推动绿色发展方式形成是贯彻新发展理念的必然要求，发展绿色金融是实现绿色发展的重要措施。《构建绿色金融体系的指导意见》为我国绿色金融发展提供了政策支持和顶层设计，但具体如何发展绿色金融，还有待在实践中摸索。在此背景下，中国沿用渐进式改革的思路，允许部分地区率先开展绿色金融改革创新试点，立足本地、突出重点，探索绿色金融改革创新的有效模式，从而为我国经济绿色发展提供可复制可推广的经验借鉴。

2017年6月23日，中国人民银行等七部门联合印发《浙江省湖州市、衢州市建设绿色金融改革创新试验区总体方案》《广东省广州市建设绿色金融改革创新试验区总体方案》《新疆维吾尔自治区哈密市、昌吉州和克拉玛依市建设绿色金融改革创新试验区总体方案》《贵州省贵安新区建设绿色金融改革创新试验区总体方案》和《江西省赣江新区建设绿色金融改革创新试验区总体方案》，标志着我国首批五省（区）八地国家级绿色金融改革创新试验区成立。2019年11月28日，中国人民银行等六部委印发《甘肃省兰州新区建设绿色金融改革创新试验区总体方案》，标志着兰州新区国家级绿色金融改革创新试验区成立。六省（区）九地绿色金融改革创新试验区成立后，在绿色金融政策制度建设、绿色金融组织和市场体系建设、绿色金融产品和服务创新等方面进行了积极有效的探索，形成了一些典型案例，积累了一些成功经验。然而，目前专门针对绿色金融改革创新试验区的研究还十分欠缺。

鉴于此，本书以设立了绿色金融改革创新试验区的六个省（区）为研究范围，分别从绿色金融政策制度和基础设施建设、绿色金融组织体系建设、绿色金融市场体系建设、绿色金融业务发展状况四大方面，系统全面地考察了各地六省（区）绿色金融改革创新试验进展状况，指出各地绿色金融改革创新试验的主要成效、不足及背后原因。本书的研究，力图准确把握我国绿色金融改革创新的进展情况，为下一阶段绿色金融改革创新试验区的建设和扩容提供经验教训，也为全国绿色金融的未来发展提供参考借鉴。

本书包括专题篇、区域篇两大部分共十章内容：第1章"绿色金融发展背景、内涵演进和发展模式"由深圳大学中国经济特区研究中心苗璐老师、顾慧洁同学、陈佳淳同学和华南师范大学经济与管理学院陈云副教授联合撰写；第2章"绿色金融市场及业务"由华南师范大学经济与管理学院陈云副教授、深圳大学经济学院梁晓老师联合撰写；第3章"绿色金融标准建设"由华南师范大学经济与管理学院陈云副教授、广州商学院曾庆睿老师联合撰写；第4章"探索建设绿色金融改革创新试验区的功能定位"由华南师范大学经济与管理学院陈云副教授撰写；第5章"浙江省绿色金融改革创新实践"由华南师范大学经济与管理学院陈云副教授、高岩同学、黄雷雷同学共同撰写；第6章"广东省绿色金融改革创新实践"由华南师范大学经济与管理学院陈云副教授、陈嘉怡同学、廖智同学共同撰写；第7章"江西省绿色金融改革创新实践"由华南师范大学经济与管理学院陈云副教授、符航同学共同撰写；第8章"贵州省绿色金融改革创新实践"由华南师范大学经济与管理学院陈云副教授、刘蕴琳同学、深圳大学中国特区经济研究中心刘文湘同学、深圳环境科学研究院叶馨媛女士共同撰写;第9章"新疆维吾尔自治区绿色金融改革创新实践"由华南师范大学经济与管理学院陈云副教授、彭睿祺同学共同撰写;第10章"甘肃省绿色金融改革创新实践"由华南师范大学经济与管理学院陈云副教授撰写。

深圳大学中国经济特区研究中心乐小芳副教授为本书的编著、调研工作提供了诸多帮助,在此表示感谢!

本书出版获华南师范大学经济与管理学院资助,特此致谢!

陈云

2021 年 11 月

# CONTENTS 目录

## 专题篇

### 1 绿色金融发展背景、内涵演进和发展模式 ……… 3
1.1 绿色金融发展背景 ……… 3
1.2 绿色金融的内涵演进 ……… 8
1.3 绿色金融发展模式 ……… 11

### 2 绿色金融市场和业务 ……… 16
2.1 绿色信贷债券市场和业务 ……… 16
2.2 绿色债券市场和业务 ……… 22
2.3 绿色保险市场和业务 ……… 27
2.4 绿色基金市场和业务 ……… 31
2.5 碳金融市场和业务 ……… 33

### 3 绿色金融标准建设 ……… 38
3.1 绿色金融标准建设的重要意义 ……… 38
3.2 国际绿色金融标准建设 ……… 39
3.3 国内绿色金融标准建设 ……… 42
3.4 我国绿色金融标准中存在的问题 ……… 52
3.5 我国绿色金融标准未来发展建议 ……… 54

# 4 探索建设绿色金融改革创新试验区的功能定位 ·············· 56
## 4.1 我国绿色金融改革创新试验区设立背景 ·············· 56
## 4.2 我国绿色金融改革创新试验区功能定位 ·············· 57

# 区域篇

# 5 浙江省绿色金融改革创新实践 ·············· 67
## 5.1 浙江省湖州市、衢州市绿色金融改革创新试验区 ·············· 67
## 5.2 浙江省绿色金融政策制度和基础设施建设 ·············· 70
## 5.3 浙江省绿色金融组织体系建设 ·············· 87
## 5.4 浙江省绿色金融业务发展状况 ·············· 90
## 5.5 浙江省绿色金融改革创新的主要成效、不足与原因分析 ·············· 112

# 6 广东省绿色金融改革创新实践 ·············· 116
## 6.1 广东省广州市绿色金融改革创新试验区 ·············· 116
## 6.2 广东省绿色金融政策制度和基础设施建设 ·············· 119
## 6.3 广东省绿色金融组织和绿色金融市场体系建设 ·············· 131
## 6.4 广东省绿色金融业务发展状况 ·············· 136
## 6.5 广东省绿色金融改革创新主要成效、不足及原因分析 ·············· 157

# 7 江西省绿色金融改革创新实践 ·············· 161
## 7.1 江西省赣江新区绿色金融改革创新试验区 ·············· 161
## 7.2 江西省绿色金融政策制度和基础设施建设 ·············· 163
## 7.3 江西绿色金融组织和金融市场体系建设 ·············· 172

7.4　江西省绿色金融业务状况 ································ 176
7.5　江西省绿色金融改革创新成效、不足及原因分析 ········ 190

# 8　贵州省绿色金融改革创新实践 ································ 193
8.1　贵州省贵安新区绿色金融改革创新试验区 ················ 193
8.2　贵州省绿色金融政策制度和基础设施建设 ················ 196
8.3　贵州省绿色金融组织体系和市场体系建设 ················ 202
8.4　贵州省绿色金融业务状况 ································ 205
8.5　贵州省绿色金融改革创新成效、不足及原因分析 ········ 218

# 9　新疆维吾尔自治区绿色金融改革创新实践 ···················· 221
9.1　新疆维吾尔自治区哈密市、昌吉州、克拉玛依市绿色金融改革创新试验区 ································ 221
9.2　新疆维吾尔自治区绿色金融政策制度和基础设施建设 ······ 224
9.3　新疆维吾尔自治区绿色金融组织体系建设 ················ 230
9.4　新疆维吾尔自治区绿色金融市场体系建设 ················ 231
9.5　新疆维吾尔自治区绿色金融业务状况 ···················· 233
9.6　新疆维吾尔自治区绿色金融改革创新成效、不足及原因分析 ··· 245

# 10　甘肃省绿色金融改革创新实践 ································ 249
10.1　甘肃省兰州新区绿色金融改革创新试验区 ················ 249
10.2　甘肃省绿色金融政策制度和基础设施建设 ················ 251
10.3　甘肃省绿色金融组织和绿色金融市场体系建设 ············ 256
10.4　甘肃省绿色金融业务状况 ································ 258
10.5　甘肃省绿色金融改革创新成效、不足及原因分析 ·········· 264

主要参考文献 ································ 267

专题篇

# 1

# 绿色金融发展背景、内涵演进和发展模式

## 1.1 绿色金融发展背景

### 1.1.1 环境问题与可持续发展

环境问题是指人类赖以生存和发展的地理环境,由于自然或人为原因,出现了影响人类生产和生活,甚至影响人类生存的种种问题,主要表现为两类:环境污染和生态破坏。环境问题的产生有自然因素,但更多地源自于人类生产和生活活动。人类社会在发展的过程中,一度将物质增长视为社会进步和人类文明的衡量标准,然而,在片面追求物质增长的过程中,人类忽略了环境资源的有限性,结果导致了环境污染和生态破坏,这反过来又会制约人类社会的物质增长。

早在1968年,面对经济的快速增长,西方工业国家的一些学者和实业家们已经开始关注与人类发展前途相关的人口、资源、粮食和生态环境等一系列根本性问题,并对当时的工业经济发展模式提出质疑,同时还成立了专门研究人类和世界未来的罗马俱乐部。1972年,罗马俱乐部发表了著名的研究报告——《增长的极限》,该报告以世界人口增长、粮食生产、工业发展、资源消耗和环境污染这五大基本因素构成的世界系统仿真模型,阐述了人类发展过程中(尤其是产业革命以来)经济增长模式给地球和人类自身带来的毁灭性灾难,证明了传统的"高增长"模式不但使人类与自然处于尖锐的矛盾之中,并将会继续不断受到自然的报复,提出"地球已经不堪重负,人类正在面临增长极限的挑战"。该报告首次对西方流行的以资源(包括能源)的高消耗、污染的高排放和生态的严重破坏为代价的高增长理论进行了深刻反思,

提出了对指数式增长持续性的怀疑，通过揭示"高增长"的不可持续性，从而推动了可持续发展观的形成。

1980年世界自然保护联盟（IUCN）、联合国环境规划署（UNEP）、野生动物基金会（WWF）共同发表的《世界自然保护大纲》中，提出"必须研究自然的、社会的、生态的、经济的以及利用自然资源过程中的基本关系，以确保全球的可持续发展"，"可持续发展"的概念首次出现。1987年，世界环境与发展委员会（WCED）发表了报告《我们共同的未来》，正式使用了可持续发展概念，并给出了明确的定义："能满足当代人的需要，又不对后代人满足其需要的能力构成危害的发展。它包括两个重要概念：需要的概念，尤其是世界各国人们的基本需要，应将此放在特别优先的地位来考虑；限制的概念，技术状况和社会组织对环境满足眼前和将来需要的能力施加的限制"，这一定义获得了国际社会的广泛共识。

1989年，联合国环境发展会议（UNEP）专门通过了《关于可持续发展的声明》，认为可持续发展的定义和战略主要包括四个方面的含义：走向国家和国际平等；要有一种支援性的国际经济环境；维护、合理使用并提高自然资源基础；在发展计划和政策中纳入对环境的关注和考虑。

1992年，联合国环境与发展大会在巴西里约热内卢召开，提出并通过了全球可持续发展战略——《21世纪议程》，要求各国根据本国国情，制定各自的可持续发展战略、计划和对策，可持续发展理念取得共识。此后，可持续发展战略作为各国实现经济、社会和环境协调发展的核心战略逐渐得到广泛采纳。

美国长期处于西方经济体的领导地位，在可持续发展方面也走在世界前列。1996年美国国家可持续发展战略——《可持续美国和新的共识》报告出台；美国还通过完善的立法为可持续发展战略提供了坚实的基础，如2007年出台了《低碳经济法案》，2009年出台了《美国复苏和再投资法案》；此外，面对能源危机，美国政府的可持续发展政策体系也不断完善，如卡特政府的新能源政策、奥巴马的"绿色经济复兴计划"。

欧盟是世界上重要的区域一体化组织，也是推动全球可持续发展的重要力量。早在1997年，欧盟修订了《阿姆斯特丹条约》，确立了欧盟以可持续发展为核心的战略计划。此后，欧盟在新能源、温室气体减排等领域都做了详细的路线图和战略规划，如1998年的《欧盟关于气候问题战略》、2000年的《里斯本战略》、2000年和2005年的《欧洲气候变化计划》、2007年的《气候行动和可再生能源一揽子计划》、2011年的《2050低碳经济路线图》和

《绿色创新行动计划》等。

日本是一个人口稠密、资源匮乏的岛国，历来重视资源节约和环境保护。1994年日本颁布的《日本21世纪议程》中，可持续发展的理念贯彻始终；2006年日本发布了《新能源国家战略》。此外，日本关于环境保护方面的立法体系十分完善，为日本的可持续发展战略提供了坚实的法律基础。日本民众和企业的环保意识最为强烈，在环境保护和低碳社会建设方面的参与度也是最高的，在生活中处处践行低碳生活方式。

中国在获得经济增长奇迹的同时，也意识到环境保护的重要性。1994年国务院通过了第一个国家级可持续发展战略——《中国21世纪人口、环境与发展白皮书》，2012年中国发布了《中华人民共和国可持续发展国家报告》。

## 1.1.2 绿色经济与绿色增长

1989年，英国环境经济学家皮尔斯等学者在其著作《绿色经济蓝图》中，首次提出了"绿色经济"一词，强调通过对资源环境产品和服务进行适当的估价，实现经济发展和环境保护的统一，从而实现可持续发展。绿色经济的本质是以生态、经济协调发展为核心的可持续发展经济，是以维护人类生存环境、合理保护资源、能源以及有益于人体健康为特征的经济发展方式。然而，"绿色经济"提出后，在相当长的一段时间内并未得到应有的重视。

21世纪以来，在信息化、网络化等高新技术革命的推动下，工业化活动的发展速度大大提升、发展规模急剧扩大。与此同时，以资源短缺、环境污染、生态失衡为特征的经济社会的环境危机日趋严峻。2008年全球金融危机爆发，与气候变化加剧、能源危机、粮食危机和水资源危机交织在一起，共同构成了影响全球未来经济增长和发展的多重危机。在这一背景下，联合国环境规划署（UNEP）指出，绿色经济模式能够创造巨大的经济、社会和环境收益，并在全球发起"绿色经济"倡议，从而迅速在全球范围内掀起了绿色经济转型浪潮。

2009年，联合国环境规划署发表了《全球绿色新政政策概要》报告，呼吁各国实施"绿色新政"，旨在寻求一条有效而可持续地解决多重危机的道路，确保"后危机"时代的经济遵循一种可持续发展的模式，避免继续加重人类社会面临的两个最严重的危险：生态资源紧缺和气候不稳定。报告中列出了五个关键投资领域：提高新旧建筑的能效；发展风能、太阳能、地热、生物质能等可再生能源；推广清洁能源车辆，发展高速列车、快速公交系统；

对淡水、森林、土壤、珊瑚礁等地球生态基础设施进行投资；发展包括有机产品在内的可持续农业。报告也提出了绿色新政的三个目标：从短期来看，促进全球经济复苏，保留和创造就业机会，保护弱势人群；从中期来看，降低对于碳的依赖，遏止生态系统退化，使经济走上一条清洁和稳定的发展之路；从中长期来看，促进可持续的、广泛的增长以及千年发展目标的实现，到2025年消除极端贫困。

2011年，联合国环境规划署发布全球绿色经济报告——《迈向绿色经济：通往可持续发展和消除贫困的各种途径》，将绿色经济定义为"一种改善人类福祉和社会公平、同时显著降低环境风险和生态稀缺性的经济"。该报告呼吁世界各国大力发展绿色经济，实现经济发展模式的转型，从而应对可持续发展面临的各种挑战。

"绿色增长"概念，最早由Murgai（2001）在其论文中提出。2005年联合国亚太经济和社会委员会（ESCAP）合作与发展会议将绿色增长视为实现可持续发展的关键战略，认为绿色增长是"为推动低碳、惠及社会所有成员的发展而采取的环境可持续的经济过程"。随后，联合国经济合作与发展组织（OECD）发布了绿色增长的战略宣言，将绿色增长定义为"在防止代价昂贵的环境破坏、气候变化、生物多样化丧失和以不可持续的方式使用自然资源的同时，追求经济增长和发展"。

2011年，OECD发布《迈向绿色增长》报告，指出绿色增长是"在确保自然资产能够继续为人类幸福提供各种资源和环境服务的同时，促进经济增长和发展"。2012年，"里约+20"联合国可持续发展大会上，"在经济范式改革基础上推进绿色增长"的新理念被提出，引起了国际社会的广泛关注。绿色增长被国际社会普遍视为解决资源环境危机、实现社会经济可持续、平衡与包容性发展的重要议题。

总体来看，2008年全球金融危机以后，绿色经济和绿色增长开始成为全球经济发展的新方向。欧洲是推进绿色经济的积极倡导者，欧盟自2009年正式启动整体绿色经济发展计划，力图通过加强对绿色经济的投入促进经济增长，增加绿色就业，打造具有国际竞争力的绿色产业。欧盟绿色经济发展中，英、法、德居主导地位，其中，英国将发展绿色能源放在首位，德国重点发展生态工业，法国重点发展核能和可再生能源。美国在金融危机后积极推行"绿色新政"，主要包括节能增效、开发新能源、应对气候变化等。日本2009年公布《绿色经济和社会变革》政策草案，计划通过实行减少温室气体排放等强化绿色经济。韩国在金融危机后提出绿色增长的全面政策框架，并于

2010年通过了低碳绿色增长框架法。中国第十二个五年规划中，明确了向绿色经济迈进的决心，绿色发展主题确定了六大战略支柱。此外，巴西、南非、肯尼亚、爱尔兰、卢旺达等国也纷纷提出了促进绿色经济发展和绿色增长的政策主张。

## 1.1.3 可持续发展、绿色经济与绿色金融

绿色经济是一种新的经济可持续发展模式，绿色增长是可持续发展理念与经济增长模式相结合的增长理念。在绿色经济和绿色增长理念指导下，需要战略性地推进绿色产业的不断发展，并通过技术创新，提高资源利用效率，实现经济增长和生态环境保护的双赢。绿色产业和项目的发展、绿色技术创新离不开金融系统的有力支持。然而，传统金融以营利为主要目标，过于注重经济效益，忽略了生态效益，不适应于绿色经济的发展，结果导致绿色产业和绿色项目融资困难、发展受到限制。

在此背景下，绿色金融应运而生。与传统金融不同，绿色金融以环境保护为己任，将生态利益与绿色利润为目标，通过运用利率杠杆、制定产业倾斜政策及构建绿色绩效评估体系等手段，实现经济发展与环境保护的双赢之路（熊雪萍，2004）。

绿色金融，是指金融部门将环境保护与资源节约作为目标，在相关政策配合下，将环境影响的潜在回报、风险和成本作为重要的因素纳入投资决策和日常业务中，以此引导社会经济资源向保护环境、促进可持续发展的领域集聚的一种创新性的金融模式。发展绿色金融具有以下重要意义：

（1）促进社会资源的合理配置

在可持续发展的理念下，绿色金融可以合理地引导资金流动，实现社会资源更加合理地配置。绿色金融体系通过绿色信贷、绿色债券、绿色保险、碳金融等绿色金融产品，实现社会资源的绿色引流，促使资源不断从高污染、高能耗产业流出，转而流向低能耗高效产业、高科技产业、新兴产业及绿色环保产业，从而实现产业结构的升级优化，以及能源结构的优化，并改善环境污染状况，推动社会绿色经济转型，实现最大的生态经济效益。

（2）促进金融业的可持续发展

在践行绿色发展理念的过程中，金融机构不断完善内部管理和金融评估机制，如一些商业银行提供融资服务时采纳"赤道原则"，即对其融资项目实施过程中所产生的环境问题进行全方位的评估，在项目执行过程中也需要持

久地跟踪调查，并且只能向那些符合环境保护的项目提供融资服务。金融机构的绿色生态融资理念，一方面推动企业更加注重绿色技术创新、减少环境污染和提高绿色产出，进而提升环境质量；另一方面也能促使金融机构更好地服务于绿色项目和绿色产业，提升金融服务效率，并实现金融业自身的可持续发展。在金融市场上，为适应绿色经济发展对金融服务的需求，绿色债券、绿色保险、绿色基金等创新的绿色产品不断涌现，与之配套的绿色金融标准、绿色金融评价体系、绿色金融风险管理制度也被不断催生出来，这些均能有力地推动绿色金融市场体系不断完善和深入发展，从而迈向良性的可持续发展路径。

（3）促进社会福利水平的提高

绿色金融将绿色环保理念融入业务经营中，通过金融支持经济发展的渠道，推动整个社会的经济增长模式转变，实现社会的绿色可持续发展。在这一过程中，整个社会的环境污染水平下降，人们的生存和生活环境改善，社会福利水平也得到了提高。

## 1.2 绿色金融的内涵演进

绿色金融，又称为环境金融或可持续金融，一直以来并没有一个准确且被国际社会普遍接受的定义。在对绿色金融的内涵定义上，认识是逐步深化的。Cowan（1999）认为，绿色金融是为解决绿色经济的资金融通问题，涵盖了污染治理、供水、自然资源保护等。《美国传统辞典》（2000）将绿色金融定义为环境经济的一部分，主要职能是使用多样化的金融工具来保护生态环境。Jeucken（2001）在《金融可持续发展和银行业》一书中，分析了金融业在可持续发展中的重要作用，将银行业对环境保护的态度分成四个阶段：抵抗阶段、回避阶段、主动阶段和可持续阶段。在第一阶段，银行由于对环境保护的关注只能增加成本而不能带来收益，因而采取抵抗的态度，大部分发展中国家正处于这一阶段；在第二阶段，银行必须回避由环境问题带来的负面影响以降低运营风险，因此采用回避环境风险的策略，大部分发达国家正处于该阶段；在第三阶段，银行由环境保护活动中发现了收益，因而主动采取有利于环境保护的业务，少数发达国家正处于该阶段；在第四阶段，银行的所有商业活动都与社会可持续发展保持一致，经济系统进入良性循环，此时可持续发展达到理想境界。Labatt（2002）将绿色金融定义为提高环境质量，转移在环境保护过程中的风险的融资行为或过程。Höhne等（2012）认为，绿色金融是一个广义术语，是指流入可持续发展项目和倡议的金融投资，鼓励和发展更具可持续性的经济的环境产品或政策。绿色金融包括气候融资，但不仅限于此。它也指更广泛的一系列其他环境目标，例如工业污染控制、水卫生或生物多样性保护。减缓和适应融资是特指与气候变化相关的活动。缓解资金流动是指对项目的投资有助于减少或避免温室气体排放（GHG）的计划，而适应性资金流动是指有助于减少气候变化对货物和人的影响的投资。Zadek和Flynn（2013）认为，绿色金融通常与绿色投资互换使用。然而，绿色金融在实践中是一个更广泛的视角，它包括了运营绿色投资的成本，而这不包括在绿色投资的定义之内。绿色金融还包括项目准备和土地购置成本，这两种成本不仅具有重要意义，而且可能带来明显的融资挑战。Price Waterhouse Coopers Consultants（PWC）（2013）认为，对银行业而言，绿色金融可以定义为在考虑环境因素的情况下为金融产品和服务提供整个贷款决策、事后监测和风险管理流程，提供促进对环境负责的投资和刺激低碳技术的项目、行业和企业。

2016年，G20绿色金融工作组发表《G20绿色金融综合报告》，对绿色金融做出了国际上较为权威的解释，绿色金融是指能产生环境效益以支持可持续发展的投融资活动。这些环境效益包括减少空气、水和土壤污染，降低温室气体排放，提高资源使用效率，减缓和适应气候变化并体现其协同效应等。发展绿色金融要求将环境外部性内部化，并强化金融机构对环境风险的认知，以提升环境友好型的投资和抑制污染型的投资。

近年来，国内许多学者也对绿色金融进行定义，主要有三种代表性观点：一是指金融部门在发放贷款时对环境保护项目提供重点扶持，在政策、对象、条件、种类和方式上给予倾斜，放宽贷款投放和投量、期限和利率（和秀星，1998）；二是指政府部门将环境保护作为基本国策来指导金融部门的运作，以可持续发展为原则促进环境保护和经济增长协调发展，使金融活动达到可持续发展的经济战略（文同爱，倪宇霞，2010）；三是认为绿色金融是促进绿色经济发展的金融及资本手段，如绿色信贷、绿色证券、绿色保险和绿色产业基金等。绿色信贷将环境保护融入商业银行贷款政策及日常管理流程中，商业银行根据环境政策和产业政策来设定信贷准入规则，一方面鼓励具有良好环境记录和进行绿色生产消费的企业，对其进行正向信贷；另一方面处罚违反国家环境保护政策和具有环境违法记录的企业，对其进行逆向信贷。绿色证券是指对首次公开发行证券或进行再融资的企业设置绿色环境保护门槛，对违反环境保护政策的企业拒绝其上市发行,并对已上市企业的经营活动进行监管,公开其环境保护信息。绿色保险也称为"环境污染责任保险",是赔偿企业的环境污染事故对受害者造成的财产损失,分担企业在经营活动中的环境保护风险。绿色风险投资是指对环境保护相关的高风险、高收益的高新科技行业进行投融资,例如可再生能源、环境保护技术和设备等。乔海曙(1999)认为,绿色金融是将人类的经济活动造成的环境破坏或生态破坏进行计量和评估,并利用金融活动进行资源的再分配。汤伯虹(2009)将绿色金融定义为根据市场经济规律,用信贷、保险、基金、证券等金融工具促进环境资源和经济协调可持续发展的宏观经济政策。

2016年8月,中国人民银行、财政部等七部委联合发布了《关于构建绿色金融体系的指导意见》,也给出了中国对绿色金融的权威定义:绿色金融是指为支持环境改善、应对气候变化和资源节约高效利用的经济活动,即对环保、节能、清洁能源、绿色交通、绿色建筑等领域的项目投融资、项目运营、风险管理等所提供的金融服务,主要通过绿色信贷、绿色债券、绿色保险、绿色股票指数、绿色基金和碳金融等绿色金融工具来促进经济的可持续发展和产业结构的升级。

总的来说,国内外学者对绿色金融定义的共同点是:将绿色金融认为是绿色经济的一种资本手段,将环境保护引入金融活动,从而影响企业的经营决策,进而优化经济增长的结构方式,促进社会的可持续发展。绿色金融的定义可以概括为广义和狭义两种。广义的定义侧重于绿色金融的目的和实质影响,认为绿色金融是一种有助于可持续发展的金融系统,有利于经济的转型和稳定增长,从宏观经济的角度利用金融系统对环境风险进行高效的资本分配。狭义的定义侧重于过程,认为绿色金融是用来评估环境保护管理及生态周期变化的影响的金融工具确定绿色金融优先支持的重点环境保护行业标准和技术等,如循环利用和废弃物的管理、可再生能源的开发等。

发达国家和发展中国家对绿色金融的定义也存在一些区别:发达国家更关注气候变化所带来的风险,因此对与气候变化相关的技术发展作为金融的主要风险。这是由于在发达国家早已完成了工业化发展,因此在工业化早期发展中会出现的环境污染问题(例如水污染、土地污染、大气污染等)基本不复存在。金融机构在评估一项投资是否为绿色投资时,无须评估治理水污染和土地污染等成本,而在发展中国家,这些防污治污作用都属于绿色金融评估范畴。例如挪威的环境保护研究机构在评估绿色债券的发行时,认为对化石能源的所有投资都不是绿色金融的范畴;而在中国或其他发展中国家,只要化石能源投资能够节省使用量和节约单位能耗，那么该投资就属于绿色金融投资。又如高铁债券在中国属于绿色债券，而发达国家并不将其归入绿色金融。这种对绿色金融的不同定义，无疑对绿色金融的发展十分不利。在全球范围制定一个统一的、被各国普遍接受的定义，对绿色金融的行业标准制定十分重要。

## 1.3 绿色金融发展模式

绿色金融是一个先有实践、再发展出理论体系的领域。自20世纪70年代以来，为了应对资源消耗与环境恶化等问题，西方发达国家开始出现绿色金融实践。1974年，西德建立了世界上第一家环保银行，专门为环境保护与污染治理项目提供融资。1980年，美国颁布《综合环境反应补偿与责任法》（又称《超级基金法案》），规定了危险物质泄漏事故的报告制度和国家应急计划制度，明确了负有环境污染治理责任的主体（包括总统、州政府、地方政府、危险废物设施或船舶所有者和营运人及法律规定的其他主体等），同时规定由联邦政府设立专门的基金，并授权环保总署组织对污染场地进行治理，并向污染场地的责任人追回治理费用。此后，各国政府和国际组织在绿色金融实践方面进行了各种有益的尝试和探索：1991年，美国银行为避免环境债务风险进行贷款程序变革，英国金融创新研究中心进行环境风险评级，日本制定促进节能技术发展的信贷支持政策。1997年12月，《联合国气候变化框架公约》参加国三次会议制定了《京都议定书》，旨在将大气中温室气体含量稳定在一个适当的水平，以防止剧烈的气候改变对人类造成伤害。《京都议定书》还建立了碳排放交易机制，将气候变化纳入金融机制的考虑范围。2003年，世界银行集团旗下的国际金融公司联合多家国际银行推出"赤道原则"，为金融机构项目融资和促进环境保护提供统一的行业准则。2015年12月，《联合国气候变化框架公约》近200个缔约国在巴黎气候变化大会上达成了《巴黎协定》，为2020年后全球应对气候变化行动做出安排，《巴黎协定》使得全球投资偏好将进一步向绿色低碳、污染治理等方面倾斜，进一步推动了全球绿色金融的发展。

具体到中国，改革开放以来中国经济持续高速增长，与此同时，中国不得不面对大气污染、水环境污染、资源耗竭、生态环境破坏等一系列问题：大气污染中的雾霾及PM2.5对人体的健康有极为严重的影响，酸雨使得土壤营养物质减少，进而造成了农业的经济损失；水污染造成工业因缺乏干净水源而减产，影响渔业及畜牧业的产量、影响居民的用水安全；固体废物污染水源及土壤、造成饮用水不安全、土壤贫瘠等问题。传统以经济优先的粗犷型发展模式亟待向新型可持续发展、绿色经济发展模式转型，而这也成为绿色金融发展的前提。

早在1995年，中国人民银行发布了《关于贯彻信贷政策和加强环境保护工作有关问题的通知》，要求金融部门在信贷工作中注意将环境保护和国民经济的发展相结合，对环境有影响的贷款项目要严格贷款的审批、发放和监督管理。2007年，国家环保总局、人民银行和银监会联合颁布《关于落实环保政策法规 防范信贷风险的意见》，强调了信贷手段对保护环境的重要意义。此后，我国绿色信贷政策开始大力实施与推广，部分商业银行开始采纳"赤道原则"：2008年兴业银行成为我国首家赤道银行，也成为践行绿色金融实践的重要力量；2017年江苏银行在国内城商行中率先采纳赤道原则；2019年湖州银行成为境内第三家赤道银行；2020年重庆农商行宣布采纳赤道原则。除了银行业的绿色金融实践之外，其他非银行金融机构的绿色金融实践也开始出现。2008年国家出台《关于环境污染责任保险工作的指导意见》，将绿色环保意识引入保险行业，促使企业加强环境的风险管理。

近年来，绿色金融的政策支持体系也不断完善：2015年国务院发布的《生态文明体制改革总体方案》中，首次提出建立我国的绿色金融体系，推广绿色信贷、绿色股票指数、绿色债券等金融工具；2016年"十三五"规划纲要再次强调建立绿色金融体系，构建绿色金融体系正式上升为国家发展战略，同年8月七部委联合印发了《构建绿色金融体系的工作指导意见》，明确提出推进绿色金融体系建设；2017年《政府工作报告》首次提出"大力发展绿色金融"；2019年《政府工作报告》中提出，"加快发展绿色金融，培育一批专业化环保骨干企业，提升绿色发展能力"。

纵观西方发达国家与中国的绿色金融发展历程，可以发现其发展模式有着显著的区别。以美国、英国为代表的西方发达国家，多种金融机构与非政府组织为绿色金融的主要参与者，注重市场机制，政府在绿色金融发展到一定程度时才参与其中，形成以市场需求为导向的"自上而下"的发展模式（杨娉、马骏，2017）。以中国为代表的发展中国家，绿色金融起步较晚，绿色金融体系的初始构建主要依赖于政府的力量，且通过政府部门和监管机构推动，形成以政府需求为导向的"自上而下"的模式（张承惠等，2016）。

## 1.3.1 以市场需求为导向的"自下而上"绿色金融发展模式

西方发达国家环境公害问题出现较早，早在20世纪70年代，环境问题和可持续发展问题就已经得到了社会的广泛关注。与此同时，发达国家环境保护教育开展较早，公民环境意识逐步提高，环境保护法律体系与企业监管制度日趋完善。由于环保理念深入人心，逐渐增强的资产所有者的环保意识，使其对绿色金融产品的投资需求增长迅速，进而促进资产管理者向绿色投资的转型。在这一背景下，金融机构为避免环境污染风险和追求绿色发展带来的商机，主动开发绿色金融业务。金融机构逐渐将绿色发展理念渗透到各个方面的日常经营活动中，并在绿色金融衍生产品开发与绿色金融服务等方面积累了丰富的实践经验。

在市场经济与环保理念成熟的发达国家，绿色金融的发展主要由市场力量主导，广大的践行绿色发展理念的企业、组织、金融机构是绿色金融的主要参与者，共同构建了绿色金融体系。绿色经济发展与绿色金融发展形成了良性循环，绿色经济发展是绿色金融发展的根本动力，绿色资产需求的不断增加进一步推动了资金在绿色产业中的有效配置，进而促进了整体绿色经济的发展。

发达国家以市场为主导的绿色金融发展，政府较少干预市场运营，但对绿色金融的发展也起到了积极作用。政府依靠有力的法律制度及有效的财政、金融手段，为绿色金融的快速发展提供了保障。发达国家严格的环境保护立法与企业责任制度，是绿色金融发展的基础。政府通过征收排污费、污染税及提供绿色补贴等激励方式，有效地促进了绿色金融产业的发展。政府还通过政府引导基金、政府担保等方式，为绿色金融产业发展提供了有力保障。

"自下而上"的绿色金融发展模式在西方发达国家得以快速发展，主要依赖于以下方面：①环境资源问题较小。发达国家工业化起步早，已经历了"先污染，后治理"的历程。随着经济全球化的不断深化，发达国家的环境问题逐步转嫁到发展中国家，因此所面临的环境与资源问题较小。绿色金融发展的压力较小，不需要政府过多的干预，也能实现其环境保护的目标。②环境保护法律与政府监管体系完善，执法严格。完善的法律体系与政府监管促使企业加强自我约束，为了避免环境风险，追求绿色收益，会合理配置资金，将其投向更为绿色、环保产业。③市场机制成熟。在成熟的市场机制下，私人机构与投资者对市场反应更为敏感，在资金配置，绿色产品开发、环境风险管理等方面比政府更有效率。④环境保护的国民教育。美国、日本、英国等发达国家都经历过严重的环境公害问题，因此环境保护教育成为国民教育的重要部分。在发达国家环境保护意识深入人心，环境保护教育是绿色金融发展的基石。

但是，发达国家以市场为主导的"自下而上"的绿色金融发展模式，由于缺乏政府有效的引导，绿色金融产业往往会出现驱动力不足问题。此外，由于信息不对称、环境信息披露不足等问题，也使得绿色金融市场陷入低效率的困境。

## 1.3.2 以政府需求为导向的"自上而下"绿色金融发展模式

进入 21 世纪以来，发展中国家进入高速工业化发展时期，世界人口快速增长，地球环境、资源承载力接近上限，已无法支持发展中国家继续工业化发达国家"先污染、后治理"的发展道路。2015 年各国政府达成三项共识：17 个可持续发展目标（SDGs）、巴黎气候协议及"发展融资"等方案。作为实现三项共识的核心，绿色金融发展在中国、巴西等发展中国家成为重要的国家战略。

作为最早将绿色金融上升为国家战略的国家，中国在政策层面构建了全球第一套较为系统的绿色金融发展框架，具有鲜明的"自上而下"的顶层设计的特征。近年来，中国绿色债券、绿色基金及绿色信贷等绿色金融产品发展迅速。具有鲜明中国特色的、由政府主导的绿色金融市场发展的尝试，为发展中国家绿色金融的发展起到了积极示范作用。

与发达国家不同，中国等新兴市场国家及发展中国家，人口数量巨大，所面临的环境污染、资源匮乏与生态破坏问题严峻。据统计，若要实现联合国发展目标，每年需要 5 万亿~7 万亿美元，而发展中国家每年面临大约 2.5 万亿美元的投资缺口，涉及清洁能源、水与卫生和农业等方面。中国作为人口大国，环境库兹涅茨曲线峰值远超发达国家，虽然近年来我国已意识到环境污染问题，并逐渐加大环境污染治理力度，但是污染物整体排放水平仍处于极高水平，甚至有的省市已超其环境承载力。此外，以 GDP 为地方官员绩效考察的唯一指标的考核晋升机制，进一步加剧了地方环境恶化，资源匮乏。

与发达国家绿色金融发展模式不同，以中国为代表的发展中国家绿色金融创新本质是由政府为主导的强制性推动绿色转型及升级的制度变迁（王凤荣、王康仕，2018）。一方面，在发展中国家的环境保护教育与环境道德的缺失，居民环保知识的匮乏，使绿色金融市场对资产所有者缺乏有效的市场激励机制，阻碍了资产所有者对绿色金融产品开发和投资的主动性。另一方面，环境保护法律体系、企业监管机制、环境信息披露与社会监督体系还不完善，执法力度不严格，缺乏对资产所有者的外在的约束与激励。此外，在绿色金融产品开发与资金运用等方面，发展中国家地方金融机构能力稍显不足，由于起步较晚，既缺乏绿色金融相关的指标评价体系与成本效益评估模型，又缺乏适合自身特点的发展经验，无法主导发展中国家绿色金融产业的发展。与在发达国家绿色金融发展中起重要角色的民间非政府组织相比，中国等新兴市场及发展中国家的民间非政府组织力量薄弱，缺乏公信力，若依照发达国家走依靠多种金融机构与民间非政府组织为主导的"自下而上"的发展模式，短期内很难推动绿色金融知识的普及，更增加进一步制定产业原则和标准的困难程度。

实践证明，中国作为绿色金融发展的追赶者，以政府需求为导向的"自上而下"的发展模式，近几年来成效显著。作为发展中国家的先行者，为其他新兴市场国家及发展中国家提供很好的经验指导。如在中国金融学会绿色金融专业委员会的《绿色债券支持项目目录》指导下，2016年，我国绿色债券占全球绿色债券发行量的40%，达到2300亿元人民币。该目录不仅推动了中国绿色债券的快速发展，其绿色债券的界定标准也为其他国家提供了重要的参考。

由政府为主导的"自上而下"模式最大的优势在于从国家战略层面出发，中央政府能够向市场快速释放积极支持绿色金融发展的信号，地方政府可快速引导绿色金融市场有效地建立与运营。中央及地方各级政府的协同与合作，为绿色金融高效快速发展提供了有力的保障。但是，仅仅靠政府力量推动绿色金融产业发展是远远不够的。金融机构、民间组织和资产所有者的能力不足，若想绿色金融长远实现又好又快地发展，要想进一步推动绿色金融发展，还需要在长期进一步加强法律制度建设、执法力度与企业监管体系。另外在国家范围内开展绿色金融知识的普及教育工作，进一步扩大市场参与主体数量及提升市场参与者的绿色金融资金运作能力。

# 2

# 绿色金融市场和业务

## 2.1 绿色信贷债券市场和业务

绿色信贷是指商业银行和政策性银行等金融机构依据国家的产业政策和环境经济政策,将环境保护作为信贷活动的重要依据,实现资金的绿色配置,以促进经济与环境协调发展。绿色信贷的作用机理在于银行业金融机构利用信贷手段加大对绿色经济、低碳经济、循环经济的支持,提高绿色产业的融资能力;对于那些污染性企业则实行限制性贷款和严格的准入制度,同时加强贷后管理,防范其中可能出现的环境风险和社会风险。通过引导资金更多流向如节能环保、清洁能源等低环境风险和社会风险的绿色产业,逐渐淘汰高能耗、高污染等落后产能的融资来源。绿色信贷要求把强化环境监管和规范信贷管理紧密结合,把企业履行环保政策法规情况作为信贷管理的重要内容,把企业环境守法情况作为对企业贷款的前提条件,是一种非常有效的环保调控手段。

### 2.1.1 国外绿色信贷市场和业务

20 世纪 70 年代以来,西方发达国家开始绿色信贷方面的探索:

其一,设立绿色银行专营绿色信贷业务。如 1974 年德国政府就建立了世界上第一家环保银行,专门给经济效益较差但环境效益高的环保项目给予低息信贷支持,用来鼓励环保项目的运行。1991 年波兰也成立了环保银行,重点支持促进环保的投资项目。美国 2011 年以来设立了地方性绿色银行支持清洁能源项目,如康涅狄格州绿色银行(CEFIA)、纽约绿色银行(NYGB)、夏威夷绿色能源市场证券化项目(GEMS)和新泽西州能源适应力银行(ERB)。

英国2012年设立了全世界第一家专门致力于绿色经济的投资银行英国绿色投资银行（GIB）。

其二，制定商业银行绿色信贷方面的法律。如美国1980年通过的《超级基金法》中规定，只有保证借款人项目在实行中对社会环境污染负责的前提下，才能对该项目提供信贷服务，这也直接催生了美国的绿色信贷制度。英国1990年颁布《环境保护法》，规定企业必须通过环境责任评估，才能从金融机构获得绿色信贷；2009年颁布《贷款担保计划》，明确了针对中小企业融资的补贴和担保机制，鼓励中小企业将资金投向绿色创新环保产业。

其三，形成绿色信贷实施标准。1992年，为推动金融机构可持续发展，联合国环境规划署联合世界主要银行和保险公司成立了金融机构自律组织，并分别于1995年和1997年发布了《联合国环境署保险业环境举措》和《银行业、保险业关于环境可持续发展的声明》，明确了保险业和银行业的环境责任。目前已有45个国家超过200家金融机构成为联合国环境规划署可持续金融倡议签约方，成为全球最具影响力的绿色信贷行动组织。

2003年6月，国际金融公司（IFC）联合花旗银行、巴克莱银行、西德意志银行、荷兰银行等发起建立了商业银行新标准——赤道原则。赤道原则旨在判断、评估和管理项目融资中所涉及的环境风险和社会风险，要求采纳该原则的银行在全球范围内对所有行业的项目融资均实行这一原则，并保证只为符合条件的项目发放贷款。赤道原则第一次把项目融资中模糊的环境和社会责任标准明确化、具体化，使整个银行业的环境与社会责任标准得到了基本统一，成为国际上普遍认可的商业银行实施绿色信贷的黄金标准。

美国花旗银行是最早签署"赤道原则"的银行之一，内部专门设立了环境风险管理评估部门，为绿色信贷服务建立了完善的体系，其风险与环境管理政策适用于花旗银行的所有融资业务。英国巴莱克银行是最早签署"赤道原则"的商业银行之一，制定了一套覆盖所有行业的绿色信贷审批管理办法，明确划分了环境风险等级及认定标准，为银行评定绿色风险和信贷核查提供了全方位的支持。英国汇丰银行根据自身情况制定了环境评级体系，将融资项目分为三个等级，对环境效益好的C类项目给予优惠信贷服务，对环境效益一般的B类公司融资项目按一定比例给予支持，对高污染的A类项目实行最为严格的信贷政策。德国的德意志银行是最早签署"赤道原则"的商业银行之一，迄今为止，德国大部分的商业银行已接受"赤道原则"，依据该原则对贷款项目进行评估和发放，在绿色信贷的透明度方面，建立了严格的监管机制，保证信贷服务的透明度。日本瑞穗银行2003年宣布加入了"赤道原则",也是亚洲第一个加入该原则的银行,并制定了覆盖银行整体业务的管理规定,2006年,瑞穗银行新成立了绿色可持续发展部门,负责绿色信贷业务的审核。

## 2.1.2 国内绿色信贷市场和业务

绿色信贷是我国绿色金融实践中起步最早的领域,也是当前我国绿色金融主要业务。国内绿色信贷的发展从绿色信贷制度体系、绿色信贷机构组织、绿色信贷业务三个方面展开。

(1)绿色信贷制度体系建设

我国绿色信贷制度体系是自上而下建立,以人民银行、银保监会为主导,具体如表2-1所示。

表2-1 我国绿色信贷制度体系

| 时间 | 发文部门 | 政策名称 | 文号 |
| --- | --- | --- | --- |
| 1995-2-6 | 人民银行 | 《中国人民银行关于贯彻信贷政策与加强环境保护工作有关问题的通知》 | 银发〔1995〕24号 |
| 2007-7-18 | 环保总局、人民银行、银监会 | 《关于落实环保政策法规防范信贷风险的意见》 | 环发〔2007〕108号 |
| 2007-11-23 | 银监会 | 《节能减排授信工作指导意见》 | 银监发〔2007〕83号 |
| 2012-1-29 | 银监会 | 《绿色信贷指引》 | 银监发〔2012〕4号 |
| 2013-2-7 | 银监会办公厅 | 《中国银监会办公厅关于绿色信贷工作的意见》 | 银监办发〔2013〕40号 |
| 2013-7 | 银监会 | 《绿色信贷统计制度》 | 银监办发〔2013〕185号 |
| 2014-6-27 | 银监会 | 《绿色信贷实施情况评价指标》 | 银监办发〔2014〕186号 |
| 2017-12-26 | 中国银行业协会 | 《中国银行业绿色银行评价实施方案(试行)》 | 银协发〔2017〕171号 |
| 2018-3 | 人民银行 | 《绿色贷款专项统计制度》 | 银发〔2018〕10号 |
| 2018-7-27 | 人民银行 | 《银行业存款类金融机构绿色信贷业绩评价方案(试行)》 | 银发〔2018〕180号 |
| 2019-12-27 | 人民银行 | 《绿色贷款专项统计制度修订内容》 | 银发〔2019〕326号 |
| 2020-7 | 银保监会 | 《绿色融资专项统计制度》 | |
| 2021-6-9 | 人民银行 | 《银行业金融机构绿色金融评价方案》 | 银发〔2021〕142号 |

注:根据公开资料整理。

1995年2月6日，中国人民银行发布《中国人民银行关于贯彻信贷政策与加强环境保护工作有关问题的通知》，首次要求各金融部门在信贷工作中把支持生态资源的保护和污染的防治作为银行贷款的考虑的因素之一。2007年7月18日，国家环境保护总局、中国人民银行、中国银行业监督管理委员会联合下发《关于落实环保政策法规防范信贷风险的意见》，要求加强信贷管理工作和环保的协调配合、强化环境监管。2007年11月23日，银监会发布《节能减排授信工作意见》，指出银行业金融机构要落实国家节能减排战略，优化信贷结构，并明确了授信政策和授信管理。

2012年1月29日，银监会发布《绿色信贷指引》，从组织管理、政策制度及能力建设、流程管理、内控管理与信息披露、监督检查五个方面细化了绿色信贷管理体系，成为我国绿色信贷制度体系的核心和纲领性文件。2013年2月7日，《中国银监会办公厅关于绿色信贷工作的意见》发布，提出了十一条具体意见。

2013年7月，银监会发布《绿色信贷统计制度》，对绿色信贷相关统计领域进行了明确划分，要求银行机构对所涉及环境、安全等重大风险企业贷款和节能环保项目及服务贷款、年度节能减排能力进行统计。2020年7月，银保监会发布《绿色融资专项统计制度》，基于发改委《绿色产业指导目录（2019）》对部分项目进行调整，并将绿色信贷升级为绿色融资。

2014年6月27日，银监会出台《绿色信贷实施情况关键评价指标》，对照《绿色信贷指引》的五大方面设定了绿色信贷实施的目标和核心指标，是绿色信贷考评的关键性文件。

2017年12月26日，中国银行业协会发布《中国银行业绿色银行评价实施方案（试行）》，明确了银行业绿色银行评价的具体内容：实施机构与职责，评价依据、权重和计分防范，评价工作流程，评价定级，评价结果应用。

2018年3月，人民银行出台《绿色贷款专项统计制度》，从用途、行业、质量维度分别对金融机构发放的节能环保项目及服务贷款和存在环境、安全等重大风险企业贷款进行统计。2019年12月27日，人民银行根据发改委《绿色产业指导目录（2019）》，修订了《绿色贷款专项统计制度》的部分内容。

2018年7月27日，人民银行出台《银行业存款类金融机构绿色信贷业绩评价方案（试行）》，明确了绿色信贷业绩评价定性指标体系、说明和评分方法，以及绿色信贷业绩评价定量指标体系、说明和评分方法。随后，人民银行对原方案进行了修订，扩展了考核业务覆盖范围，从绿色贷款升级为绿色金融。2021年6月9日，人民银行出台了全新的《银行业金融机构绿色金融评价方案》，明确了绿色金融评定性指标体系和定量指标体系、说明和评价方法，也指出了绿色金融评价结果纳入央行金融机构评级。

此外，2019年银保监会发布的《关于推动银行业和保险业高质量发展的指导意见》中，要求金融机构建立健全环境与社会风险管理体系，将环境与社会治理要求纳入授信流程；2020年12月，财政部出台的《商业银行绩效评价办法》中，也将绿色信贷占比纳入服务国家发展目标和实体经济的考核条件。

总体而言，我国已形成了涵盖绿色信贷整个流程，包含绿色信贷统计和绿色信贷评价的、系统的绿色信贷制度体系，为各银行金融机构开展绿色信贷业务提供了统一的工作规范。在此基础上，各银行金融机构进一步完善绿色信贷制度体系。

2013年，国家开发银行、中国工商银行等29家主要银行签署《银行业绿色信贷共同承诺》，就加强绿色信贷管理和能力建设、提高绿色信贷考核评价体系和奖惩机制、提升自身环境和社会表现等方面做出了承诺。兴业银行出台《环境与社会风险管理政策》，积极参加新版赤道原则、IFC《绩效标准》等国际银行业准则的审查修订工作。

部分银行还根据自身发展情况制定了属于自身的绿色信贷政策，如中国工商银行制定了《绿色信贷建设实施纲要》《节能领域信贷指导意见》等系列文件，将绿色信贷政策作为工商银行长期坚持的重要战略之一；中国建设银行制定《中国建设银行绿色信贷发展战略》，实施了包括专门的政策指引、资源配置、考核激励、评价体系、风控流程一系列绿色金融配套政策措施。

（2）绿色信贷机构组织建设

绿色信贷机构组织建设包括两个方向：一是在银行内部进行绿色金融专营机构建设，包括设立绿色分（支）行、绿色金融事业部、绿色柜台；二是引入环境、社会和公司治理ESG投资理念，宣布成为赤道银行。

我国绿色金融专营机构建设，自2017年绿色金融改革创新试验区获批以后得到了较快发展。在浙江省湖州市绿色金融改革创新试验区，率先成立了全国首家绿色金融专营支行——湖州南浔农商银行练市绿色支行，并形成全国首个银行业绿色金融专营机构建设地方标准。在浙江、广东、江西、贵州、新疆、甘肃等设立了绿色金融改革创新试验区的省区，中国银行、建设银行、工商银行、农业银行等国有银行以及地方性银行纷纷设立绿色分（支）行，或绿色金融事业部，或绿色柜台，从而更好地提供绿色信贷产品和服务。

赤道银行建设方面，兴业银行是国内银行业金融机构中的领头羊。2008年10月兴业银行宣布采纳赤道原则，成为我国境内首家赤道银行，也是全球第63家赤道银行。江苏银行2017年1月成为我国境内第二家赤道银行，也是首家采纳赤道原则的城市商业银行。湖州银行2019年7月成为境内第三家赤道银行；重庆农商行2020年2月成为境内第四家赤道银行，也是中西部首家赤道银行；绵阳市商业银行2020年7月成为境内第五家赤道银行；贵州银行2020年11月成为境内第六家赤道银行；重庆银行2021年2月成为境内第七家赤道银行。

（3）绿色信贷业务

2013年以来，我国绿色信贷业务规模持续快速增长，具体如图2-1所示：2013年末，全国21家主要银行机构①绿色信贷余额仅5.2万亿元；2014年末，绿色信贷余额超过6万亿元；2015年末，绿色信贷余额超过7万亿元；2017年6月，绿色信贷余额为7.26亿元，年底达到7.51亿元；2017年6月，绿色信贷余额增至8.22万亿元；2018年末，绿色信贷余额达到9.66万亿元；2019年6月，绿色信贷余额超过10万亿元；2020年末，绿色信贷余额增至11.5万亿元；截至2021年9月，绿色信贷余额达到14.08万亿元，绿色信贷规模位居世界第一。

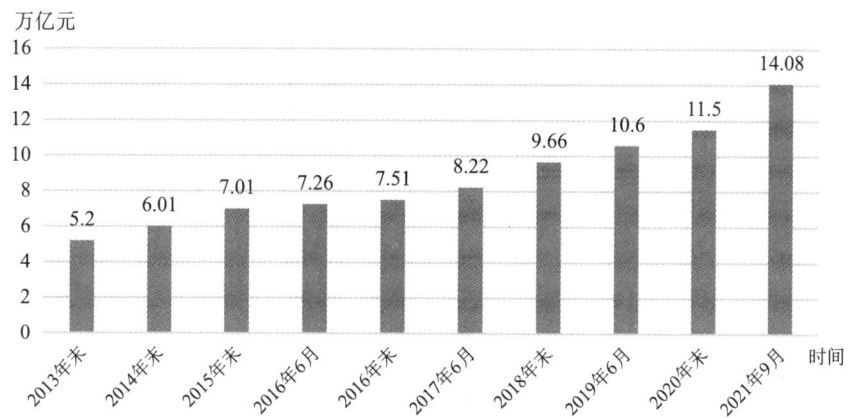

图2-1 2013—2021年国内21家主要银行机构绿色信贷余额

注：数据来源于银保监会网站。

---

① 21家主要银行是指：中国工商银行、中国建设银行、中国农业银行、中国银行、交通银行、中国邮政储蓄银行、兴业银行、招商银行、中信银行、民生银行、浦发银行、光大银行、平安银行、华夏银行、北京银行、广发银行、上海银行、江苏银行、浙商银行、南京银行、宁波银行。

绿色信贷提供的主体是商业银行，包括：工商银行、农业银行、建设银行、中国银行、交通银行、邮储银行6家国有商业银行，国家开发银行、中国进出口银行、中国农业发展银行3家政策性银行，兴业银行、光大银行、浦发银行等股份制商业银行，以及一些地方性城市商业银行、农村商业银行。其中，大中型上市商业银行是主力军，绿色信贷余额占据一半以上。2020年绿色信贷余额排名前五位的银行依次是工商银行、农业银行、建设银行、兴业银行、中国银行。

从投放行业来看，我国绿色信贷主要投向交通运输和能源行业。截至2021年3月，交通运输、仓储和邮政业绿色贷款余额3.85万亿元，占比29.5%，排名第一；电力、热力、燃气及水生产和供应业绿色贷款余额3.73万亿元，占比28.6%，排名第二。

在绿色信贷服务和产品提供方面，兴业银行处于国内领先水平。基于多年来深耕绿色金融领域的丰富实践经验，兴业银行目前已形成了门类齐全、品种丰富的绿色金融产品体系，设立了碳资产/排污权抵押、节能减排融资、合同能源管理融资、水资源利用和保护融资等绿色金融综合解决方案。

国有银行及其他地方性商业银行、城市商业银行、农村商业银行在绿色信贷方面，也积极进行绿色信贷产品和服务模式创新，主要体现在几个方面：在绿色交通领域，推出银团贷款或项目贷款；在清洁能源领域，推出"光电贷""风电贷""水电贷"等产品，并创新收益权抵质押模式；在绿色制造领域，推出"绿色节能贷"，并创新碳排放权、排污权配额等抵质押方式；在绿色建筑领域，推出"绿色按揭贷"；在"三农"领域，推出绿色产业扶贫贷款、美丽乡村建设贷款、生态旅游贷款；在个人消费领域，推出低碳信用贷款等。

## 2.2 绿色债券市场和业务

绿色债券，是指将所得资金专门用于资助符合规定条件的绿色项目或为这些项目进行再融资的债券工具。与普通债券相比，绿色债券发行人需公开声明所募得的资金将投放于具有环境效益的"绿色"项目、资产或商业活动，如可再生能源、低碳交通或林业项目。绿色债券发行人应审核绿色债券的发展方向和理念，考虑其是否与融资目标和可持续发展策略相匹配，可参照绿色债券原则、气候债券准则、各国指引及其他不断更新的绿色债券指引条款设立项目筛选流程。针对募集资金的追踪和分配，建立稳健的管理和控制措施，以确保募集资金的使用与债券条款一致。

## 2.2.1 国外绿色债券市场和业务

2013年以前，国际绿色债券市场发行主体主要以欧洲投资银行、世界银行、国际金融公司等国际金融机构为主。欧洲投资银行2007年向欧盟27个成员国投资者发行了全球首只绿色类债券"气候意识债券"，发行规模为6亿欧元，债券期限为5年。世界银行2009年发行了第一笔真正意义上的标准化绿色债券。

2014年，国际资本市场协会发布了"绿色债券原则（The Green Bond Principles, GBP）"，气候债券倡议组织发布了"气候债券组织标准（Climate Bond Standards, CBS）"，为绿色债券建立了制度基础，自此，全球绿色债券市场迅速发展起来。

①绿色债券发行主体范围不断扩大，大道国际金融机构、中央银行、地方政府机构（如美国加利福尼亚州、芝加哥等），小到商业银行（花旗银行、荷兰银行等）、知名企业（如微软）、知名高校（如美国麻省理工学院）。

②绿色债券品种呈现多样化特征，包括绿色投资债券、绿色资产支持证券、绿色收益债券、绿色用途债券、绿色用途债券多个品种。

③绿色债券的发行区域更加广泛，2014—2015年欧美和北美地区为绿色债券主要发行区域，2016年以来，亚太地区绿色债券发行量急速增长，绿色债券在新型市场愈发活跃。

根据气候债券倡议组织报告，2020年，全球绿色债券发行量达到历史记录2932亿美元，其中，美国绿色债券发行规模511亿美元，位居第一。截至2020年末，全球绿色债券累计发行金额超过1万亿美元。

## 2.2.2 国内绿色债券市场和业务

国内绿色债券萌芽于2014年。2014年5月，中广核风电有限公司发行10亿元附加碳收益中期票据"14核风电MTN001"，是国内首单与节能减排紧密相关的绿色债券。2015年7月，新疆金风科技股份有限公司在香港联交所发行3亿元绿色债券，是我国首单由中资企业发行的海外绿色债券。2015年10月，中国农业银行在伦敦证券交易所发行以人民币和美元计价等值10亿美元双币种绿色债券,是我国首单中资银行境外发行的绿色金融债。

2015年以前,由于绿色债券市场相关制度欠缺,国内绿色债券市场还未启动。2015年底开始,中国自上而下开始建立绿色债券的规范与政策,具体见表2-2。

表2-2　　　　　　　　2015—2021年中国绿色债券政策

| 时间 | 发文部门 | 政策名称 | 文号 |
| --- | --- | --- | --- |
| 2015-12-15 | 人民银行 | 《关于在银行间债券市场发行绿色金融债券有关事宜公告》《绿色债券支持项目目录(2015年版)》 | 中国人民银行公告〔2015〕第39号 |
| 2015-12-31 | 发改委办公厅 | 《绿色债券发行指引》 | 发改办财金〔2015〕3504号 |
| 2021-4-2 | 人民银行、发改委、证监会 | 《绿色债券支持项目目录(2021年版)》 | 银发〔2021〕96号 |
| 2016-3-16 | 上交所 | 《关于开展绿色公司债券试点的通知》 | 上证发〔2016〕13号 |
| 2016-4-22 | 深交所 | 《深圳证券交易所关于开展绿色公司债券业务试点的通知》 | 深证上〔2016〕206号 |
| 2017-3-22 | 银行间市场交易商协会 | 《非金融企业绿色债务融资工具业务指引》 | 中国银行间市场交易商协会公告〔2017〕10号 |
| 2020-11-27 | 上交所 | 《上海证券交易所公司债券发行上市审核规则适用指引第2号——特定品种公司债券》 | 上证发〔2020〕87号 |
| 2020-11-27 | 深交所 | 《深圳证券交易所公司债券创新品种业务指引第1号——绿色公司债券》 | 深证上〔2020〕1173号 |
| 2021-7-13 | 上交所 | 《上海证券交易所公司债券发行上市审核规则适用指引第2号——特定品种公司债券(2021修订)》 | 上证发〔2021〕52号 |
| 2021-7-13 | 深交所 | 《深圳证券交易所公司债券创新品种业务指引第1号——绿色公司债券(2021修订)》 | 深证上〔2021〕684号 |

注:根据公开资料整理。

2015年12月22日,中国人民银行发布《关于在银行间债券市场发行绿色金融债券有关事宜公告》,并配套发布《绿色债券支持项目目录》,将我国绿色债券发行范围细致地分为6大类共31小类,并附有说明或界定条件以及对应的国民经济行业分类名称和代码。

2015年12月31日,发改委发布《绿色债券发行指引》,明确了绿色债券的含义,即指募集资金主要用于支持节能减排技术改造、绿色城镇化、能源清洁高效利用、新能源开发利用、循环经济发展、水资源节约和非常规水资源开发利用、污染防治、生态农林业、节能环保产业、低碳产业、生态文明先行示范实验、低碳试点示范等绿色循环低碳发展项目的企业债券。指明了绿色债券支持重点、绿色债券审核要求、相关政策。

2016年3月、4月,上海证券交易所、深圳证券交易所分别发布《关于开展绿色公司债券试点的通知》,明确了绿色公司债券含义,是指依照《公司债券管理办法》及相关规则发行的、募集资金用于支持绿色产业的公司债券,指明了绿色公司债券发行工作的具体内容。2017年3月22日,中国银行间市场交易商协会发布《非金融企业绿色债务融资工具业务指引》,明确了绿色债务融资工具是指境内外具有法人资格的非金融企业(以下简称企业)在银行间市场发行的,募集资金专项用于节能环保、污染防治、资源节约与循环利用等绿色项目的债务融资工具,并从资金用途、信息披露、遴选机制、专户管理等方面进行了具体规定。

2021年4月2日,中国人民银行会同国家发改委、中国证监会联合出台《绿色债券支持项目目录(2021年版)》。新版目录充分考虑了2019年版绿色产业指导目录和国际主流绿色资产分类标准,统一了绿色债券定义,统一了绿色债券界定标准,丰富了绿色债券支持项目。

2020年11月27日,上海证券交易所发布《上海证券交易所公司债券发行上市审核规则适用指引第2号——特定品种公司债券》,深圳证券交易所发布《深圳证券交易所公司债券创新品种业务指引第1号——绿色公司债券》,明确了注册制实施后绿色公司债券发行上市审核标准及信息披露要求。2021年7月13日,上海证券交易所和深圳证券交易所对绿色公司债券发行业务指引进行了修订。

在各类支持政策和市场需求的推动下,我国绿色债券市场规模自2016年起实现了持续快速扩张,具体如图2-2所示。

图 2-2 2016—2021 年中国绿色债券发行情况

注：数据来源于 Wind 资讯和联合资信数据。

根据 Wind 资讯和联合资信数据，2016 年，我国绿色债券市场发行贴标绿色债券仅 53 只，发行总规模 2052.31 亿元；2017 年，我国绿色债券市场共发行 115 只绿色债券，总规模 2067.8 亿元；2018 年，我国绿色债券市场发行 129 只绿色债券，总规模 2208.53 亿元；2019 年，我国绿色债券市场共发行 192 只绿色债券，发行总规模增至 2803.44 亿元；2020 年，我国绿色债券市场共发行 213 只绿色债券，发行规模有所下降，为 2181.47 亿元；2021 年上半年，我国绿色债券市场共发行 198 只绿色债券，发行规模 2431 亿元。

根据气候债券倡议组织统计数据，2019 年我国境内外共发行绿色债券 3862 亿元（558 亿美元），其中符合 CBI 标准的贴标绿色债券 2168 亿元（约 313 亿美元），位居全球第一位；2020 年，我国贴标绿色债券发行规模 2895 亿元（440.7 亿美元），位居全球第二。截至 2020 年末，我国累计发行绿色债券约 1.4 万亿元，绿色债券存量 8132 亿元，位居全球第二。

我国绿色债券发行主体包括金融机构、非金融企业、政府支持机构、政策银行、地方政府。绿色债券品种包括：绿色金融债、绿色企业债、绿色公司债（含公开发行的绿色公司债和非公开发行的绿色私募债）、绿色中期票据（MTN）、绿色超短期融资券（SCP）、绿色非公开定向债务融资工具 PPN、绿色项目收益票据（PRN）、绿色地方政府债、绿色资产支持证券（ABS）、绿色资产支持票据（ABN）。2016—2018 年，中国绿色债券市场，金融企业是绿色债券第一大发行人类别，绿色金融债发行规模位居各类绿色债券之首。2019 年以后，非金融企业成为绿色债券第一大发行人类别，绿色企业债和绿色公司债规模位居前两位。且在绿色公司债中，公开发行的绿色债券居绝对主体地位，非公开发行的绿色私募债近年有所增加，但比重仍然较低。

我国绿色债券募集资金投向方面，根据人民银行《绿色债券支持项目目录（2015年版）》，包括清洁交通、清洁能源、污染防治、节能、资源节约与循环利用等。2020年绿色债券募集资金投向清洁交通领域的资金占比为20.17%，位列第一；投向清洁能源的资金占比为20.17%，位列第二；投向污染防治的资金占比为9.61%，位列第三。

## 2.3 绿色保险市场和业务

绿色保险，目前尚未有统一的定义，狭义上将其等同于生态保险，是指被保险人在生产、经营过程中，因为意外的或非故意的生态经济危险事故的发生，造成生态破坏或环境污染，依法应承担赔偿生态系统修复、环境污染治理或第三者损失责任为标的责任保险。

### 2.3.1 国外绿色保险市场和业务

国外对绿色保险的探索始于20世纪70年代，一开始主要是指环境责任险，此外，还包括巨灾保险和绿色保险创新。

（1）环境责任保险

美国在环境责任险领域走在世界前列。1970年美国针对水污染颁布《清洁水法》，规定进入美国境内的船都需要购买绿色责任保险。1988年美国成立了专门的环境保护保险公司，之后制定了完善的环境责任保险制度，明确了被保险人的污染公共环境行为及自有土地污染的责任，对有毒有害物质的处理实施强制保险，且政府还给重视环境污染责任的企业提供优惠的税率，给予高度重视。

其他西方发达国家也进行环境责任保险相关法律建设和业务实践：法国保险公司1977年制定了环境污染特别保险单，对反复连续环境污染侵权事件进行承保。德国1990年颁布《环境责任保护法》，明确了造成环境污染的侵权人的赔偿责任，且对于无视环境污染的企业，即使已投保，都无法得到相应的经济赔偿。瑞典1998年颁布《环境法》，规定从事高耗能易造成污染的行业企业（纸浆行业、冶炼业、电力行业等）需要购买环境损害责任保险才能获得政府营业许可。

一些发展中国家在经济发展过程中探索建立环境责任保险制度：巴西20世纪90年代出台《环境法》，规定企业和个人对环境造成破坏将会受到强制性处罚；有污染环境风险的企业必须购买绿色保险，只有购买绿色保险才能获得环保证书；巴西中央银行及商业银行将是否持有环保证书作为给予企业贷款的条件之一。印度1991年通过了《公共责任保险法》，要求公司强制购买环境责任保险，政府及国有公司必须缴纳相应的公共环境责任保险金。

（2）巨灾保险

巨灾保险，是指对因发生地震、飓风、海啸、洪水等自然灾害，可能造成巨大财产损失和严重人员伤亡的风险，通过保险形式，分散风险。

2015年G7集团会议呼吁全球应当制定保险计划用来应对气候变化问题，同年，联合国气候变化大会及其"巴黎协定"鼓励进行风险评估并将环境类保险纳入极端气候变化管理机制。

巨灾保险方面，2019年，全球范围内的自然灾害和人为灾难造成的经济损失达到1460亿美元，其中全球保险业共赔付600亿美元，占比达到40%。

（3）绿色保险创新产品

国外在绿色保险创新方面主要包括：①绿色建筑保险，含绿色建筑财产保险和绿色建筑职业责任保险两类；②天气指数保险，如降雨降雪险、台风险、农业天气指数保险；③可再生能源项目保险，如光伏项目保险、风电保险；④碳保险，如碳信用价格保险、碳交付保险。

## 2.3.2　国内绿色保险市场和业务

国内绿色保险中，环境污染责任保险是传统的绿色保险品种，也是业务规模最大的绿色保险品种，此外，还包含安全生产责任险、巨灾保险及各类绿色创新保险品种。

（1）环境污染责任保险

环境污染责任保险是以企业发生污染事故对第三者造成的损害依法应承担的赔偿责任为标的的保险。2007年12月4日，国家环保总局、中国保险监督管理委员会联合印发《关于环境污染责任保险工作的意见》，要求初步建立符合我国国情的环境污染责任保险制度，明确了建立和完善环境污染责任保险制度的具体工作、相关的工作支持和保障。此后，湖南、江苏、湖北、宁波、沈阳等省市先行启动试点工作。2008年9月湖南株洲某农药公司向平安保险公司购买了环境污染责任险,随后平安保险依据保险条款向120多户村民赔偿农药公司氯化氢泄漏事故污染菜田的经济损失,是全国首单落地的环境污染责任保险。

2013年1月21日,环保部和保监会联合印发《关于开展环境污染强制责任保险试点工作的指导意见(试行)》,明确了环境污染强制责任保险的试点企业范围,包含涉重金属企业、按地方有关规定已被纳入投保范围的企业和其他高环境风险企业三大类;指出要合理设计环境污染强制责任险保险条款和保险费率、健全环境风险评估和投保程序、建立健全环境风险防范和污染事故理赔机制、强化信息公开、完善促进企业投保的保障措施。

2018年5月7日,生态环境部审议并通过了《环境污染强制责任保险管理办法(草案)》,规定环境污染高风险企业都应当投保环境强制责任保险,对投保与承保、风险评估与排查、赔偿和罚则方面都制定了具体细则。

2013年以来,环境污染强制责任保险试点工作在全国逐步推进,各地环保部门和保险监管部门联合推动地方人大和人民政府,制定发布了一系列推进环境污染责任保险的法规、规章和规范性文件,引导保险公司开发相关保险产品。

我国环境污染责任保险投保企业涵盖重金属、石化、危险化学品、危险废物处置、电力、医药、印染等行业。承保的保险公司有中国平安保险、中国人民财产保险、阳光财产保险、中国人寿保险、中国大地保险等。截至2020年,全国投保环境污染责任保险的企业超过2.5万家次,保险公司提供的风险保障金额累计600亿元。但总体来看,我国环境污染责任保险覆盖范围不够大,投保企业偏少,保险业务规模偏小。

(2)安全生产责任保险

安全生产责任保险,是指保险机构对投保的生产经营单位发生的生产安全事故造成的人员伤亡和有关经济损失等予以赔偿,并且为投保的生产经营单位提供事故预防服务的商业保险。

2016年12月18日,《中共中央 国务院关于推进安全生产领域改革发展的意见》中,明确提出建立健全安全生产责任保险制度,在矿山、危险化学品、烟花爆竹、交通运输、建筑施工、民用爆炸物品、金属冶炼、渔业生产等高危行业领域强制实施,切实发挥保险机构参与风险评估管控和事故预防功能。2017年12月12日,国家安全监管总局、保监会、财政部联合印发《安全生产责任保险实施办法》,从承保与投保、事故预防与理赔、激励与保障、监督与管理等方面进行了具体规定。2019年8月14日,国家应急管理部出台《安全生产责任保险事故预防技术服务规范》，从保险机构、安全评价机构、信息系统要求、各方机会四个方面对保险事故预防做出了具体规定，能指导保险机构如何开展事故预防技术服务。

由于相关制度规范滞后，我国安全生产责任险的开展较为缓慢，保险业务量偏小，保险创新品种和模式不足。

（3）巨灾保险

2006年，国务院《关于保险业改革发展的若干意见》中，首次提出巨灾保险。2016年5月11日，保监会、财政部印发《建立城乡居民住宅地震巨灾保险制度实施方案》，对地震巨灾保险保障方案、运行模式、运行保障、实施步骤、保障措施均做出了具体规定。

但总体而言，中国的巨灾保险发展滞后，根据瑞士再保险《Sigma》杂志2020年第二期发布的数据，欧洲与南美的巨灾保险赔付率为40%，大洋洲和北美洲巨灾保险赔付率为60%，亚洲巨灾保险平均赔付率为27%，非洲巨灾保险平均赔付率为15%，中国巨灾赔付占巨灾经济损失的比例不到10%，远远低于其他地区。

（4）绿色保险创新产品

绿色金融改革创新试验区成立以后，部分试验区建立了绿色保险服务创新实验室或绿色保险产品创新实验室，推动绿色保险创新工作，出现以下绿色保险创新品种：①气象指数保险，主要在农业保险领域，如浙江省的白茶气象指数保险（含低温保险和干旱保险），贵州省的茶叶低温保险，广东省的蔬菜种植气象指数保险等。②农业、林业、养殖业产品价格保险，如新疆维吾尔自治区的棉花价格保险＋期货、红枣价格保险＋期货，浙江省、贵州省的生猪价格保险＋期货等。③补偿种植成本的政策性农业保险，如浙江省的政策性林业保险，新疆维吾尔自治区的林果业保险、畜禽养殖保险。④与绿色贷款相关的保险，如浙江省的绿色小额贷款保证保险，广东省的碳排放权质押贷款保证保险。⑤其他绿色创新保险品种，如浙江省的绿色建筑质量性能保险、装修污染责任险、电动自行车综合保险，广东省的药品置换保险、绿色农产品质量保险等。

但总体来看，我国绿色保险创新品种多是基于当地产业特点设计出来的，可推广性、可复制性的创新品种较少。

## 2.4 绿色基金市场和业务

绿色基金是基于社会责任投资准则下的金融产品，社会责任投资是在投资决策中不仅考虑企业的财务状况等经济效益，还考虑社会环境、企业道德以及公共利益等社会责任的一种投资方法。绿色基金，是指专门针对节能减排战略、低碳经济发展、环境优化改造项目而建立的专项投资基金，其目的旨在通过资本投入促进节能减排事业发展。

### 2.4.1 国外绿色基金市场和业务

美国是社会责任投资发展最早的国家，20 世纪 70 年代开始声势浩大的环保运动。在此背景下，1982 年，世界上第一只将环保指标纳入评估范围内的绿色基金在美国诞生。此后，英国、荷兰、比利时、日本等发达国家相继发行绿色投资基金。

由于各国的经济发展、经济机制及政府管控不同，绿色基金在不同国家有不一样的表现形式。在欧美发达国家，证券体系中机构的活跃度较强，绿色基金的发行主体主要是证券机构投资者为主；而在日本，因环保意识深入人心，企业主动关注环保事业，使得绿色基金的发行主体以企业为主。

一些国际机构也加入绿色基金领域：世界银行 1991 年设立 10 亿美元全球环境基金，旨在支持全球环境保护和促进环境可持续发展。全球环境基金 1994 年脱离世界银行成为独立常设机构，管理全球环境基金信托基金、最不发达国家信托基金、气候变化特别基金和名古屋议定书执行基金。欧盟委员会 2008 年拨款 8000 万欧元创建全球能效和可再生能源基金，以提高发展中国家的能源利用效率和发展可再生能源，并最终遏制全球气候变暖进程。欧盟委员会 2018 年还成立了 1 亿欧元 Breakthrough 能源欧洲（BEE）的联合投资基金，用来帮助发展欧洲创新型的公司，并为市场带来新的清洁能源技术。欧盟委员会 2021 年还获批设立 175 亿欧元绿色转型基金，旨在帮助欧洲经济实现绿色产业化转型。

## 2.4.2 国内绿色基金市场和业务

2011年10月,《国务院关于加强环境保护重点工作的意见》中提出,鼓励多渠道建立环保产业发展基金,拓宽环保产业发展融资渠道。2016年8月,人民银行、财政部、发改委、环保部、银监会、证监会、保监会七部委联合印发《关于构建绿色金融体系指导意见》,明确提出要设立绿色发展基金,通过政府和社会资本合作(PPP)模式动员社会资本。

我国绿色基金主要是指绿色产业基金,即针对节能减排战略,致力于低碳经济发展、环境优化改造项目而建立的专项投资基金。根据发起设立方式,我国绿色产业基金主要有四类:政府发起的绿色引导基金、PPP绿色项目基金、产业企业(大型企业集团)发起的绿色产业发展基金、金融机构或私人发起的绿色PE/VC基金等。

有赖于国家政策的引导和地方的支持,我国绿色产业发展基金自2014年以来持续快速增长。根据中国证券投资基金业协会资料,2014年,已设立并备案的股权基金中,以绿色相关行业为主要投向的基金数量仅25只,截至2021年5月,绿色股权基金增至712只,基金规模约2000亿元。

在国家层面,2016年11月中美绿色基金成立,聚焦于清洁能源、绿色制造、绿色消费与绿色交通四大赛道的股权投资,该基金将与镇江和张家口两个城市合作,建立市级建筑节能和绿色发展基金,推动当地节能工作的开展。2020年7月,财政部、生态环境部和上海市共同发起设立了国家绿色发展基金,长江经济带沿线11个省市、金融机构和大型企业均参与出资,首期投资规模885亿元,主要投向长江经济带沿线11个省市环境保护和污染防治、生态修复和国土空间绿化、能源资源节约利用、绿色交通、清洁能源等绿色发展领域。

在地方层面,内蒙古、山西、河北、山东、四川等十几个地方已设立50多个由地方政府支持的绿色发展基金,并吸引社会资本成立绿色产业发展的子基金,投向绿色交通、清洁能源、循环经济、污染防治等绿色发展领域。

总体而言,我国绿色基金配套规范和制度不完善,导致绿色基金在发展过程中存在诸多问题:政府绿色产业引导基金规模虚高、落地较难,吸引社会资本的能力不足;市场化绿色投资基金管理不规范,募集资金投向偏离绿色领域,信息披露不规范等。

## 2.5 碳金融市场和业务

碳金融是环境金融的组成部分，通常是指用于减少温室气体排放的金融活动，主要包括碳排放权及其衍生品的交易和投资、支持碳减排项目的投融资及为碳交易提供中介服务等（Li&Liu，2011）。

碳金融的兴起源于国际气候政策的变化：1992年6月联合国环境与发展大会上，150多个国家制定《联合国气候变化框架公约》，旨在将大气中温室气体浓度稳定在不对气候造成危害的水平；1997年12月，《联合国气候变化框架公约》第3次缔约方大会在日本京都召开，149个国家和地区的代表通过了《京都议定书》，设定了发达国家在既定时期的温室气体减排目标，并规定了三种机制来降低各国实现减排目标的成本，即联合实施机制（Joint Implementation，JI）、国际排放权交易（International Emission Trading，IET）、发达国家和发展中国家间交易的清洁发展机制（Clean Development Mechanism，CDM）。

### 2.5.1 国外碳金融市场和业务

《京都议定书》颁布后，西方一些发达国家、企业开始建立排放交易体系和机构，2005年《京都议定书》正式生效后，国外碳金融市场迅速发展起来：

（1）欧盟排放交易系统（EU ETS）

欧盟2005年1月正式启动EU ETS，是国际碳排放权交易的先驱，随着EU ETS的发展，其覆盖国家、管控行业、管控温室气体种类不断增加，碳金融产品种类日益丰富，目前包括碳现货交易产品、碳衍生交易产品、碳融资工具和碳支持工具，此外，EU ETS碳排放交易制度法规较为健全、碳市场监管也较为严格。

（2）英国自愿碳排放权交易体系（UK ETS）

英国2002年4月启动UK ETS，是世界上第一个跨行业的碳排放交易体系，涉及能源交通以及服务业等领域，2006年底UK ETS正式并入EU ETS。由于英国伦敦的全球金融中心地位，伦敦成为欧洲甚至全球的碳金融中心：碳金融市场交易规模大，占欧盟碳市场场内交易量的绝大多数；参与机构众多,吸纳了欧洲甚至全球主要的控排企业和金融投资机构;碳交易品种丰富,涵盖欧盟排放配额(EUA)和核证减排量(CER)现货、期货、期权、远期产品等;英国相关部门出台了一系列法规,从行业监管、金融监管和交易平台监管三个方面监管碳金融市场,监管制度较为完善。

(3) 美国芝加哥交易体系

美国是全球最大的温室气体排放国之一,美国政府迟迟不签署《京都议定书》,美国一些州自愿建立了碳市场体系。2003年芝加哥交易体系成立,主要依靠企业的社会责任实现自愿减排。由于芝加哥金融市场发达,芝加哥交易体系主要品种是碳金融衍生品,如碳期货、碳期权等。芝加哥交易体系市场主要由市场监管,政府适度监管。

(4) 日本自愿排放交易体系 (JVETS)

日本是世界上最早倡议实现温室气体减排、发展低碳经济的国家之一。日本2008年4月正式启动JVETS,2010年4月形成东京强制总量交易体系,是世界第一个城市总量限制交易体系。日本碳交易体系是复合型的,既有政府主导的市场,也有非政府环保组织和证券投机者形成的自愿交易市场。日本碳金融市场是由日本品质保障协会进行监管,与欧盟、英国相比,监管相对薄弱。

从国外碳金融业务和品种来看,主要包括以下几类:

(1) 碳交易

碳交易即碳排放交易,是把温室气体排放权标准化为商品,投放到市场上,由供需双方结合自身利益来进行交易,从而实现减排目标的一种市场机制。碳交易有碳配额交易和自愿碳交易产品两种,其中:碳配额交易有基于配额本身的交易,如欧盟排放配额(EUA)交易;也有基于绿色减排项目的交易,如核证减排量(CER)交易。自愿碳交易最重要的是自愿减排(VER)交易,还有其他种类繁多的产品。

(2) 碳基金

碳基金是指由政府、金融机构、企业或个人投资设立的专门基金,致力于在全球范围投资于碳市场或温室气体减排、新能源项目,给予投资者市场收益回报,以帮助改善全球气候变暖。世界银行是碳基金的先锋队,1999年设立了1.8亿美元的原型碳基金(PCF),此后又与各国政府合作,建立了向小型贫困国家和社区提供碳融资的社区发展碳基金(CDCF)、为森林和土地使用项目提供融资的生物碳基金(BioCF)、意大利碳基金、西班牙碳基金、伞形基金、欧洲碳基金(ECF)等。此外,英国设立了由政府投资按企业模式运作的碳基金；德国、日本由本国投资银行、政府和企业共同出资建立了本国碳基金。

（3）直接碳融资

直接碳融资即通过碳股票或碳债券的方式获取资金，投向碳减排相关领域的生产和研发中。碳股票一般由低碳环保企业发行，碳债券可由政府部门、低碳环保组织或环保企业发行。

（4）碳信贷

碳信贷一般是指商业银行的碳金融业务，主要是低碳项目贷款，一般以低碳项目管理权、碳配额等作为抵质押物。此外，还有与低碳项目相关的中间业务，如碳交易保理、碳基金托管等。

（5）碳金融衍生品

碳金融衍生品是指碳交易配额与金融工具的结合，包括碳远期交易、碳期货交易、碳期权交易、碳套利交易等。

## 2.5.2 国内碳金融市场和业务

中国的碳交易市场大致分为三个阶段：

第一阶段（2005—2012年）。由于国内尚未建立碳市场，中国的碳交易主要是参与国际清洁发展机制（CDM）项目。其方式主要是国际组织或发达国家提供资金和技术，与中国开展项目合作，通过项目实现的"经核证的减排量"，用于发达国家完成减少本国温室气体排放的承诺。2005年6月甘肃黑河水电与世界银行签订十年期"减排抵消额购买协议"，建立了国内首个水电CDM项目张掖小孤山水电站。

第二阶段（2013—2020年）。2013年，深圳、北京、上海、广东、天津率先启动碳排放权交易试点，此后，湖北、重庆、福建陆续启动碳市场试点，纳入了排放量较高、减排空间较大的工业，覆盖温室气体排放的40%~70%，积极开展碳配额交易，截至2020年末，我国碳市场配额现货累计成绩4.45亿吨，成交额104.31亿元；国家核证自愿减排量（CCER）累计成交2.68亿吨。

第三个阶段（2021年— ）。随着《碳排放权登记管理规则（试行）》《碳排放权交易管理规则（试行）》和《碳排放权结算管理规则（试行）》相继出台，全国统一碳排放权交易市场建设提速。7月16日，全国碳排放市场上线交易，交易中心位于上海，碳配额登记系统设在武汉，企业在湖北注册登记账户,在上海进行交易,两者共同承担全国碳交易体系的支柱作用。发电行业成为首个纳入全国碳市场的行业,纳入重点排放单位超过2000家,碳排放量超过40亿吨二氧化碳。截至2021年6月,8个试点省市碳市场累计配额成交量4.8亿吨二氧化碳当量,成交额约114亿元。全国碳市场上线后,截至10月底,全国碳排放额(CEA)累计成交总额近10亿元。

由于中国碳排放交易体系建设缓慢,国内碳金融产品开发也相对滞后,其中有代表性的主要有以下几种:

(1)碳排放权抵质押融资

碳排放权抵质押融资是控排企业以碳排放权作为抵质押物,向商业银行获得贷款,是目前国内碳金融领域落地相对多的产品。2014年,兴业银行向湖北宜化集团发放了首单碳排放权质押贷款,浦发银行向华电新能源公司发放了首单碳排放权抵押融资;2021年7月,兴业银行为浙江某环保能源公司发放了全国首单以全国碳排放配额为质押的贷款。

(2)碳债券

碳债券是企业为筹集低碳经济项目资金发行的绿色债券,一般将低碳项目的碳减排收入与债券利率水平挂钩。2014年5月,中广核风电附加碳收益中期票据成功发行,是国内首单"碳债券",该债券利率采用"固定利率+浮动利率",浮动利率部分与发行人下属5家风电项目公司在债券存续期内实现的中国核证自愿减排量(CCER)收益正向关联。2021年,国内开始出现碳中和绿色公司债,即募集资金专项适用于经认证具有碳减排效益的绿色产业项目建设、运营、收购或偿还碳中和项目贷款等。2月,华能国际、国家电投、南方电网、三峡集团等六家集团共发行64亿元的首批碳中和债。

(3)碳基金

2007年7月10日,中国绿色碳基金成立,是由国家林业局、中国石油天然气集团公司、中国绿化基金会、美国大自然保护协会、保护国际及嘉汉公司共同发起成立的全国性公募基金,旨在推进以植树造林、固碳减排为目的的林业碳汇工程。2014年3月16日,"嘉碳开元基金"("嘉碳开元投资基金"和"嘉碳开元平衡基金")由深圳嘉碳资本管理有限公司发行,交易标的为碳配额和核证自愿减排量(CCER),是全国首单私募碳基金。2015年1月14日,海通宝碳基金在上海环境能源交易所成立,是首个针对中国核证自愿减排量(CCER)的专项投资基金。

(4)低碳信用卡

国内商业银行针对个人开发了各种低碳信用卡,倡导个人绿色低碳生活。

兴业中国低碳银联人民币信用卡，是国内首张低碳主题信用卡。此外，还有光大绿色零碳信用卡、农业银行金穗环保卡等。

（5）碳金融综合服务

兴业银行作为国内首家赤道银行，自 2007 年以来就开始涉足碳交易市场，并积极与国内碳交易试点地区达成合作，逐步形成了国内领先的碳金融综合服务平台，涵盖碳交易结算、碳资产质押融资、碳排放权收益结构存款、碳资产售出回购、碳资产管理等一揽子碳金融服务，为此，兴业银行也获得了"最佳碳金融创新奖"。

# 3

# 绿色金融标准建设

## 3.1 绿色金融标准建设的重要意义

绿色金融标准是绿色金融生态链的重要组成部分，也是维护绿色金融健康发展的基础与核心。完善的绿色金融标准体系，是发挥金融资源配置作用、引导资金流向绿色发展领域、助力经济社会绿色化转型、服务国家绿色发展战略的重要制度保障，也是规范绿色金融相关业务、确保绿色金融实现商业可持续性的必要技术基础。

绿色金融标准有不同的分类方法：按照绿色金融支持的对象不同，可分为绿色项目标准、绿色企业标准、绿色活动标准；按照绿色金融业务种类不同，可分为绿色信贷标准、绿色债券标准、绿色基金标准、绿色信托标准等；按照标准使用的管辖范围不同，绿色金融标准可分为国际机构发布的绿色金融标准、国家或地区监管机构发布的绿色金融标准、地方政府和企业发布的绿色金融标准。

绿色金融标准对绿色金融的重要作用主要体现在以下三个方面：

（1）规范绿色金融业务开展

绿色金融业务开展，涉及绿色金融产品研发及销售、环境评估、项目认证、信用评价、信息披露、数据统计等环节，完善统一的绿色金融标准能对这些业务环节提出明确的规范和要求。依照统一、明确、细化的绿色金融标准开展绿色金融业务，有助于规范相关主体的行为，维护市场秩序，保障合法权益。

（2）有效监督管理绿色金融市场

绿色金融市场的平稳运行，离不开对绿色金融市场的监督、管理和评价。完备的绿色金融监督、管理和评价标准可以为市场监管和评价提供参考依据，一方面，能减少对市场状况评价的偏差，真正做到监管有依、评价有据；另一方面，能保障监管的透明、公正、客观，有效杜绝权力寻租和监管套利，从而为绿色金融发展营造公平竞争环境。

（3）防范化解绿色金融风险

绿色金融风险防控问题决定了绿色金融的最终成败。健全完善的绿色金融标准，能更好地防范绿色金融业务风险和绿色金融市场风险，保障绿色金融持续健康发展。

## 3.2 国际绿色金融标准建设

21世纪以后，随着绿色金融业务的开展，国际金融组织、国外金融机构及相关组织开了绿色金融标准建设，以促进绿色金融业务开展、防范绿色金融风险、保障绿色金融市场平稳运行。国际绿色金融标准，包括纲领性的可持续金融标准、关于绿色金融活动及绿色金融业务设立的绿色金融标准。

### 3.2.1 赤道原则（Equator Principles，EPs）

2002年，世界银行下属的国际金融公司（IFC）联合荷兰银行、花旗银行、巴克莱银行以及西德意志州立银行等在内的9家商业银行，在世界银行环境保护标准与国际金融公司社会责任方针的基础上，共同起草了一套项目融资中的环境与社会风险指南，该指南即为后来"赤道原则"的基础。2003年6月，第一批10家金融机构宣布采纳"赤道原则"，"赤道原则"正式启动。此后，基于外部环境变化和金融机构的业务实践，赤道原则不断地修订更新，并重新发布，2006年6月"赤道原则"第二版发布，2013年6月"赤道原则"第三版发布，2019年11月"赤道原则"第四版发布，并自2020年7月1日起正式适用。

赤道原则依照项目的潜在环境及社会风险将融资项目分为A/B/C三类，对于存在潜在环境及社会风险的A/B两类融资项目，规定其要进行环境和社会影响评估并接受独立的社会和环境专家审查。除规范借款人行为外，赤道原则也对接纳该原则的银行（即赤道银行）提出了要求，贷款期间赤道银行应聘请或要求借款人聘请独立的社会和环境专家来核实项目监测信息；并应至少每年向公众披露其实施赤道原则的过程和经验。

赤道原则首次将项目融资过程中模糊的环境和社会影响明确化、具体化，提高了银行评估融资项目环境和社会影响的可操作性，也使得整个银行业的环境与社会标准得到了基本统一。赤道原则虽然是一套非强制的自愿性原则，也不具备法律条文的效力，但却已发展成为行业惯例。赤道原则通过约束融资项目借款人的行为，监督项目对于环境与社会管理标准的执行情况，实现保护环境、促进可持续发展的目标。

## 3.2.2 绿色债券原则（Green Bond Principles，GBP）

2014年1月1日，国际资本市场协会（International Capital Market Association，ICMA）发布《绿色债券原则》（Green Bond Principles，GBP），后经多次修改，目前适用的是2017年6月2日发布的《绿色债券原则（2017）》。

《绿色债券原则》主要强调了以下四大核心要素或四项原则：

（1）募集资金用途

《绿色债券原则》规定，发行人应在募集说明书等法律文件中适当描述募集资金用途，确保所投资的绿色项目能够产生积极的环境效益，这种效益应可被评估并在可能的情况下被量化。《绿色债券原则》列出了绿色项目细分类型并适时更新，这些项目都将有助于实现诸如气候变化缓冲、气候变化适应、自然资源保护、生物多样性保护以及污染防治等环境改善目标。

（2）项目评估与遴选流程

《绿色债券原则》规定，发行人应披露募集资金所投项目符合合格绿色债券标准的依据及其具体决策过程。鼓励发行人将绿色债券的环境效益目标、筛选流程、评估标准等纳入环境可持续发展的顶层战略框架中，同时，鼓励发行人详细披露项目筛选过程中执行的绿色标准。

（3）募集资金管理

《绿色债券原则》规定，发行人应建立募集资金追溯管理制度，通过设立专门账户或以适当方式追溯募集资金的使用，并建立正式的内部流程验证相关资金被用于绿色项目的投资与运作。鼓励发行人引入审计师或第三方机构对绿色债券募集资金内部追踪方法和分配情况进行复核，为募集资金管理提供支持。

（4）报告

《绿色债券原则》规定，发行人至少一年一次对外披露募集资金使用情况报告，内容包括募集资金投向的绿色项目清单、项目的简要描述、募集资金的支出总额、项目的预期影响。

绿色债券原则是一套自愿性的流程指引，明确了绿色债券的发行方式，规范了信息披露要求，提高了市场的透明程度，进而增强了绿色债券市场各主体间的互信程度，帮助承销商促成交易。

### 3.2.3　气候债券标准（Climate Bond Standard，CBS）

2011年，气候债券倡议组织（Climate Bond Initiative，CBI）首次发布了《气候债券标准》。此后，经过多次修订升级，2019年12月11日《气候债券标准3.0版本》正式发布。

《气候债券标准》主要内容包括认证流程、发行前要求、发行后要求，同时配有一套辅助文件，包含四方面内容：一是针对不同领域的资格指导文件，详细说明了不同领域资产和项目的专业标准，包括太阳能、风能、快速公交系统、低碳建筑、低碳运输、生物质能、水资源、农林、地热能、基础设施环境适应力、废弃物管理、工业能效和其他可再生能源等。二是发行人指南，对如何准备气候债券发行、内部系统和控制要求、如何准备保证工作的沟通、认证步骤等方面的细节进行了说明。三是审核者指南，为审核者提供了包括如何根据标准准备报告、应当考虑的风险以及建议流程等的工作细节。四是投资者和分析者指南，解释了债券认证将如何保证气候债券的诚实性。

### 3.2.4　可持续金融标准

2015年《巴黎气候变化协定》《2030年可持续发展议程》签署，欧盟开始探索可持续金融转型道路。2018年3月，欧盟发布首份可持续金融文件《欧盟可持续金融增长行动计划》。2020年3月，欧盟发布了《欧盟可持续金融分类法》的最终报告与政策建议，对于67项经济活动拟定了技术筛选标准，并提出了分类法的未来应用安排。

2018年，国际标准化组织（ISO）批准成立可持续金融技术委员会（ISO/TC 322），其工作范围是可持续金融，目的是促进金融支持经济活动中融入环境、社会和治理实践等因素。可持续金融技术委员会的一项重要工作就是制定ISO可持续金融标准。ISO可持续金融标准以实现联合国可持续发展目标为宗旨，希望通过标准的制定推动可持续金融的发展，将大量资本转移到更具可持续性的低碳行业，解决全球面临的气候变化、不平等和自然资源严重枯竭的问题。

ISO 可持续金融标准具体包括全球通用的分类、术语、指导原则和评价标准，第一批推动建设的是三项国际标准：《可持续金融——关键术语集》（ISO 32220），《可持续金融框架：原则和指南》（ISO 32210），《支持绿色金融发展的项目、资产和活动环境准则指南》（ISO 14100）。

2021 年 8 月 16 日，ISO 正式发布《可持续金融——基本概念和关键倡议》（ISO/TR 32220）国际标准，是 ISO 可持续金融技术委员会发布的第一项国际标准。该标准明确了全球普遍认可和使用的可持续金融基本概念和关键倡议，推动建立一个跨地区、跨行业的金融术语规范，有助于金融监管部门、金融机构、投资人、实体经济部门、国际倡议组织和学术机构等各相关方对可持续金融相关重要议题更好地达成共同理解，为全球合作推动可持续金融发展建立良好的对话基础。

## 3.3　国内绿色金融标准建设

2017 年 6 月，中国人民银行、银监会、证监会、保监会、国家标准委五部委共同发布《金融业标准体系建设发展规划（2016—2020）》，明确将绿色金融标准化工程列为五项重点工程之一，从而为我国建设绿色金融标准体系奠定了制度基础。2018 年 1 月，《中华人民共和国标准化法》修订版正式实施，为绿色金融标准建设提供了法律保障。2018 年 9 月，全国金融标准化技术委员会绿色金融标准工作组第一次全体会议召开，审议通过了《绿色金融标准工作组章程》，为绿色金融标准建设提供了组织机制保障。

中国金融标准委员会编制的我国的绿色金融标准体系框架，涉及通用基础类、产品服务类、信用评价及认证类、信息披露类、信息和统计数据共享类、行业管理类等领域所需的各类标准。

从绿色金融标准的具体指向来看，我国现行绿色金融标准主要面向绿色金融产品的发行方（金融机构、非金融企业、地方政府等）和第三方独立机构，主要针对绿色金融业务流程，如产品设计发行、业务统计、信息沟通、监督管理、业绩评价等。根据面向主体和金融业务流程，可以将我国绿色金融标准分为五类：绿色金融通用基础标准、绿色金融产品和服务标准、绿色金融环境信息披露标准、绿色金融行业管理标准、绿色金融第三方认定评价标准。

从绿色金融标准的制定颁布主体来看,我国现行绿色金融标准制定方主要包括:金融政策制定和监管部门(如人民银行、银监会/银保监会、证监会)、国家政策性职能部门(发改委、环保部、生态部)、地方政府部门(金融办)、金融机构及行业协会。据此,可将我国绿色金融标准分为国家标准和地方标准。

### 3.3.1 绿色金融通用基础标准

绿色金融通用基础标准建设是绿色金融标准体系建设的重要环节。完善的绿色金融通用基础标准,能为其他专项绿色金融标准制定提供统一的参考依据。

2019年2月14日,国家发改委、工信部、自然资源部、生态环境部、住房城乡建设部、人民银行、国家能源局七部委联合发布《绿色产业指导目录(2019年版)》,将绿色产业和项目划分为节能环保、清洁生产、清洁能源、生态环境、基础设施绿色升级、绿色服务6个大类,下含30个二级分类和210个三级分类,并附有解释说明和界定条件。该目录是我国绿色金融通用基础标准,也是目前关于绿色产业和项目最全面的标准,有助于对绿色企业和绿色项目认定评估,也有助于绿色信贷和绿色债券业务的开展。

此外,绿色金融通用基础标准方面,我国自2019年开始启动《绿色金融术语》国家标准建设。

### 3.3.2 绿色金融产品和服务标准

绿色金融产品和服务标准是针对具体的绿色金融产品和服务设立,包括产品分类标准、业务流程标准、统计制度标准等方面。绿色金融产品和服务标准建设,有助于规范金融机构和金融市场行为,有助于绿色金融业务的开展。

我国现行绿色金融产品和服务标准主要是指绿色信贷产品和服务标准、绿色债券标准,以及其他绿色金融产品和服务标准,银监会(银保监会)、人民银行、证监会制定国家标准,部分绿色金融改革创新试验区地方政府金融监管部门和金融机构制定了相应的地方标准,具体见表3-1。

表 3-1　　　　　我国主要绿色金融产品和服务标准

| | 发布日期 | 颁发部门 | 标准名称 |
|---|---|---|---|
| 绿色信贷产品和服务标准 | 2012-1-29 | 银监会 | 《绿色信贷指引》 |
| | 2013-7 | 银监会 | 《绿色信贷统计制度》 |
| | 2015-1-13 | 银监会、发改委 | 《能效信贷指引》 |
| | 2018-3 | 人民银行 | 《绿色贷款专项统计制度》 |
| | 2019-12-27 | 人民银行 | 《绿色贷款专项统计制度修订内容》 |
| | 2020-7 | 银保监会 | 《绿色融资专项统计制度》 |
| | 2018-12-19 | 湖州市市场监督管理局 | 《美丽乡村建设绿色贷款实施规范》 |
| | 2019-12-30 | 湖州市市场监督管理局 | 《绿色农业贷款实施规范》 |
| | 2019-12-30 | 湖州市市场监督管理局 | 《绿色普惠贷款实施要求》 |
| 绿色债券标准 | 2015-12-15 | 人民银行 | 《绿色债券支持项目目录（2015年版）》 |
| | 2015-12-31 | 发改委办公厅 | 《绿色债券发行指引》 |
| | 2021-4-2 | 人民银行、发改委、证监会 | 《绿色债券支持项目目录（2021年版）》 |
| 其他 | 2018-11-10 | 中国证券投资基金业协会 | 《绿色投资指引（试行）》 |
| | 2020-11-19 | 国家市场监督管理局、国家标准化管理委员会 | 《能效融资项目分类和评估指南》 |
| | 2021-7-22 | 人民银行 | 《环境权益融资工具》 |
| | 2021-10 | 中国技术经济学会 | 《气候投融资项目分类指南》 |
| | 2019-2-11 | 衢州市市场监督管理局 | 《安全生产和环境污染综合责任保险服务规范》 |
| | 2019-4-1 | 湖州市市场监督管理局 | 《环境污染责任保险风险评估技术规范》 |

注：根据公开资料整理。

（1）绿色信贷产品和服务标准

银监会2012年1月发布《绿色信贷指引》，对绿色信贷工作全流程进行了规定，是绿色信贷标准纲领性文件。

银监会（或银保监会）和人民银行还分别制定了绿色信贷产品分类和业务统计标准：2013年7月，银监会发布《绿色信贷统计制度》，2018年3月人民银行发布《绿色信贷专项统计制度》，此后，基于国家发改委《绿色产业指导目录（2019）》，2019年12月人民银行修订了《绿色贷款专项统计制度》，2020年7月银保监会发布《绿色融资专项统计制度》。

绿色信贷产品分类和业务统计标准的统一，有助于准确掌握全国绿色信贷业务的开展情况，也有助于进行同业之间绿色信贷业务比较和评价。但由于银保监会和人民银行的绿色信贷标准中，绿色分类细分项目、统计口径、统计范围存在差别，上报机构和报送频率也不同，给绿色金融统计和管理增加了成本。

此外，银监会和国家发改委 2015 年 1 月发布《能效信贷指引》，作为银行业金融机构发放能效信贷的标准，鼓励通过能效信贷推动产业结构调整和企业技术改造升级，降低能源消耗。

绿色信贷产品和服务的地方标准建设中，浙江省湖州市绿色金融改革创新试验区走在全国前列：湖州南浔银行起草的《美丽乡村建设绿色贷款实施规范》，2018 年 12 月 19 日由湖州市市场标准监督管理局发布，成为全国首个地方绿色金融产品标准。湖州市市场标准监督管理局 2019 年 12 月 30 日还发布了《绿色农业贷款实施规范》《绿色普惠贷款实施要求》，进一步丰富了绿色信贷产品标准体系。

此外，浙江省丽水市人民政府金融办 2021 年 3 月 24 日发布《绿色信贷实施指南》，结合当地产业特点，建立了当地银行业金融机构绿色信贷业务实施的地方标准。

（2）绿色债券标准

2015 年 12 月 15 日，人民银行发布的《绿色债券支持项目目录（2015 年版）》，是我国首个绿色债券产品标准。《绿色债券支持项目目录（2015 年版）》由中国金融学会绿色金融专业委员会组织编制，借鉴了绿色债券国际标准，同时考虑了我国的国情，将环境效益项目划分为三级，一级分类含 6 大类，二级分类含 31 个小类，并给出了说明和界定条件。该目录为绿色债券发行设立了统一的参考标准，有助于绿色债券市场的健康发展。

2015 年 12 月 31 日，发改委办公室发布《绿色债券发行指引》，明确了绿色企业债券的定义，以及绿色企业债券重点支持的十二类项目，被视为我国另一个重要的绿色债券产品标准。

由于绿色金融债券、绿色公司债券、绿色债务融资工具由证监会监管，债券发行以《绿色债券支持项目目录（2015 年版）》为依据，而绿色企业债券则由发改委监管，债券发行以《绿色债券发行指引》中的绿色项目划分为依据，从而导致绿色债券支持项目标准不统一，绿色债券边界划分存在差异，亟待重新建立统一的绿色债券支持项目标准。另一方面，2019 年国家发改委等七部委出台《绿色产业指导目录（2019 年版）》统一了绿色产业和项目划分标准，也为绿色债券支持绿色项目标准的统一提供了参考依据。

2021 年 4 月 2 日，人民银行、发改委、证监会联合发布《绿色债券支持项目目录（2021年版）》，明确了绿色债券定义，在对接《绿色产业指导目录（2019年版）》的基础上统一了各类绿色债券支持项目分类标准，从而方便绿色金融业务的开展。此外，《绿色债券支持项目目录（2021年版）》还参考国际主流绿色资产分类标准，调整了目录的整体结构，从2015年版的三级分类增加为四级分类，并对绿色项目涵盖范围的具体内容进行了增添和删减，从而使绿色债券中国标准更趋近于国际标准。

（3）其他绿色金融产品和服务标准

绿色基金标准方面，2018年11月10日，中国证券投资基金业协会发布了绿色投资基金业务标准——《绿色信托指引（试行）》，界定了绿色投资内涵，明确了绿色投资的目标、原则和基本方法。此外，深圳排放权交易所受人行研究局委托，完成了《中国绿色基金标准研究》，并于2020年7月发布，报告中提出了一套规范、标准的绿色基金评估和认证标准体系。

环境权益类融资工具方面，2021年7月22日，人民银行发布环境权益类绿色金融产品标准——《环境权益融资工具》，明确了环境权益融资工具的分类，从实施主体、融资标的、价值评估、风险控制等方面规定了环境权益融资工具的实施流程。该绿色金融产品标准的推出，有助于推动碳排放权等环境权益市场交易，助力碳达峰、碳中和目标。

绿色保险标准方面，2019年1月21日，衢州市市场监督管理局发布《安全生产和环境污染综合责任保险服务规范》，是国内首个绿色保险市级地方标准。2019年4月1日，湖州市市场监督管理局发布了绿色保险产品服务中风险评估标准《环境污染责任保险风险评估技术规范》。

其他投融资项目标准方面，2020年11月19日，国家市场监督管理总局和国家标准化管理委员会联合发布《能效融资项目分类和评估指南》（GB/T 39236-2020），明确了能效融资项目含义、分类规则、评估原则、评估程序、实施指南、评估报告要求；2021年10月，中国技术经济学会发布了《气候投融资项目分类指南》团体标准（T/CSTE 0061-2021），是首个国家层面认可的气候投融资项目认定标准，对气候投融资项目的范围、术语和定义、分类标准等做了全面规定，为在全国范围内推进气候投融资发展提供重要参考依据。

### 3.3.3 绿色金融环境信息披露标准

完善的环境信息披露制度是绿色金融可持续发展的重要保障。由于绿色金融承担促进经济社会协调可持续发展任务，在发展中普遍面临外部性和信息不对称问题，完善的绿色金融全链条环境信息披露机制，能提高市场透明度、降低信息不对称，进而约束污染企业行为，提高金融机构绿色金融服务效率。

2016年人民银行七部委发布的《关于构建绿色金融体系的指导意见》中，明确提出要逐步建立和完善上市公司和发债企业强制性的环境信息披露制度，以解决信息不对称问题对绿色投资构成的制约。此后，我国绿色金融发展与环境信息披露制度建设紧密结合、相互促进。人民银行、银保监会、证监会在指导绿色信贷发放、绿色债券发行、绿色企业上市等具体绿色金融业务时，往往对环境信息披露方面做出明确规定。另外，金融标准委员会联合相关金融机构，积极推动绿色金融环境信息披露标准建设。

2021年8月12日，人民银行发布首个金融机构环境信息披露标准——《金融机构环境信息披露指南》，明确了金融机构环境信息披露的主要内容、适用范围、披露原则、披露形式和频次、披露内容等。

2018年12月30日，江西省赣江新区绿色金融改革创新试验区发布了首个绿色金融环境信息披露的地方标准《企业环境信息披露指引》。

## 3.3.4 绿色金融行业管理评价标准

建立完善的绿色金融行业管理评价标准体系，将推动绿色金融市场更好地发展。我国现行绿色金融管理评价标准包括：绿色金融产品和服务管理评价标准、绿色金融专营机构管理评价标准、绿色金融发展水平评价标准，银监会、人民银行等部门制定了相关国家标准，绿色金融改革创新试验区地方政府进行了相关地方标准建设，具体如表3-2所示。

2014年6月27日，银监会发布的《绿色信贷实施情况评价指标》，是较早的绿色信贷业务管理评价标准。2017年12月26日，中国银行业协会发布《中国银行业绿色银行评价实施方案（试行）》，是关于绿色银行评价的国家标准。

2018年7月27日，人民银行发布《银行业存款类金融机构绿色信贷业绩评价方案（试行）》，对存款类金融机构绿色信贷业务设立了定性评价指标和定量评价指标。2021年6月9日，人民银行发布《银行业金融机构绿色金融评价方案》，将绿色信贷业务升级为绿色金融业务，并设立定性指标和定量指标评价绿色金融业务，是目前我国银行业金融机构金融业务管理评价的重要

表 3-2　　我国主要绿色金融行业管理评价标准

| 发布时间 | 颁发机构 | 标准名称 |
|---|---|---|
| 2014-6-27 | 银监会 | 《绿色信贷实施情况评价指标》 |
| 2017-12-26 | 中国银行业协会 | 《中国银行业绿色银行评价实施方案（试行）》 |
| 2018-7-27 | 人民银行 | 《银行业存款类金融机构绿色信贷业绩评价方案（试行）》 |
| 2021-6-9 | 人民银行 | 《银行业金融机构绿色金融评价方案》 |
| 2018-6-27 | 湖州市质监局 | 《绿色银行评价规范》 |
| 2018-6-27 | 湖州市质监局 | 《银行业绿色金融专营机构建设规范》 |
| 2019-12-1 | 人民银行湖州市中心支行 | 《区域绿色金融发展指数评价规范》 |
| 2020-6-24 | 湖州市市场监督管理局 | 《绿色小额贷款公司建设与评价规范》 |
| 2018- | 衢州市市场监督管理局 | 《绿色金融产品评价标准》 |
| 2020- | 衢州市市场监督管理局 | 《2020年衢州市金融机构绿色金融考评办法》 |

注：根据公开资料整理。

标准。地方绿色金融行业管理评价标准建设方面，浙江省湖州市和衢州市绿色金融改革创新试验区走在了全国前列：

2018年6月27日湖州市质监局发布《绿色银行评价规范》《银行业绿色金融专营机构建设规范》，是全国首批绿色金融行业管理评价地方标准。2019年12月1日，人民银行湖州市中心支行还发布了《区域绿色金融发展指数评价规范》，是全国首个区域绿色金融发展水平评价地方标准。2020年6月24日，湖州市市场监督管理局发布绿色金融专营机构管理评价标准——《绿色小额贷款公司建设与评价规范》。

2018年衢州市出台了《绿色金融产品评价标准》、绿色金融专营机构标准，2020年颁发了《2020年衢州市金融机构绿色金融考评办法》。衢州市银保监局建立了全省首套县域层面绿色普惠金融评价指标体系，衢州农信社出台了全国首个地方法人机构绿色银行体系标准。

## 3.3.5　绿色金融第三方认定评价标准

绿色金融业务中，对绿色产品、绿色项目或绿色主体的认定评价十分重要，由于认定评价工作的独立性和专业性要求，通常由第三方机构完成。为确保认定评价工作的顺利进行和认定评价结果的公平有效，绿色金融第三方认定评价标准建设就变得尤为重要。

我国绿色金融第三方认定评价标准，既有针对性绿色产品本身的认定评级，如绿色债券评证评估标准；也有针对绿色金融业务开展可能涉及的绿色主体和项目进行认定评价，如绿色企业、绿色项目、绿色工厂、绿色园区认定评价标准。

（1）绿色债券认证评估标准

我国的绿色债券认证方面，主要由第三方独立评级机构完成，各评级机构也制定了各自的绿色债券评级标准，如联合赤道发布的《企业主体绿色评级方法体系》、东方金诚发布的《自然环境信用分析框架及绿色债券信用评级方法》、中诚信国际发布的《中诚信国际绿色债券评估方法》。由于评估评级机构标准不一、方法不一，导致投资者难以进行横向比较。

为规范绿色债券评估认证行为，提高评估认证质量，2018年12月27日，人民银行、证监会联合发布《绿色债券评估认证行为指引（暂行）》，是国际上首个由监管机构发布的绿色债券第三方认证规范，明确了认证机构资质、业务承接、业务实施、报告出具、监督管理等方面的内容，为我国绿色债券发行统一了评估认证标准。

（2）绿色主体和项目认定评价标准

我国现行绿色主体和项目认定评价国家标准主要包括绿色产品认证标准、绿色工厂评价标准、绿色企业评选标准。2018年4月12日，国家市场监管总局发布《绿色产品评价标准清单及认证目录（第一批）》公告，包含了人造板和木质地板、涂料、卫生陶瓷等12种绿色产品的评价标准。2018年5月14日，国家市场监管总局、国家标准化管理委员会联合发布《绿色工厂评价通则》（GB/T 36132-2018），明确界定了绿色工厂含义，并规定了绿色工厂评价的指标体系及通用要求。2018年11月15日，由中国生物多样性保护与绿色发展基金会、中国环境科学研究院共同编制的《绿色企业评选标准》（T/CGDF 00002-2018）正式发布，明确了绿色企业评选方法、评选指标。

我国绿色主体和项目认定评价地方标准建设，在绿色金融改革创新试验区成立后得到了较快发展，各地政府部门联合第三方独立评级机构，相继出台了适合当地特点的绿色主体和项目认定评价标准，具体如表3-3所示。

表 3-3　　　　　　　绿色主体和项目认定评价地方标准

| 地区 | 发布时间 | 颁发部门 | 标准名称 |
|---|---|---|---|
| 浙江省湖州市 | 2017-10-26 | 湖州市经信委 | 《湖州市绿色工厂评价办法（试行）》 |
| | 2018-4-17 | 湖州市政府金融办 | 《湖州市绿色企业认定评价方法》 |
| | 2018-4-17 | 湖州市政府金融办 | 《湖州市绿色项目认定评价方法》 |
| | 2018-6-27 | 湖州市质监局 | 《绿色融资企业评价规范》 |
| | 2018-6-27 | 湖州市质监局 | 《绿色融资项目评价规范》 |
| | 2018-8-22 | 湖州市经信委 | 《湖州市绿色工厂星级管理评价办法（暂行）》 |
| 浙江省衢州市 | 2018-7-18 | 衢州市金融办 | 《衢州市绿色企业评价方法》 |
| | 2018-7-18 | 衢州市金融办 | 《衢州市绿色项目评价方法》 |
| | 2020-8-21 | 衢州市市场监督管理局 | 《衢州市绿色企业评价规范（2020年版）》 |
| | 2020-8-21 | 衢州市市场监督管理局 | 《衢州市绿色项目评价规范（2020年版）》 |
| | 2021-9-6 | 衢州市经信局、发改委、生态环境局 | 《衢州市绿色低碳工厂评价办法（试行）》 |
| | 2021-9-6 | 衢州市经信局、发改委、生态环境局 | 《衢州市绿色低碳工业园区评价办法（试行）》 |
| 广东省广州市 | 2018-5-25 | 花都区人民政府 | 《广东省广州市绿色金融改革创新试验区绿色企业认证规范》 |
| | 2018-5-25 | 花都区人民政府 | 《广东省广州市绿色金融改革创新试验区绿色项目认证规范》 |
| | 2019-9-12 | 花都区人民政府 | 《广东省广州市绿色金融改革创新试验区绿色企业、绿色项目认定管理办法（试行）》 |
| | 2020-8-21 | 广州开发区金融工作局 | 《广州市黄埔区、广州开发区绿色项目认定管理办法（试行）》 |
| | 2020-8-21 | 广州开发区金融工作局 | 《广州市黄埔区、广州开发区绿色企业认定管理办法（试行）》 |
| 江西省赣江新区 | 2018-12-30 | 赣江新区财政金融局 | 《赣江新区绿色企业认定评价办法》 |
| | 2018-12-30 | 赣江新区财政金融局 | 《赣江新区绿色项目认定评价办法》 |
| 贵州省贵安新区 | 2019-6-13 | 贵安新区地方金融监管局、贵安新区管委会 | 《贵州省绿色金融项目标准及评估办法（试行）》 |
| 新疆维吾尔自治区昌吉州 | 2020-6 | 昌吉州 | 《昌吉州绿色企业认定办法（试行）》 |
| | 2020-6 | 昌吉州 | 《昌吉州绿色项目认定办法（试行）》 |
| 甘肃省兰州新区 | 2021-5-25 | 兰州新区 | 《兰州新区绿色项目认证及评级办法（试行）》 |
| 其他地区 | 2020-10 | 四川省政府 | 《四川省绿色企业入库认定评分表（试行）》、《四川省绿色项目入库认定评分表（试行）》 |
| | 2021-7-13 | 福建省三明市政府 | 《福建省三明市绿色企业及绿色项目评价认定办法》 |

注：根据公开资料整理。

浙江省湖州市是绿色主体和项目认定评价地方标准建设的领头羊：2017年10月湖州市经信委率先出台了绿色工厂评价地方标准——《湖州市绿色工厂评价办法（试行）》，随后，在上述标准基础上引入星级管理，于2018年8月出台了《湖州市绿色工厂星级管理评价办法（暂行）》。2018年4月17日，湖州市在全国首发绿色企业和绿色项目认定评价地方标准——《湖州市绿色企业认定评价方法》和《湖州市绿色项目认定评价方法》，随后形成《绿色融资企业评价规范》和《绿色融资项目评价规范》。

浙江省衢州市也是绿色主体和项目认定地方标准建设较早的城市：2018年7月衢州市出台《衢州市绿色企业评价方法》和《衢州市绿色项目评价方法》，随后形成衢州市地方标准《衢州市绿色企业评价规范（2020年版）》《衢州市绿色项目评价规范（2020年版）》。2021年9月6日，衢州市在全国率先出台绿色低碳工厂和绿色低碳工业园区认定评价地方标准——《衢州市绿色低碳工厂评价办法（试行）》《衢州市绿色低碳工业园区评价办法（试行）》。

广东省广州市在绿色主体和项目认定评价地方标准建设方面，以花都区为主导，2018年5月25日发布《广东省广州市绿色金融改革创新试验区绿色企业认证规范》和《广东省广州市绿色金融改革创新试验区绿色项目认证规范》，随后经过修订完善，形成《广东省广州市绿色金融改革创新试验区绿色企业、绿色项目认定管理办法（试行）》。2020年以来，广州市开发区为推动绿色金融建设，结合区内绿色产业特点，编制了绿色企业和绿色项目认定的地方标准——《广州市黄埔区、广州开发区绿色项目认定管理办法（试行）》，并于2020年8月21日发布。

江西省赣江新区2018年12月30日发布了新区绿色企业和项目认定评价标准——《赣江新区绿色企业认定评价办法》《赣江新区绿色项目认定评价办法》。

贵州省地方金融监督管理局和贵安新区管委会2019年6月13日联合发布《贵州省绿色金融项目标准及评估办法（试行）》是绿色金融项目评估的省级标准。

新疆维吾尔自治区绿色金融改革创新试验区绿色企业和项目认定评价地方标准建设缓慢，昌吉州2020年6月发布了《昌吉州绿色企业认定办法（试行）》《昌吉州绿色项目认定办法（试行）》，克拉玛依和哈密市目前尚未出台相关的地方标准。

甘肃省兰州新区是2019年底批准成立的绿色金融改革创新试验区，在借鉴其他地区成功经验的基础上，也迅速启动了绿色企业和项目认定评价地方标准建设，并于 2021 年 5 月 25 日发布《兰州新区绿色项目认证及评级办法（试行）》。

绿色金融改革创新试验区之外，四川省 2020 年发布了《四川省绿色企业入库认定评分表（试行）》《四川省绿色项目入库认定评分表（试行）》，是根据《绿色产业指导目录（2019 年版）》制定的、关于绿色企业和绿色项目认定的省级地方标准；福建省三明市 2021 年 7 月 13 日发布了福建省内首个绿色企业和绿色项目认定的市级地方标准。

## 3.4 我国绿色金融标准中存在的问题

### 3.4.1 绿色金融标准不统一

我国开展绿色金融业务开展过程中，不同地区、不同部门都制定出台了符合自身业务需要的绿色金融标准，由此带来绿色金融标准间的不统一问题，主要体现在三个方面：部门间绿色金融标准不统一，国内地区间绿色金融标准不统一，国内与国际绿色金融标准不统一。我国绿色金融标准不统一问题在绿色属性认定方面表现得尤为严重，绿色属性认定主要包括绿色项目的认定和绿色企业的认定。

在绿色债券发行市场，绿色债券支持的绿色项目认定是绿色债券标准的基石，由于绿色项目认定口径和范围不同，导致我国绿色债券标准存在监管部门间的不统一、国内标准与国际标准不统一。其中，绿色企业债与其他绿色债券分属国家发改委、证监会审批监管，因参考的绿色项目分类不同带来标准不统一，《绿色债券支持项目目录（2021 版）》发布，适用各种类型债券，解决了绿色债券标准监管部门间不统一的问题。在与国际绿色债券标准比较时，因经济发展水平、能源消费结构、环境保护需求等方面与西方发达国家存在较大差异，绿色项目划分标准有差异：我国现阶段煤炭资源在能源结构中依然占主导地位，环境污染治理任务繁重，因此我国将"煤炭资源的清洁使用"等环保项目纳入绿色项目中，同时对绿色项目涉及的技术指标做出了明确规定，防止"洗绿"风险。西方发达国家已经进入工业化后期阶段，能源结构中煤炭资源占比较低，早期的环境污染问题已经逐步得到了解决，因此绿色项目的划分更关注全球气候变化以及可持续发展领域，如将垃圾填埋项目纳入绿色项目，此外，国外为保证绿色项目认定在较大范围内通行，往往在划分绿色项目时较少规定相关技术指标。绿色债券国内标准与国际标准不统一，统计口径不同，不方便进行国内外绿色债券业务对比，也不利于绿色债券的跨境发行和流通，增强了绿色债券市场割裂程度。《绿色债券支持项目目录（2021版）》呈现了向国际绿色债券标准靠近的倾向，但在与国际标准接轨方面依然还有较大差距。

在绿色企业和绿色项目认定评价标准方面，我国以绿色金融改革创新试验区为主的各地政府，结合当地产业发展特点先后建立了绿色企业和绿色项目认定的地方标准，其中，贵州省和四川省出台了省级地方标准，其他地区多为市级地方标准，广东省花都区和开发区出台的是市辖区地方标准。绿色企业和绿色项目认定评价地方标准的不统一，导致绿色金融服务市场的割裂，给绿色金融资金供给方增加了信息甄别难度和信息搜集成本，不利于绿色金融业务的开展。

## 3.4.2　绿色金融标准覆盖面不够

我国现行绿色金融产品和服务标准覆盖产品不够。目前主要针对绿色信贷和绿色债券建立了绿色金融标准；绿色基金标准方面仅有一项业务流程标准，缺少针对绿色基金评估认证标准；绿色保险标准方面，目前仅有针对具体绿色保险品种的少数地方标准，欠缺统一的国家标准。

我国现行绿色企业和绿色项目认定评价标准覆盖的区域不够。目前仅绿色金融改革创新试验区建立了相关地方标准，且只适用于局部地区，在全国广大地区，这一标准还未能建立。

## 3.4.3　绿色金融标准的通用性和可持续性不强

国外绿色金融标准中，有的标准是通用性标准，广泛适用于各类金融业务。如赤道原则，作为一套旨在管理项目融资中环境和社会风险的自愿性金融行业基准，适用于全球各行业总成本超过1000万美元的新项目融资。也即是，赤道原则适用于各类金融机构的各类融资活动，不仅包括商业银行，还包括金融集团、出口信贷机构等；不仅包括传统的银行信贷，还包括其他各种类型的金融综合服务方案。而我国出台的大部分绿色金融标准是针对某类金融机构的某类金融业务，如针对商业银行的绿色信贷标准，绿色金融标准的通用性不强。2021 年 6 月 9 日人民银行发布的《银行业金融机构绿色金融评价方案》，适用范围包括但不限于绿色贷款、绿色证券、绿色股权投资、绿色租赁、绿色信托、绿色理财等，在标准的通用性方面有较大改进。

国外的绿色金融标准可持续性较强，关注环境、社会、人权等问题在金融体系中的作用，紧跟经济社会发展变化，不断地更新绿色金融标准的内容。例如，赤道原则自建立以来，在长期的绿色金融业务实践中，兼顾了环境风险、社会风险和金融的可持续发展，充分考虑了气候变化、生物多样性缺失等新问题，不断调整涵盖范围和优先次序，不断完善环境和社会风险确定、评估和管理程序，使赤道原则能持续成为全球金融机构开展绿色金融业务的重要参考标准。相比之下，我国的许多绿色金融标准制定仅考虑了当时的绿色金融业务开展需要，不具备发展视野，随着绿色金融业务的开展，一些绿色金融标准不符合需要，面临重新制定的问题。

## 3.5　我国绿色金融标准未来发展建议

### 3.5.1　加强绿色金融通用基础标准建设

我国现有的绿色金融通用基础标准仅一项，即《绿色产业指导目录（2019 年版）》，绿色金融术语等其他绿色金融通用标准建设还有待进一步推进。

针对《绿色产业指导目录（2019 年版）》，目前在绿色项目筛选方面仍存在一定的问题，单纯依照该目录开展绿色项目筛查工作，难以避免灵活性不足及权力寻租等缺陷。如果在执行"通用目录"标准的基础上，针对具体项目开展具体评估，依照项目预期环境收益和风险，对其进行分级认定和管理，将客观、严格的项目潜在环境收益及风险评估报告作为该项目是否能够获得绿色资金支持的重要依据，能有效统一绿色项目的筛查口径，从而保证项目筛选工作的客观、灵活，也能够避免因为标准死板、僵硬所导致的"漂绿""染绿"风险和权力寻租等问题。

另外，由于"通用目录"出台时间较晚，目前基于该通用目录制定的单项绿色金融标准还不够多，未来需拓展该通用基础标准的应用范围。而随绿色金融业务开展和经济社会环境变化，也需要对通用目录进行修订和更新，以保证对绿色金融业务的适用性。

### 3.5.2 提升绿色金融标准的统一性

其一，尽量统一绿色金融地方标准。针对绿色金融地方标准不统一的问题，尽量按照市级标准—省级标准—国家标准的路径，不断升级标准的级别，建立全国统一的绿色金融标准，地方仅结合自身特点在国家标准上做进一步的细化，从而打破绿色金融业务的地区割裂状态，促进绿色金融服务的跨区流动。

其二，推动绿色金融国内标准与国际标准的互认与共建。考虑到我国的特定国情，我国某些绿色金融标准具有合理性和实用性，不能与国际标准进行强硬的接轨，但可以考虑推动绿色金融国内标准与国际标准的互认。而在绿色金融的新兴领域和可持续金融领域，国内国外几乎处在大致相近的阶段，可推动绿色金融标准的国内外共建。

### 3.5.3 提升绿色金融标准的通用性和可持续性

其一，提升绿色金融标准的通用性。在绿色金融产品和服务标准建设方面，随着绿色金融产品和服务类型的不断增多、规模不断扩大，一方面，要扩大绿色金融标准的覆盖范围，使各类绿色金融产品和服务均有绿色金融标准可参考；另一方面，要拓展绿色金融内涵，将单一绿色金融产品和服务拓展为丰富的绿色金融产品体系，相应的绿色金融标准也要具备通用性，适用于各类绿色金融产品。

其二，提升绿色金融标准的可持续性。面对不断发展变化的经济社会环境，我国的绿色金融标准建设要有前瞻性眼光和发展性视野，在制定绿色金融标准时要尽可能紧跟国际前沿潮流导向，形成可持续性的绿色金融标准，以保证对绿色金融业务的长期指导。

# 4

# 探索建设绿色金融改革创新试验区的功能定位

## 4.1 我国绿色金融改革创新试验区设立背景

改革开放40多年，我国经济建设取得了历史性成就，同时也积累了大量的生态环境问题，且成为经济社会可持续发展的重大"瓶颈"制约。联合国计划开发署发表《2002年中国人类发展报告：绿色发展，必选之路》，首次提出在中国应当选择绿色发展之路。2015年5月，中共中央、国务院印发《关于加快推进生态文明建设的意见》，提出要把生态文明建设放在突出的战略位置，要大力推进绿色发展、循环发展和低碳发展。2015年10月，党的十八届五中全会通过《中共中央关于制定国民经济和社会发展第十三个五年规划的建议》，明确提出创新、协调、绿色、开放、共享的"五大发展理念"。

发展绿色金融是实现绿色发展的重要措施，也是贯彻"五大发展理念"和发挥金融服务供给侧结构性改革的重要内容。绿色金融更强调环境利益，注重金融活动与环境保护、生态平衡的协调发展，最终实现经济社会的可持续发展。2016年《政府工作报告》提出，大力发展普惠金融和绿色金融。2016年8月31日，中国人民银行、财政部、国家发展改革委、环境保护部、银监会、证监会、保监会七部委联合印发《关于构建绿色金融体系的指导意见》，为绿色金融发展提供了顶层设计。

在政策利好的背景下，全国各地开始了绿色金融的初步探索，但由于绿色金融的环境外部性特征，在发展过程中仍存在诸多问题：金融机构参与绿色金融业务的积极性不高，绿色金融供需对接困难，绿色金融产品和服务模式单一,绿色金融配套制度和设施不健全等。为了实现绿色金融改革创新的顺利推进,我国沿用渐进式改革策略,允许在一些地方开展试点,通过部分试验区的先行先试,以点突破,为更大范围和更高层级推进改革积累经验,为推动绿色金融全局改革提供方案。

浙江、广东、江西、贵州、新疆五省(区)具有良好的生态资源禀赋,在绿色金融助推绿色发展、生态环境治理方面进行了积极有益的探索,并取得一定成效。基于此,2017年6月,国务院批准了首批国家级绿色金融改革创新试验区,即浙江省湖州市和衢州市、广东省广州市、江西省赣江新区、贵州省贵安新区、新疆维吾尔自治区克拉玛依市、哈密市和昌吉州,共五省(区)八地。2019年12月,国务院批准甘肃省兰州新区为第二批国家级绿色金融改革创新试验区。六省(区)九地绿色金融改革创新试验区,所处的地理区位不同,经济发展阶段不同,地区产业特点不同,选择这些地区作为试点,是希望试点地区立足本地、突出重点,探索绿色金融体制机制创新,加强绿色金融对生态环境改善、资源节约高效利用等的服务支持,为我国经济发展绿色转型提供可复制、可推广的经验。

## 4.2 我国绿色金融改革创新试验区功能定位

我国目前批准的六省(区)九地绿色金融改革创新试验区,实现了东部、中部和西部地区的全覆盖,其中,浙江和广东为东部地区,江西为中部地区,贵州、新疆和甘肃均为西部地区。由于不同试验区的地域特点和资源禀赋不同、经济体量和发展水平不同、金融发展基础不同,各试验区的产业结构和特点也不同,决定了各试验区绿色金融的供给能力、绿色金融的需求规模及偏好是有差异的,也决定了不同绿色金改试验区的功能定位也应有所区别。

绿色金融改革创新试验区设立之初基础数据如表4-1所示。

### 4.2.1 浙江省湖州市、衢州市绿色金融改革创新试验区的功能定位

浙江省是东部经济发达地区,湖州市和衢州市是浙江省内处于中等经济发达水平的城市。2017年末湖州市和衢州市GDP分别为2476.13亿元、

表 4-1　　　　　绿色金融改革创新试验区设立之初基础数据①

| 省区 | 城市 | 土地面积（平方公里） | 常住人口（万人） | GDP（亿元） | 人均GDP（万元） | 各项存款余额（亿元）② | 各项贷款余额（亿元）③ | 原保费收入（亿元） |
|---|---|---|---|---|---|---|---|---|
| 浙江 | 湖州市 | 5820 | 299.5 | 2476.13 | 8.30 | 4045.3 | 3281 | 90.5 |
| | 衢州市 | 8845 | 218.5 | 1331.27 | 6.13 | 2135.04 | 1926.5 | 58.41 |
| 广东 | 广州市 | 7434 | 1449.84 | 21503.15 | 15.07 | 51369.03 | 34137.05 | 1127.3 |
| | （花都区） | 961 | 107.55 | 1276.39 | 11.87 | 1440.48 | 782.95 | — |
| 江西 | 赣江新区 | 465 | 70.2 | 582.3 | 8.29 | — | — | — |
| 贵州 | 贵安新区 | 1795 | 30.62 | 150.4 | 4.91 | — | — | — |
| 新疆 | 克拉玛依市 | 7733 | 44.28 | 722.4 | 16.31 | 1259.1 | 532.8 | 22.9 |
| | 哈密市 | 142100 | 67.34 | 478.14 | 7.72 | 638.26 | 579.25 | 17.05 |
| | 昌吉州 | 73900 | 161 | 1220 | 7.61 | 1424.1 | 1137.4 | 44.8 |
| 甘肃 | 兰州新区 | 1744 | 36 | 243 | 6.75 | — | — | — |

注：根据各地《国民经济和社会发展统计公报》《统计年鉴》《政府工作报告》数据整理。

1331.27 亿元，位居浙江省内城市第八位和第九位；人均 GDP 分别为 8.3 万元、6.13 万元，位居浙江省内城市第六位和第八位。从地区金融发展水平来看，浙江湖州市和衢州市金融也处在浙江省及全国的中等发达水平，2017 年末湖州市金融机构本外币各项存款和贷款余额分别为 4045.3 亿元和 3281 亿元，保费收入 90.5 亿元；衢州市金融机构本外币各项存款和贷款余额分别为 2135.04 亿元、1926.5 亿元，保费收入 58.41 亿元。

湖州市区位条件优越、生态环境良好、经济基础较好，是"长三角城市群"成员城市、环杭州湾大湾区核心城市、国家生态文明先行示范区、"中国制造 2025"试点示范城市。《湖州市城市总体规划（2017—2035 年）》提出，湖州市要打造生态样板城市、绿色智造城市、滨湖旅游城市、现代智慧城市、

---

① 兰州新区选取 2019 年末的数据，其他八地均选取 2017 年末的数据。
② 湖州、衢州、广州选取金融机构本外币存款余额数据，克拉玛依市、哈密市、昌吉州选取金融机构人民币存款余额数据。
③ 湖州、衢州、广州选取金融机构本外币贷款余额数据，克拉玛依市、哈密市、昌吉州选取金融机构人民贷款余额数据。

枢纽门户城市、美丽宜居城市。在产业发展上，湖州市要构筑"4+3+N"产业体系，即信息经济、高端装备、健康产业、休闲旅游四大重点主导产业，金属新材、绿色家居、现代纺织三大传统优势产业，新能源汽车、地理信息、通用航空、现代金融等新产业。

衢州市区位优势明显，有"四省通衢，五路总头"之称，生态资源和旅游资源丰富，是全国十佳生态休闲旅游城市、联合国认定国际花园城市。衢州市也是传统的重化工业基地，有机械、化工、钢铁、造纸和水泥五大主导产业，但产业结构层次较低，亟待转型。《衢州市大花园建设行动纲要》中，明确了衢州市未来的发展方向，即打开大通道、建设大配套、提供大产品、提升大环境、深化大协作，其中，大配套包括打造特色小镇群落（如高铁小镇、教育小镇、快乐运动小镇、医养小镇、科创金融小镇等），产业大平台包括高铁新城为核心的幸福产业大平台、新能源产业大平台、航空物流大平台。

鉴于此，湖州市绿色金融改革创新试验区建设应服务于湖州未来城市规划和产业发展规划，针对生态旅游、绿色智造、产业结构层次提升等方面，探索绿色金融创新服务模式；而衢州市绿色金融改革创新试验区建设应服务于衢州市大花园建设，针对传统重化工业转型升级、生态旅游和特色小镇建设，探索绿色金融创新产品和服务。

湖州市和衢州市作为经济发达省份中等发展水平的中型城市代表，地区整体营商环境较好、民营经济发达、地方性中小金融机构发达、绿色发展和绿色金融理念普及程度高，在绿色金融改革创新中应重点关注绿色金融的政策制度建设、绿色金融综合服务平台搭建、银行绿色金融专营组织建设、绿色债券市场（尤其是针对民营企业的绿色债券及债务融资工具）发展、绿色金融产品和服务创新（如绿色信贷、绿色保险等），走出一条中等发达城市绿色金融、绿色发展相互促进的良性循环道路，并形成可推广、可复制的绿色金融发展模式，最终为全国众多相似条件的中等发达城市绿色金融发展提供可参考的浙江样板。

## 4.2.2 广东省广州市绿色金融改革创新试验区的功能定位

广东省东部经济最发达省份，广州市是广东省内经济发展水平仅次于深圳的城市，也是所有绿色金融改革创新试验区中唯一入选的一线超大城市。广州市的经济体量最大、经济发展水平高、金融业最为发达：2017年末广州市 GDP 超过了 2 万亿元，是同期其他 7 个试验区 GDP 加总金额的 3 倍以上；常住人口规模 1400 万人以上，是同期其他 7 个试验区常住人口总和的 2.6 倍以上；2017 年末广州市人均 GDP15.07 万元，位居广东省第二，在试验区中仅低于克拉玛依市排名第二，在全国排名前十；2017 年末广州市金融机构本外币各项存款余额超过 5 万亿元，金融机构本外币各项贷款余额超过 3 万亿元，原保费收入超过 1000 亿元，居绝对领先地位，相比于排名第二的湖州市而言，广州市金融机构存、贷款余额和保费收入是湖州市的 10 倍以上。

花都区是广州市绿色金融改革创新试验区的核心区，2017 年末花都区 GDP 为 1236.79 亿元，仅占广州市 GDP 的 5.75%，约为湖州市 GDP 的一半，与衢州市、昌吉州的 GDP 相近，远高于其他试验区 GDP；花都区 2017 年末人均 GDP 为 11.87 万元，低于广州市水平，也低于克拉玛依市人均 GDP，但远高于其他试验区人均 GDP 水平；花都区 2017 年末金融机构本外币各项存款余额约 1440 亿元，仅占广州市的 2.8%，金融机构本外币各项贷款余额约 783 亿元，仅占广州市的 2.3%，这一水平低于湖州市和衢州市，但与克拉玛依市和昌吉州水平相近，高于哈密市。

广州市区位优势显著，是海上丝绸之路的起点城市、"一带一路"倡议的枢纽城市、珠三角经济区和粤港澳大湾区的中心城市。《广州市城市总体规划（2017—2035）》提出，广州市的城市定位是国家重要中心城市、国际综合交通枢纽、商贸中心、交往中心、科技产业创新中心，逐步建设成为中国特色社会主义引领型全球城市。《广州市金融业发展第十三个五年规划（2016—2020 年)》中提出，要建设与广州国家重要中心城市地位相适应、与国家深化金融改革进程相一致、与中国（广东）自由贸易试验区建设相统一的区域金融中心。

由于广州市特殊的城市地位，广州市建设绿色金融改革创新试验区必须要与国家重大战略部署和地方经济发展特点紧密结合。因此，广州市绿色金融改革创新试验区建设的功能定位应主要体现在以下方面：

其一，经济发达地区绿色金融改革创新的先锋队。广州市是经济、金融发达城市的典型代表，经济结构不断优化，"两高一剩""低小散乱"等产业逐步退出，绿色环保、绿色交通、清洁能源等新兴产业迅速发展，经济迈向高质量发展阶段，由此产生大量的绿色金融需求；另外，金融体系较为完善、金融资源丰富、金融高级人才充沛、金融科技水平高，有能力提供绿色金融产品和服务模式创新，助力经济高质量发展。广州市应该、也有能力成为绿色金融改革创新的先锋队，为经济发达地区大型城市绿色金融发展提供参考借鉴。

其二，粤港澳大湾区绿色金融发展的引领者。粤港澳大湾区建设是国家重大战略部署，广州市作为粤港澳大湾区核心城市，广州市绿色金融改革创新要发挥对大湾区建设的支撑和牵引作用。在粤港澳大湾区，香港是老牌国际金融中心，深圳是全球金融中心后起之秀，广州区域金融中心地位不断提升，广州市绿色金融改革试验区建设为广州市提供了难得的机遇，应加强粤港澳大湾区绿色金融领域的合作，通过绿色金融制度创新、绿色金融标准建设、绿色金融产品和服务创新，成为粤港澳大湾区绿色金融发展的引领者，同时为我国的绿色金融对外合作提供广州样板。

其三，绿色金融促进区域协调发展的探路者。广东省经济总量为全国第一，但区域经济发展不平衡问题十分严峻，珠三角地区经济发达，但省内3/4以上的粤东西北地市人均GDP低于全国平均水平。在推动共同富裕的国家发展方针下，广州市绿色金融改革创新试验区建设要利用自身在绿色金融制度、平台、人才、技术等方面的优势，以试点突破形成示范效应，为省内欠发达地区提供可参考、可借鉴的绿色金融创新产品和服务。

## 4.2.3 江西省赣江新区绿色金融改革创新试验区功能定位

江西省是中部经济发展水平一般的省份，但生态基础好、资源环境承载能力强，是国家首批生态文明试验区。赣江新区是江西省内也是中部地区经济较为发达的地区，2017年末赣江新区GDP为582.3亿元，经济体量并不大，但人均GDP达到8.29万元，与湖州市相近，低于克拉玛依市和广州市水平，高于其他绿色金融改革试验区。从地区金融发展来看，江西省金融业总体水平远低于发达省市的金融业发展水平，在绿色金融供给方面还存在较大不足。

赣江新区是中部地区发展基础较好、发展潜力较大的区域，已成为光电信息、智能装备制造、新能源新材料、生物医药、有机硅、现代轻纺等先进制造业和战略性新兴产业集聚区，具备新型工业化和新型城镇化融合发展的优越条件。赣江新区承载着江西改革创新的强大引擎地位，也担负着促进中部地区崛起、加快内陆地区开发开放的重担。

因此，赣江新区绿色金融改革创新试验区建设应该与赣江新区国家级新区的建设、江西省生态文明试验区建设等国家战略相配合。一方面，要针对赣江新区产业特点，探索绿色金融服务新型工业化的模式；另一方面，要结合江西省和赣江新区的资源禀赋优势，探索绿色金融服务新型城镇化的模式。而结合江西省金融发展基础，赣江新区的绿色金融改革创新要注重绿色金融制度的建立、绿色金融基础设施的建设、绿色金融组织和市场体系的完善、绿色金融人才引进和技术能力提升，以此推动新型工业化和新型城镇化融合发展，也为拥有生态优势的中等发达地区绿色金融发展提供可资参考的江西样板。

## 4.2.4 新疆克拉玛依市、哈密市、昌吉州绿色金融改革创新试验区功能定位

新疆维吾尔自治区位于我国西部和欧亚大陆腹地，是历史上古丝绸之路的重要通道，也是"一带一路"枢纽地区。新疆克拉玛依市、哈密市、昌吉州三个城市是新疆维吾尔自治区内经济发展水平较高的地区：新疆克拉玛依市 2017 年 GDP 为 722.4 亿元，自治区排名第七，经济体量不大，但经济发展水平较高，人均 GDP 高达 16.31 万元，在新疆维吾尔自治区和所有绿色金改试验区中排名第一，在全国也排名前五；新疆哈密市 2017 年 GDP 为 478.14 亿元，经济体量较小，自治区内排名第九，人均 GDP 为 7.72 万元，自治区排名第三；新疆昌吉州 2017 年 GDP 为 1220 亿元，自治区排名第二，经济体量仅次于乌鲁木齐，人均 GDP 为 7.61 万元，自治区排名第四。从金融业规模来看，新疆昌吉州 2017 年金融机构人民币存款余额和贷款余额均超过了 1000 亿元，保费收入超过 40 亿元，在三个试验区发展最好；其次是克拉玛依市，金融机构人民币存款余额超过了 1000 亿元，但贷款余额仅 500 多亿元，保费收入也稍高于 20 亿元；哈密市金融机构人民币存款余额和贷款余额均只有 600 亿元左右，保费收入不足 20 亿元。

新疆地域辽阔，是我国陆地面积最大的省区，拥有丰富的自然资源，是我国重要的战略能源接替区。克拉玛依市、哈密市和昌吉州也是资源型城市的典型代表：克拉玛依市拥有丰富的石油资源，是我国重要的石油化工基地和世界石油石化产业的聚集区，同时也拥有独特的旅游资源，是我国著名的旅游城市；哈密市不仅拥有丰富的煤炭、石油等化石能源，还拥有丰富的光能资源和风能资源，是我国重要的风电基地和光伏发电基地；昌吉州拥有丰富的动植物资源、旅游资源、矿产资源，农业和旅游业发达。

因此，新疆克拉玛依市、哈密市和昌吉州绿色金融改革创新试验区建设

要符合当地城市资源禀赋和产业特点,针对当地农业发展、生态环境建设、清洁能源开发和相关高端制造产业发展,探索绿色金融制度和基础设施建设、绿色金融组织体系和市场体系的完善、绿色金融产品和服务的创新,为资源型中小城市绿色金融发展提供可参考的新疆样板。

### 4.2.5 贵州省贵安新区绿色金融改革创新试验区功能定位

贵州省是我国西南部欠发达地区,也是全国最贫困的省份之一,然而贵州山川秀美、生态资源丰富,是我国首批国家生态文明示范区,另外,贵州也是全国首个获批的国家级大数据综合试验区。贵安新区是黔中经济区核心地带,是贵州省内地理位置条件相对优越的区域,人文生态环境好,具备发展潜力。贵安新区 2017 年末 GDP 为 150.4 亿元,经济体量是试验区中最小的,人均 GDP 仅 4.91 万元,也是试验区中倒数第一,低于全国平均水平,但在贵州省内仅低于贵阳市和六盘水市。

贵安新区是国家为推动贵州加快发展而设立的国家级新区,是第二批国家新型城镇化综合试点地区、南方数据中心核心区、全国大数据产业集聚区、国务院首批双创"区域示范基地"。根据国家《西部大开发规划》和《贵安新区总体发展规划》,贵安新区承担着西部地区重要经济增长级、内陆开放型经济新高地和生态文明示范区的多重重任。

因此,贵安新区绿色金融改革创新试验区建设既要与贵安新区的发展规划相配合,也要与贵州省脱贫攻坚、生态发展相适应,探索绿色金融引导西部欠发达地区经济转型发展的有效途径:针对当地金融基础薄弱局面,充分利用大数据技术优势,加强绿色金融服务平台、绿色企业(项目)库等基础设施建设,加强绿色金融市场体系建设,拓宽绿色产业融资渠道。针对当地制约经济发展的水利和交通"瓶颈"问题,探索绿色金融创新产品和服务,重点支持农村水利和交通等基础设施改造,支持农业产业项目,助力地区脱贫攻坚和生态发展。

### 4.2.6 甘肃省兰州新区绿色金融改革创新试验区功能定位

甘肃省是我国西北部欠发达地区,也是我国最贫困的省份之一,但甘肃省拥有丰富的矿产资源、风能资源和太阳能资源,具备发展潜力。兰州新区是甘肃省内地理条件最优越的区域,位于秦王川盆地,也在兰州、西宁、银川3个省会城市共生带,是丝绸之路经济带和欧亚大陆桥的重要连接点。兰州新区生态资源丰富、交通发达,具备发展潜力。2019年兰州新区GDP为243亿元,在绿色金融改革试验区中仅高于贵安新区,人均GDP为6.75万元,低于全国平均水平,但在省内仅次于嘉峪关市。

兰州新区作为西北第一个国家级新区,承载着成为西北地区重要的经济增长极、国家重要的产业基地、向西开放的重要战略平台和承接产业转移示范区的战略使命。2017年兰州新区与华为深度合作规划新型智慧城市建设,旨在建设成为城市宜居宜业、乡村美丽富裕、惠及全体百姓的西部样板。因此,兰州新区绿色金融改革创新试验区建设也要与兰州新区国家级新区的整体规划相配合,利用数字产业发展和新型智慧城市建设机遇,夯实绿色金融基础设施,同时针对"三农"领域创新绿色金融服务产品和模式,助力产业转移承接和新型城镇化建设,为西部欠发达地区绿色金融发展提供参考样板。

# 区域篇

# 5

# 浙江省绿色金融改革创新实践

## 5.1 浙江省湖州市、衢州市绿色金融改革创新试验区

### 5.1.1 浙江省湖州市、衢州市绿色金融改革创新试验区成立背景

浙江省简称"浙",位于中国东南沿海、长江三角洲南翼,地跨北纬27°02′~31°11′,东经118°01′~123°10′,东临东海,南接福建,西与江西、安徽相连,北与上海、江苏为邻。浙江省陆域面积较小,仅10.55万平方公里;海岸线总长6486.24公里,占中国的20.3%,沿海岛屿众多,海域辽阔。

截至2021年2月,浙江省下辖11个地级市(其中杭州和宁波两个副省级市)、37个市辖区、20个县级市、32个县、1个自治县,合计90个县级区划。截至2020年末,浙江全省常住人口6457万人,地区生产总值64613.3亿元,位居全国第四,人均GDP为100067元,位居全国第六。

浙江省土地资源有限、煤炭资源贫乏、生物资源和海洋资源丰富,为此,在经济发展道路选择上,亟须对传统产业进行改造升级,发展新兴产业,并借助于金融支持,实现"生态产业+金融助力"发展模式。为培育浙江特色绿色经济,进一步壮大绿色经济产业规模,着力提升绿色经济发展水平,早在2017年3月13日,浙江省发展改革委就印发《浙江省绿色经济培育行动实施方案》,提出要在"绿水青山就是金山银山"的理念引领下,坚持政府主导,市场驱动的发展模式,根据省内不同地区自然资源禀赋和经济发展水平,因地制宜地制定科学差异化的政策,深化改革,创新发展。方案还提出了浙江省绿色经济发展的主要目标:到2020年,绿色经济产业体系初步建立,绿

色经济发展规模不断壮大，绿色经济发展水平明显提升，绿色经济发展机制逐渐完善，绿色生产和生活方式基本形成，全省资源产出率进一步提高，绿色发展水平保持全国前列。同时，方案提出浙江绿色发展的主要任务在于推进产业结构优化，进一步强化创新驱动，在全省范围内培养一批重点绿色项目，为全国贡献"浙江经验"。

湖州市，地处浙江省北部、太湖南岸，紧邻江苏、安徽，下辖德清、长兴、安吉三县和吴兴、南浔两区，总面积5818平方公里。湖州是一座历史文化名城，也是近代湖商的发源地，同时还是"长三角城市群"成员城市、环杭州湾大湾区核心城市、G60科创走廊中心城市。2014年，湖州市获批国家生态文明先行示范区，2017年湖州市获批"中国制造2025"试点示范城市。2020年末，湖州市GDP为3201.4亿元，占全省GDP的4.94%，排名第八；常住人口336.76万人，人均GDP为9.51万元，省内排名第六。早在"十二五"期间，湖州市深入实施"四换三名"工程，推进产业结构调整，布局新能源及节能、生物医药、资源与环境等高新技术产业。近年来，湖州市倡导"绿色智造"，重点改造提升金属新材、绿色家居、现代纺织等传统优势产业，同时依托"机器换人"、信息化和工业化融合，推动工业经济转型升级。

衢州市，位于浙江省西部，钱塘江上游，金衢盆地西端，紧邻福建、江西和安徽，下辖柯城、衢江两区、江山市和龙游、常山和开化三县，总面积8845平方公里。衢州市拥有得天独厚的生态优势，旅游资源丰富，2013年被列为国家首批循环经济示范城市，2014年被列为浙江省唯一的绿色改革综合试点市。2020年末，衢州市GDP为1639.12亿元，占全省GDP的2.53%，排名第九；常住人口227.62万人，人均GDP为7.2万元，省内排名第八。衢州市是浙江省传统的重化工业基地，产业结构以化工、机械、水泥、造纸等为主导，传统产业升级绿色改造需求大。

2017年6月23日，中国人民银行、发改委、财政部、环保部、银监会、证监会、保监会七部委印发《浙江省湖州市、衢州市建设绿色金融改革创新试验区总体方案》，标志着浙江湖州、衢州绿色金融改革创新试验区正式成立。

## 5.1.2 浙江省湖州市、衢州市绿色金融改革创新试验区主要目标和任务

浙江省是"两山"重要思想诞生地、美丽乡村建设发源地、"生态+"

绿色发展先行地、生态文明先行示范区试点地区，一直以绿色作为发展底色，在经济发展中注重生态环境保护和绿色产业创新发展。与其他试验区相比，浙江湖州和衢州绿色金融改革创新试验区，主要是探索"绿水青山就是金山银山"在金融方面的实现机制，创新绿色金融，支持绿色产业创新升级和传统产业转型升级，从而对中小城市整体实现绿色发展方面的服务。

由于湖州和衢州两市所处区位、经济发展水平、产业基础均不同，绿色金融改革创新试验区也具有不同的特色定位：湖州市地处"杭嘉湖"经济发达区域，是全国首个以"绿色智造"为特色的"中国制造2025"试点示范城市，湖州市绿色金融改革创新应侧重金融支持绿色产业创新升级，注重对节能环保、新能源新材料等领域的金融支持。衢州市地处浙西，是浙江省传统的重化工业基地，规模以上工业中，机械、化工、黑色金属冶压行业等传统重工业占比较大，衢州市绿色金融改革创新应侧重金融支持传统产业绿色化改造与转型，致力于打造新型特色产业体系以及相应的绿色金融服务体系。

根据《总体方案》的指示，浙江湖州、衢州绿色金融改革创新试验区的主要目标如下：通过5年左右的努力，绿色融资规模较快增长，"两高一剩"行业融资规模逐年下降，绿色贷款不良贷款率不高于小微企业贷款平均不良贷款率水平。初步构建各具地方特色、服务绿色产业、组织体系完备、产品服务丰富、政策协调顺畅、基础设施完善、稳健安全运行的绿色金融体系，在优化产业结构、改善生态环境、促进地方生态文明建设和经济社会发展方面发挥显著作用，探索形成服务实体有力、路径特色鲜明的绿色金融发展可复制、可推广经验。

根据《总体方案》指示，浙江湖州、衢州绿色金融改革创新试验区的主要任务包括十条：构建绿色金融组织体系，加快绿色金融产品和服务方式创新，拓宽绿色产业融资渠道，稳妥有序探索推进环境权益交易市场建设，发展绿色保险，建立绿色信用体系，加强绿色金融的对外交流与合作，构建绿色产业改造升级的金融服务机制，建立绿色金融支持中小城市和特色小城镇发展的体制机制，构建绿色金融风险防范化解机制。

## 5.2 浙江省绿色金融政策制度和基础设施建设

### 5.2.1 绿色金融政策支持

为贯彻落实《浙江省湖州市、衢州市建设绿色金融改革创新试验区总体方案》精神，浙江省政府、浙江省金融监管部门和其他职能部门相继推出绿色金融支持政策，具体如表5-1所示。

表5-1　　　　　　　　浙江省绿色金融相关政策

| 颁布日期 | 发布机构 | 政策名称 |
| --- | --- | --- |
| 2018-3 | 浙江省推进绿色金融改革创新试验区建设领导小组办公室 | 《推进湖州市、衢州市绿色金融改革创新试验区建设行动计划》 |
| 2020-10 | 浙江银保监局、浙江省经信厅、浙江省生态环境厅、浙江省住房和城乡建设厅 | 《关于金融支持浙江经济绿色发展的实施意见》 |
| 2021-5 | 人民银行杭州中心支行、浙江银保监局、省发展改革委、省生态环境厅、省财政厅 | 《关于金融支持碳达峰碳中和的指导意见》 |
| 2021-7 | 浙江银保监局、省发改委、省经信厅、省科技厅、省生态环境厅、省建设厅、省交通运输厅、省农业农村厅、省市场监管局、省地方金融监管局 | 《浙江银行业保险业支持"6+1"重点领域 助力碳达峰碳中和行动方案》 |

注：根据公开资料整理。

2018年3月，浙江省推进绿色金融改革创新试验区建设领导小组办公室印发《推进湖州市、衢州市绿色金融改革创新试验区建设行动计划》，明确了未来5年的工作任务、主要目标和责任单位，并配套制定了绿色项目清单、财政政策清单以及金融产品和服务清单，多措并举，精准务实，全面推进湖州市、衢州市绿色金融改革创新试验区建设。

2020年10月，浙江银保监局、浙江省经信厅、浙江省生态环境厅、浙江省住房和城乡建设厅等部门联合出台《关于金融支持浙江经济绿色发展的实施意见》，旨在全面总结推广绿色金融良好经验做法，强化金融与产业绿色化协同发展，支持银行保险机构先行先试，加快发展绿色金融业务，力争在绿色金融基础设施建设、组织体系建设、产品服务创新等方面，打造绿色金融浙江品牌，助力生态文明建设和发展方式转变。

2021年5月，人民银行杭州中心支行联合浙江银保监局、省发展改革委、省生态环境厅、省财政厅发布《关于金融支持碳达峰碳中和的指导意见》，在全国率先提出金融支持碳达峰碳中和10个方面25项举措，具体包括：建立省级绿色低碳项目库，培育区域环境权益交易市场，推进碳市场建设，健全排污权、用能权、用水权等环境权益交易机制等。

2021年7月，浙江银保监局、省发改委、省经信厅、省科技厅、省生态环境厅、省建设厅、省交通运输厅、省农业农村厅、省市场监管局、省地方金融监管局十部门联合制定出台《浙江银行业保险业支持"6+1"重点领域助力碳达峰碳中和行动方案》，围绕能源、工业、建筑、交通、农业、居民生活六大领域以及绿色低碳科技创新，明确时间表、路线图和具体工作举措。从支持绿色产业发展、完善绿色金融服务机制、强化转型期金融风险管理、加强数字化改革引领、推进行业自身建设五大路径出发，确定20条重点任务，形成38项重点领域的差异化金融支持具体举措。

（1）湖州市绿色金融支持政策

湖州市绿色金融改革创新试验区获批前后，湖州市人民政府、金融办、金融监管部门相继出台了一系列绿色金融支持政策，具体如表5-2所示。

表5-2 湖州市绿色金融相关政策

| 颁布日期 | 发布机构 | 政策名称 | 文号 |
| --- | --- | --- | --- |
| 2017-5-31 | 湖州市人民政府办公室 | 《湖州市绿色金融"十三五"发展规划》 | |
| 2017-9-18 | 湖州市金融办、中国银监会湖州监管分局 | 《关于印发绿色金融产品服务清单的通知》 | 湖金融办〔2017〕33号 |
| 2017-11-13 | 湖州市人民政府办公室 | 《关于建设国家绿色金融改革创新试验区的若干意见》 | 湖政办〔2017〕95号 |
| 2017-12 | 湖州市人民政府办公室 | 《湖州市人民政府关于环境污染责任保险工作的实施意见》 | 湖政发〔2017〕54号 |
| 2018-8-20 | 湖州市人民政府办公室 | 《关于湖州市开展绿色金融投贷联动业务试点的实施意见》 | 湖政办发〔2018〕60号 |
| 2018-9-11 | 湖州市金融办 | 《湖州市建设国家绿色金融改革创新试验区若干意见操作办法（试行）》 | 湖绿金办〔2018〕11号 |
| 2019-3-7 | | 《湖州市国家绿色金融改革创新试验区建设2019年推进计划及任务分工》 | |

续表

| 颁布日期 | 发布机构 | 政策名称 | 文号 |
|---|---|---|---|
| 2019-3-7 | 湖州市金融"三服务办" | 《湖州市金融"三服务"活动领导小组办公室关于金融助企"绿贷通"实施方案》 | 湖金融"三服务"办〔2019〕1号 |
| 2019-5-24 | 湖州市金融办 | 《湖州市绿色小额贷款保证保险（"绿贷险"）试点实施方案》 | 湖金融办〔2019〕27号 |
| 2019-10-9 | 湖州市金融办 | 《关于加快推进金融服务民营经济融资畅通工程的实施意见》 | 湖金融办〔2019〕49号 |
| 2020-3-31 | 湖州市金融办 | 《湖州市国家绿色金融改革创新试验区建设2020年推进计划》 | 湖政办发明电〔2020〕6号 |
| 2020-10-26 | 湖州市人民政府 | 《加快推进南太湖绿色金融中心建设实施方案》 | 湖政办发〔2020〕37号 |
| 2021-4-18 | 湖州市人民政府 | 《湖州市国家绿色金融改革创新试验区建设2021年推进计划》 | 湖政办发〔2021〕11号 |
| 2021-10-15 | 湖州市金融办 | 《湖州市绿色金融促进条例》 | |

注：根据公开资料整理。

2017年5月底，湖州市人民政府金融办就出台了《湖州市绿色金融"十三五"发展规划》，提出在湖州市建设全国绿色金融改革创新综合试验区的总体目标，以及实现绿色经济新发展、绿色银行新业态、绿色保险新体系三个具体目标，并列出了发展绿色信贷和产品体系、设立绿色发展基金和担保基金、拓展绿色项目融资、发展绿色保险体系、发展环境权益市场等重要任务。

2017年9月，湖州市金融办和银监会湖州监管分局向全市各银行机构印发《绿色金融产品服务清单》，鼓励银行扎实推进金融产品和服务创新、不断优化实体经济的金融服务，全面助推试验区建设。11月，为加快试验区建设，发挥金融促进绿色产业发展、生态文明建设的积极作用，加快形成"生态+"与"金融+"叠加效应，《关于湖州市建设国家绿色金融改革创新试验区的若干意见》（简称绿色金融"25条"政策）出台，包括全力增加绿色金融供给、精准服务实体经济、积极鼓励产品和服务创新、着力强化保障体系建设、不断优化金融生态环境5个方面25条具体政策，同时明确全市每年安排绿色金融改革创新试验区建设专项资金10亿元（其中市本级5亿元），鼓励全市绿色金融改革创新。12月，《湖州市人民政府关于环境污染责任保险工作的实施意见》出台，对环境污染责任保险这种传统绿色保险的实施做出了具体规定。

2018年8月，《关于湖州市开展绿色金融投贷联动业务试点的实施意见》出台，对开展绿色金融投贷联动试点原则、运作机制和保障措施做出了规定。同年9月，湖州市金融办特别制定了《湖州市建设国家绿色金融改革创新试验区若干意见操作办法（试行）》，进一步明确了绿色金融支持的各种奖励和补助的对象、标准和操作流程。

2019年3月，湖州市金融支持民营经济高质量发展暨绿色金融改革创新试验区建设推进会印发了《湖州市国家绿色金融改革创新试验区建设2019年推进计划及任务分工》，明确了绿色金融改革创新的"时间表""任务书"和"路线图"；同时《湖州市金融"三服务"活动领导小组关于金融助企"绿贷通"实施方案》出台，明确了重要任务和保障措施，大力推进"绿贷通"银企对接平台建设，丰富绿色贷、科技贷、小微贷等金融创新产品，打造全国领先的绿色金融综合服务平台。7月，《湖州市绿色小额贷款保证保险（"绿贷险"）试点实施方案》出台，对试点原则、运作机制、政策扶持、保障措施等均做出了明确规定。10月，《关于加快推进金融服务民营经济融资畅通工程的实施意见》出台，强调要运用互联网、大数据等金融科学技术，加快完善提升绿色金融综合服务平台，打造集贷款、股权、担保为一体的金融综合体，加快推广"绿贷通""绿融通""绿信通"三大板块的绿色金融综合服务平台，让更多的企业运用并受益。

2020年3月，《湖州市国家绿色金融改革创新试验区建设2020年推进计划》出台，明确了湖州市2020年绿色金融的四大主要目标，对试验区建设的十八项重点任务与职责分工做出了详细规划，并给出了保障措施。同年10月，湖州市发布《加快推进南太湖绿色金融中心建设实施方案》，提出将南太湖绿色金融中心打造成区域金融机构聚集地、绿色金融创新示范地及地方金融落户首选地和金融生态企业汇聚地。

2021年4月18日，《湖州市国家绿色金融改革创新试验区建设2021年推进计划》出台，提出在新的发展阶段，湖州市绿色金融改革创新试验区建设的总体要求，要努力成为绿色金融"改革示范地、创新策源地和推广主阵地"，并提出绿色金融供给持续优化、绿色金融改革纵深推进、绿色企业上市顺势前进、金融风险防范稳妥有序四大主要目标，以及实施"融资畅通工程"升级版、探索碳减排绿色金融服务模式、打造绿色建筑和绿色金融协同样板、参与长三角绿色金融一体化、建设区域性绿色金融中心等十一项重点工作举措。与此同时，颁布了《绿色金融支持"30做60"气候行动专项方案》和《2021年湖州市国家绿色金融改革创新试验区建设重点任务分工》。

2021年10月15日，湖州市人民政府金融办发布《湖州市绿色金融条例》，包含总则、产品与服务、碳减排与碳金融、标准与数字化改革、激励与保障、法律责任、附则，共七章四十五条。该《条例》是绿色金融改革创新试验区首部、全国地级市首部绿色金融条例,且在地方法规建设方面做出了多项首创性实践,如首次纳入 ESG 评价,首次明确碳金融、碳减排政策措施,首次纳入碳排放信息披露和碳评价等。

(2) 衢州市绿色金融支持政策

2014 年 11 月,浙江省政府确定衢州市为浙江省首个也是唯一的"绿色金融综合改革试点地区"。此后,衢州市为推动当地绿色金融发展,出台了一系列绿色金融支持政策,具体如表 5-3 所示。

表 5-3　　　　　　　　衢州市绿色金融支持政策

| 颁布日期 | 发布机构 | 政策名称 | 文号 |
| --- | --- | --- | --- |
| 2016-4 | 衢州市金融办 | 《关于银行业创新发展绿色金融的指导意见》 | |
| 2016-11 | 衢州市人民政府 | 《衢州市安全生产和环境污染综合责任保险试点工作实施方案》 | |
| 2017-4 | 衢州市人民政府 | 《衢州市金融支持传统产业绿色转型发展的指导意见》 | |
| 2017-9-22 | 衢州市委办公室 | 《中共衢州市委、衢州市人民政府关于推进绿色金融改革创新试验区建设的实施意见》 | 衢委发〔2017〕16 号 |
| 2017-12-29 | 衢州市发改委 | 《衢州市"十三五"时期绿色金融专项发展规划》 | 衢发改〔2017〕107 号 |
| 2018-6-1 | 衢州市人民政府 | 《衢州市人民政府关于加快推进国家绿色金融改革创新试验区建设的若干政策意见(试行)》 | 衢政发〔2018〕16 号 |
| 2018-11-21 | 衢州市人民政府 | 《关于修改衢州市人民政府关于加快推进国家绿色金融改革创新试验区建设的若干政策意见(试行)部分条款的通知》 | 衢政办发〔2018〕93 号 |
| 2019-8-1 | 衢州市金融办 | 《衢州市安全生产和环境污染综合责任保险扩面工作实施方案》 | 衢金融发〔2019〕9 号 |
| 2019- | 衢州市金融办 | 《关于加大绿色项目绿色企业信贷支持的实施意见》 | 衢金融发〔2019〕14 号 |
| 2019-11-16 | 衢州市金融办 | 《衢州市绿色金融改革创新试验区建设若干政策意见(试行)实施细则》 | 衢金融发〔2019〕18 号 |
| 2019-12- | 衢州市住建局 | 《衢州市建设工程绿色综合保险实施办法》(试行) | |
| 2020- | 衢州市金融办 | 《2020 年衢州市绿色金融改革创新试验区、融资畅通工程重点工作任务清单》 | |

注:根据公开资料整理。

2016年4月,衢州市绿色金融工作领导小组及办公室成立,并分设综合组、绿色银行组、绿色保险组、绿色证券组、绿色债券组、绿色基金组,同时印发《关于银行业创新发展绿色金融的指导意见》。同年11月,《衢州市安全生产和环境污染综合责任保险试点工作实施方案》出台,在全国首创安环保险试点。

2017年4月,《衢州市金融支持传统产业绿色转型发展的指导意见》出台,为衢州绿色金融发展指明了方向。衢州绿色金融改革创新试验区成立后,同年9月,《中共衢州市委衢州市人民政府关于推进绿色金融改革创新试验区建设的实施意见》出台,提出要建设浙江省绿色金融集聚区、长三角绿色金融先行区、全国绿色金融示范区,打造区域绿色金融中心,形成"大花园"统领、大平台集聚、大数据支撑、大联动服务的绿色金融发展模式。12月,《衢州市"十三五"时期绿色金融专项发展规划》出台。

2018年6月,《衢州市人民政府关于加快推进国家绿色金融改革创新试验区建设的若干政策意见(试行)》出台,提出要大力增加绿色金融供给、鼓励绿色金融产品与服务创新、推动绿色金融服务实体经济发展、营造良好金融生态环境4个方面共16项具体政策措施,同时每年安排绿色金融改革创新试验区建设专项及相关资金5亿元。11月,衢州市对上述意见的部分条款进行了修改。

2019年8月,《衢州市安全生产和环境污染综合责任保险扩面工作实施方案》出台,结合衢州市安环保险试点经验,制定了衢州市安环保险扩面工作实施方案的总体思路,具体包括:打造"安环智控中心",打造大数据和大联动支撑服务体系,实现安环保险现有模式全覆盖、市县一体全覆盖、七大危险行业全覆盖,构建统一承保政策、统一第三方服务公司选择标准、统一服务规范、统一监督管理办法运行模式,并且明确了安环保险扩面范围,指明了安环保险相关机构建设,确定了安环保险责任、保障、服务,还给出了具体的激励措施。随后,《关于加大绿色项目绿色企业信贷支持的实施意见》发布,支持金融机构开展绿色信贷业务。11月,《衢州市绿色金融改革创新试验区建设若干政策意见(试行)实施细则》发布,进一步明确了设立高层级金融机构奖励、绿色金融中介和研究机构建设补助、绿色贷款风险补偿、绿色担保贷款风险补偿方面的具体操作细节。

2020年,《2020年衢州市绿色金融改革创新试验区、融资畅通工程重点工作任务清单》发布,聚焦发展重点,多部门联动,一体化推进,并明确6大类重点任务、22项重点内容、70条重要举措。

此外，为促进金融机构更加积极规范地从事绿色金融服务，中国人民银行衢州市中心支行、中国银行保险监督管理委员会衢州监管分局还制定了《衢州市绿色信贷工作指导意见》《绿色金融纳入"双支柱"政策框架暂行办法》《绿色金融试点行、示范行评审办法》。为更好地推动安环保险，衢州市安监局制定了《衢州市安全生产和环境污染综合责任保险补贴专项资金考核暂行办法》《衢州市安全生产和环境污染综合责任保险补贴保险公司专项资金考核暂行办法》，在此基础上，市应急管理局、市生态环境局、市财政局不断完善对共保体和参保企业的管理考核办法。

（3）省内其他地方绿色金融支持政策

在湖州、衢州绿色金融改革创新试验区之外，浙江省其他地方也推出适合本地的绿色金融支持政策，其中代表性有丽水市、宁波市、扬州市。

浙江省丽水市，2017年获浙江省政府批准建设绿色发展综合改革创新区，为推动创新区建设，丽水市2017年启动"绿色金融提升年"行动，丽水银监分局成立绿色金融发展创新委员会，研究制定丽水市绿色金融法发展的实施方案和工作计划。2021年，丽水银保监分局与市发改委、市生态环境局等10部门联合制定《丽水银行业保险业支持"6+1"重点领域 助力碳达峰碳中和行动方案》，提出要建立以节能降碳增效为导向的绿色金融服务体系，是全省首个地市级金融支持碳达峰碳中和行动方案。

浙江省宁波市，是国家保险创新综合试验区，2020年5月宁波市生态环境局、市政府金融办、银保监会宁波监管局联合发布《宁波市生态环境绿色保险实施意见（试行）》，对生态环境绿色保险的基本原则、产品与服务、承保和理赔流程、试点工作安排等方面做出了具体规定。2021年4月，银保监局宁波监管局、市经济和信息化局、市生态环境局、市住房和城乡建设局联合出台《关于推进绿色金融支持绿色发展的实施意见》，共提出了"18条"实施意见，明确了绿色金融发展战略安排、组织架构、致辞力度、差别化政策、创新服务等机制要求，优先支持制造业绿色转型、绿色建筑发展、战略性新型产业三大重点领域，以及加强政策联动、健全服务机制、探索激励机制、完善监测统计等配套政策。

浙江省扬州市，2021年11月发布了由人民银行扬州市中心支行联合市金融管理局、发改委、工信局、生态环境局等部门共同制定《关于加快绿色金融发展的实施意见》，为扬州市绿色金融的长效发展提供了具体意见。

## 5.2.2 绿色金融标准和绿色项目库建设

2017年6月3日，浙江省《推进湖州市、衢州市绿色金融改革创新试验区建设行动计划》中，在明确绿色标准的基础上，梳理了此后五年（2017—2022年）准备实施的1800余个绿色项目，总投资金额超2万亿元。该绿色项目清单作为绿色投融资项目指南，突出环保、节能、循环经济、清洁能源、绿色交通、绿色制造等领域以及绿色发展新模式、新业态，促进资源要素向绿色项目流动。此外，还提出如下要求：定期开展绿色项目的遴选、认定和推荐工作，实现绿色项目的有退有进，实时更新；及时将新增绿色项目纳入管理，将完工投入使用和因特殊原因停工、停建项目进行退出处理；推动资金向绿色项目倾斜，形成绿色发展"万亿项目库"，对接绿色金融支持绿色发展。

2018年7月20日，人民银行等四部门联合发布《关于在重庆市、浙江省开展金融标准创新建设试点的批复》，明确了浙江省要以湖州市、衢州市绿色金融改革创新试验区建设工作为契机，在绿色金融标准建设上改革探索，构建绿色金融产品标准体系，探索绿色发展金融标准，提升绿色金融风险防范标准化水平。

在以上政策支持下，浙江湖州和衢州在绿色金融标准和绿色项目库建设方面先试先行，为全国的绿色金融标准和绿色项目库建设积累了宝贵经验。

（1）湖州市绿色企业（项目）认定评价体系和绿色项目库建设

2017年10月，湖州市充分参考中国金融学会绿色金融专业委员会《绿色债券支持项目目录（2015年版）》、国家发改委《绿色债券发行指引》以及省发改委绿色发展项目五个领域（绿色制造、绿色产业、绿色城镇化、绿色生态、绿色设施）相关内容，围绕湖州生态文明示范区和"中国制造2025"试点等国家战略，牵头编制完成了《2017湖州市绿色项目指引目录》，为《绿色项目评价认定方法》提供了基础。

2018年4月17日，湖州市和中国诚信信用管理股份有限公司在北京联合发布《湖州市绿色企业认定评价方法》和《湖州市绿色项目认定评价方法》，是全国首个地方性绿色企业（项目）认定评价方法。该评价方法是在结合国际经验、国内相关标准和产业政策、浙江省和湖州市相关标准和产业政策基础上制定的，引入了"普绿"概念，并区分"深绿、中绿和浅绿"三种绿度，建立了"企业申请、主办银行初评、第三方中介机构复评"的评价模式，并将"方法体系+打分卡"嵌入湖州市绿色金融在线服务平台,实现在线绿色评价。两项评价方法的制定,对于湖州实现绿色项目储备库的分类管理与配套相关扶持政策提供了依据,并为下一步指导市各级、各部门、各金融机构对绿色项目筛选下评价工作奠定了基础。此后,湖州市对认定评价方法进行了大幅修订,形成了试验区首个拥有完全自主知识产权的绿色融资企业(项目)认定评价方法2.0版,增强了认定评价方法的可操作性。

2018年10月26日,基于认定评价方法2.0版的湖州市绿色融资企业(项目)认定评价IT系统正式上线运行,是全国首个地方性绿色融资企业(项目)认定评价IT系统。该系统对接浙江省大数据管理局、湖州市大数据管理中心,整合了环保行政处罚、环境行为信用评价、清洁生产、科技创新等数据,实现了超过50%的评价数据可自动抓取、自动判断、自动打分,实现了认定评价流程从传统打分卡模式到IT数据系统模式的转变,大大减轻了银行基层客户经理的工作效率,同时还有效提高了认定评价的准确性和精准度。

2019年5月18日,湖州市绿色融资主体认定评价方法体系3.0版的IT系统——湖州市绿色融资主体认定评价系统(简称"绿信通")正式上线,是全国首个绿色融资主体认定评价信息系统。"绿信通"旨在解决绿色融资主体定义缺失、绿色融资认定标准落地难、绿色融资主体认定信息不对称等问题,实现绿色认定的精准化、自动化、可视化目标。"绿信通"能更好地引导金融资源支持绿色企业(项目),提升金融机构绿色金融服务能力。截至2021年9月末,"绿信通"经过条件筛选、条件认定、绿色评价、第三方复评,已评定绿色企业763家、绿色项目145个。

湖州市积极推动绿色工厂认定工作。2017年10月出台了浙江省首个绿色工厂评价办法——《湖州市绿色工厂评价办法(试行)》,湖州市经济和信息化委员会每年组织绿色工厂评价,并实施星级管理制度,培育市级、省级、国家级绿色工厂,逐步引导绿色企业转型升级。截至2020年末,湖州市已认定绿色工厂3091家,占规模以上企业九成以上,累计创建国家级绿色工厂44家、国家绿色园区4个、国家绿色供应链企业17家,分别占全省的26%、36%和61%,数量居全国地级市前列。

湖州市也积极推动绿色产品认定。2018年4月获国家认监委批复支持,成为全国首个绿色产品认证试点城市,随后遴选并推动14家行业龙头企业开展绿色产品认证,最终有25个产品拿到了绿色产品认证证书,是全国首批绿色产品认证证书。同年12月,湖州市还出台了《关于加快推进绿色产品认证试点的九条意见（试行）》，明确绿色产品认证结果作为可持续发展导向指标运用到绿色企业（项目）认定评价中，使绿色企业（项目）取得更优评价结果。湖州市绿色产品认证试点的成功经验得到认可，2019年12月浙江省市场监管局、省发改委、省经信厅等14部门联合印发全国第一个省级层面的绿色产品认证政策意见——《关于加快推进绿色产品认证工作意见》，并在全省全面推进绿色产品认证工作。

湖州市还是全国首批政府采购支持绿色建材促进建筑品质提升试点城市，在全国率先搭建"湖州市政府采购支持绿色发展服务平台"并于2021年5月21日上线，该平台设立了绿色建材、绿色产品和绿色金融三大板块，专门制定绿色建筑项目清单库，开辟政采贷的"快速通道"。

（2）衢州市绿色企业（项目）评价体系和绿色项目库建设

2018年3月，衢州市与中国诚信信用管理股份有限公司（简称"中诚信"，全国权威的第三方评级公司）深化合作，探索构建绿色项目、绿色企业识别体系。2018年7月18日，《衢州市绿色企业评价方法》《衢州市绿色项目评价方法》获评审通过。

《衢州市绿色企业评价方法》是全国首个传统产业绿色改造转型评价标准。该绿色企业评价体系包括业务、行业、环境和社会表现，以及公司治理、资质与荣誉6项一级指标、19项二级指标、43项三级指标。其中创造性地引入了亩产税收、研发投入占营业收入比重、万元GDP能耗等体现高质量发展的指标，从而能运用金融杠杆功能，引导社会资本加大对传统产业转型升级和对美丽经济幸福产业、数字经济智慧产业的支持。各指标权重不同，按照分数高低确定企业绿色深浅度，分为深绿企业、中绿企业和浅绿企业。

《衢州市绿色项目评价方法》包括政策符合性、环境改善性、环境影响性、行业先进性4项一级指标，一级指标下设有10个二级指标，二级指标又下设若干个三级指标。通过设立科学的评价指标，并按照分数高低划分项目绿色等级，对绿色项目进行精确识别。在此基础上，衢州市委托中诚信对集聚区开展绿色项目识别工作试点，进而对全市绿色项目进行筛选，建立更精准、有融资需求的绿色项目库。

根据《衢州市绿色企业评价方法》《衢州市绿色项目评价方法》，衢州市围绕区域产业布局和绿色循环经济导向评选绿色企业、筛选绿色项目，2018年初步建立涵盖200个项目预计总投资2977亿元的绿色项目库，并且通过进行定期的筛选和滚动更新，不断补充完善各个项目的进展、融资需求等信息。截至2020年末，全市列入省级绿色项目库的项目有325个，总数为全省第二。

（3）湖州市绿色金融地方标准体系建设

试验区成立以来，湖州市质监局、金融办会同中国标准化研究院，通过深入调研湖州市绿色金融发展现状，识别绿色金融改革创新推进的标准需求，形成了湖州市绿色金融地方标准体系，具体如表5-4所示。

表5-4　　　　　　　湖州市绿色金融标准体系

| 发布时间 | 绿色金融标准名称 | 发布机构 |
| --- | --- | --- |
| 2018-6-27 | 《绿色融资企业评价规范》（DB3305/T62-2018） | 湖州市质监局 |
| 2018-6-27 | 《绿色融资项目评价规范》（DB3305/T63-2018） | 湖州市质监局 |
| 2018-6-27 | 《绿色银行评价规范》（DB3305/T64-2018） | 湖州市质监局 |
| 2018-6-27 | 《银行业绿色金融专营机构建设规范》（DB3305/T65-2018） | 湖州市质监局 |
| 2018-12-19 | 《美丽乡村建设绿色贷款实施规范》（DB3305/T89-2018） | 湖州市市场监督管理局 |
| 2019-4-1 | 《环境污染责任保险风险评估技术规范》（DB3305/T104-2019） | 湖州市市场监督管理局 |
| 2019-9-3 | 《绿色金融标准体系编制指南》（DB3305/T111-2019） | 湖州市市场监督管理局 |
| 2019-12-1 | 《区域绿色金融发展指数评价规范》（DB3305/T 123-2019） | 人民银行湖州市中心支行 |
| 2019-12-30 | 《银行业金融机构支持绿色园区实施规范》（DB3305/T 134-2019） | 湖州市市场监督管理局 |
| 2019-12-30 | 《绿色农业贷款实施规范》（DB3305/T 135-2019） | 湖州市市场监督管理局 |
| 2019-12-30 | 《绿色普惠贷款实施要求》（DB3305/T 136-2019） | 湖州市市场监督管理局 |
| 2020-6-24 | 《绿色小额贷款公司建设与评价规范》（DB3305/T 150-2020） | 湖州市市场监督管理局 |

注：根据公开资料整理。

2018年6月27日，湖州市质监局批准发布《绿色融资企业评价规范》《绿色融资项目评价规范》《绿色银行评价规范》《银行业绿色金融专营机构建设规范》四项绿色金融标准，是全国首批绿色金融地方标准。

2018年12月19日，湖州市市场监督管理局发布了由湖州南浔银行起草的《美丽乡村建设绿色贷款实施规范》，是全国首个绿色金融产品地方标准。该标准涵盖美丽乡村建设绿色贷款的实施原则、支持领域、自身建设、实施程序和实施要求等内容，为美丽乡村建设过程中的绿色贷款产品研发设计提供依据。

2019年4月1日，湖州市市场监督管理局发布《环境污染责任保险风险评估技术规范》，是国内首个绿色保险市级地方标准，为科学合理确定企业环境污染责任保险风险等级提供技术支撑。2019年9月3日，湖州市发布《绿色金融标准体系编制指南》地方标准，规定了绿色金融标准体系的术语和定义、编制原则与方法、标准体系结构、文件和管理等方面的要求。2019年12月1日，中国标准化研究院支持中国人民银行湖州市中心支行、湖州市人民政府金融办公室、中国银行保险监督管理委员会湖州监管分会等单位起草的湖州市地方标准《区域绿色金融发展指数评价规范》正式发布。该标准规定了湖州市绿色金融发展指数评价相关的术语、定义、评价原则、评价指标体系、评价指标量化方法等内容，建立了统一的绿色金融发展指数评价指标体系和指标量化监测方法。

2019年12月30日，湖州市市场监督管理局发布了《银行业金融机构支持绿色园区实施规范》《绿色农业贷款实施规范》《绿色普惠贷款实施要求》三个地方绿色金融标准。其中：《银行业金融机构支持绿色园区实施规范》规定了银行业金融机构支持绿色园区建设的基本原则、实施程序、创新支持方式、支持方向以及园区内金融机构自身服务要求等内容；《绿色普惠贷款实施要求》总结湖州农信系统发放"支农支小"绿色贷款支持地方实体经济绿色转型发展的实践经验，针对绿色普惠贷款实施提出具体分类要求，并在实施层面提供具体的操作性指导；《绿色农业贷款实施规范》根据湖州市相关农村商业银行的实施经验，规定了湖州市绿色农业贷款的实施原则、支持领域、实施程序和实施要求等内容。

2020年6月24日，湖州市市场监督管理局发布了《绿色小额贷款公司建设与评价规范》，对绿色小额贷款公司的界定、业务模式、支持领域、管理要求、业务流程、监督检查、评价等方面进行了规定。

湖州绿色金融地方标准参考国际标准，同时注重与地方发展政策的协调，形成定义精准、指标科学、内容统一的地方绿色金融标准，为全国各地提供了可复制可推广的绿色金融发展"湖州经验"，具有重大创新意义和示范作用。湖州市也取得《绿色融资项目评估》国际标准（ISO14100）和《绿色融资项目分类与评估指南》国家标准的参与权。

(4) 湖州市绿色金融发展指数建设

2018年起，中国人民银行湖州市中心支行、湖州市人民政府金融工作办公室、中国银保监会湖州监管分局会同中国标准化研究院，率先开展绿色金融发展指数研究：以绿色金融和相关经济统计指标为基础，围绕"基础建设、市场培育、生态贡献"三大维度，基于"目标导向性、指标通用性、数据可获得性、指标可读性、指标代表性、动态开放性"六大原则构建指标体系（含3个一级指标、10个二级指标、45个三级指标），以"定基比较法"实行无量纲化处理和加权处理形成综合指数。2019年5月18日，《湖州市绿色金融发展指数研究报告（2017—2018）》正式发布，是我国首个绿色金融改革试验区发布的区域性绿色金融发展指数。

湖州市绿色金融发展指数，通过采集绿色金融发展数据，构建了全面、科学、客观的区域绿色金融发展情况评价指标体系，据此建立了衡量绿色金融发展水平的"标尺"，量化评测并长期跟踪区域绿色金融基础设施、发展水平、所做贡献，从而较为科学客观地揭示和监测绿色金融对绿色发展的影响，有助于掌握湖州市绿色金融发展状况进展。经测算，2017—2019年湖州市绿色金融发展指数分别为115、139和157，显示出湖州绿色金融发展发展基础日渐扎实，政策体系建设逐步完善，绿色金融对生态文明建设的贡献不断提高。湖州市绿色金融发展指数的编制经验还可以推广至全省乃至全国，计算各地绿色金融发展指数，从而实现绿色金融发展状况时间和空间维度上的纵横向可比。

(5) 衢州市绿色金融标准和评价体系建设

①绿色金融产品评价标准。衢州绿色金改试验区成立以来，以"标准+产品+政策激励"作为绿色金融改革的重点工作和突破口，相继出台了《绿色金融产品评价标准》和《推进绿色金融产品与服务创新的意见》。

在绿色保险标准方面，2019年2月11日衢州市发布国内首个安环保险类市级地方标准《安全生产和环境污染综合责任保险服务规范》，在此基础上进一步梳理完善覆盖8个方面22条安环险标准规范，已申报升级为省级标准；无公害化处理的生猪保险梳理了覆盖10个板块的17条生猪保险标准规范，已申报省级标准。

②绿色金融专营机构标准。衢州市制定评审办法，建立"绿色+特色"双色培育体系，以绿色为基调分层引导，以特色为方向分类培育，鼓励和引导商业银行单设绿色金融事业部；在绿色金融"专项规模、专有流程、专属产品、专设考核"的"四专"机制基础上，升级打造"4+X"工作机制，设

置了 28 类 103 个指标，首次对绿色专营机构提出系统性、全量化、可操作标准。

③地方法人机构绿色银行体系标准。2018 年 10 月，衢州农信紧扣"标准设计+基层实践"的国家绿色金融试点要义，出台了全国首个地方法人机构绿色银行体系标准。该绿色金融标准体系集"制标、贴标、兑标"为一体，通过制标量化绿色属性等级，通过贴标映射绿色金融识别标准，通过兑标显化绿色效益计量标准，打造了金融助推乡村振兴战略落地的全新样板，为全国各地绿色金融标准化、市场化建设提供了可复制可推广的"农信模式""衢州经验"。

④绿色普惠金融评价指标体系。针对县域金融"绿色不普惠、普惠不绿色"的问题，衢州市银保监分局建立起全省首套系统化、可复制、可推广的县域层面绿色普惠金融评价指标体系。对近 3 年衢州市本级及辖内各县（市）绿色普惠金融发展指数进行试、测算，并通过可视化系统直观反映各县域绿色普惠金融发展水平。

⑤其他绿色金融评价标准。《2020 年衢州市金融机构绿色金融考评办法》发布，新增保险、证券、担保考核内容，针对行业特征和机构规模，科学设置考核指标，分类考核，充分激发金融机构提供绿色金融服务的积极性。衢州市银保监局还积极开发绿色金融线上评价系统，涵盖绿色金融服务整体情况、涵盖规模、效率、指标预警、行为分析、综合评价等多方面，通过线上评价精准指导机构提升薄弱环节，不断提高绿色金融质效。

2020 年 8 月 21 日，衢州市市场监督管理局发布《衢州市绿色企业评价规范》（DB3308/T 069-2020）、《衢州市绿色项目评价规范》（DB3308/T 070-2020），建立了绿色企业、绿色项目评价的地方标准。2021 年 9 月 6 日，衢州市经信局、发改委、生态环境局联合发布《衢州市绿色低碳工厂评价办法（试行）》《衢州市绿色低碳工业园区评价办法（试行）》，为绿色低碳工厂和工业园区建设提供了地方标准。

（6）湖州市环境信息披露框架建设

2019 年，湖州银保监分局以人民银行《金融机构环境信息披露指南（试行）》为基础，在全国率先制定了湖州市银行机构环境信息披露框架——《金融机构环境信息披露三年规划（2019—2021）》，覆盖辖内 19 家 100 亿元资产规模以上的银行机构。2020 年湖州市正式成为中英金融机构环境信息披露工作小组"13+1"体系中的唯一城市成员单位。2021 年，湖州市将环境信息披露的机构扩展至所有银行业金融机构，并在全国率先探索编制保险业环境信息披露框架,由人保财险进行试点。

## 5.2.3 绿色金融服务平台建设

(1) 湖州市绿色金融服务平台建设

①湖州市绿色金融银企对接服务平台——"绿贷通"。为解决企业"融资难、融资贵"问题、破解银企之间的信息不对称,湖州市金融办、人行湖州市中心支行、湖州市银保监分局共同主办、湖州市绿色金融服务中心承办,搭建了银企对接服务平台——"绿贷通",并于2018年12月28日正式启动。"绿贷通"融合"金融+互联网+大数据",调配全市相关部门和金融机构的服务资源,创新"信贷超市"和"银行抢单"模式,着力打造"金融综合体"和"融资直通车",提高了金融服务供给的质量和效率,也提升了银行机构授信审批效率。

"绿贷通"汇集了湖州市国有银行、股份制商业银行、城市商业银行、农村商业银行四大类银行机构,所有银行在这一平台上提供差异化的信贷产品信息,并进行分类贴标(如绿色贷款、科技企业贷款、小微企业贷款、三农贷款等),从而便于企业选择。"绿贷通"还实行银行抢单制和"139"限时受理机制:企业在这一平台发布融资需求后,所有银行在同一时间进行抢单,只有抢单成功的前3家银行,才能获得与企业的对接机会,并经企业授权后查阅企业社会信用信息报告;银行在企业提出申请后,1个工作日内接单响应,3个工作日内主动服务,9个工作日完成评估。据统计,截至2021年9月末,"绿贷通"平台已注册企业数34924家,已获授信企业数24696家,已帮助中小微企业完成融资2554.35亿元。

②湖州市绿色企业与资本对接平台——"绿融通"。为进一步拓宽企业的融资渠道、引导各类投资机构投向优秀的企业和项目,湖州市金融办还搭建了企业与资本对接平台——"绿融通",并于2019年7月正式上线。"绿融通"平台汇集了湖州市优秀的中小企业和省内外众多投资机构,通过调配相关资源,挖掘各阶段优质企业和项目,推动企业与资本的对接。截至2021年9月末,"绿融通"已进驻平台机构112家,发布平台项目数309个,已实现融资项目112个,已实现融资总量达到102.56亿元。

③湖州市绿色金融信息管理和查询平台。2018年以来,中国人民银行湖州市中心支行牵头建设湖州市绿色金融信息管理系统,连接人民银行与金融机构,集绿色贷款统计分析、绿色信贷流程监管、绿色金融政策实施效应评

估为一体，可以实现绿色信贷数据实时逐笔登记采集、绿色信贷统计方法精准拉平、节能减排指标精确测算、绿色信贷业绩自动评价、监管信息实时查询和共享等功能，形成数据可溯源、可比较、可计量的绿色信贷管理和信息查询平台。2019年系统已完成一期建设并正式上线，全市35家银行全部实现全量真实数据报送。

④湖州市绿色银行监管评级及信息分析系统。2019年，湖州市银保监局牵头打造了全国首个"绿色银行监管评级及信息分析系统"，从组织管理、机制管理、流程管理、经营目标等四方面评估考量银行机构的绿色化程度，并通过整合"指标监测、评级审核、信息互通"三大功能实现系统平台建设。

（2）衢州市绿色金融服务平台

①衢州市绿色贷款统计信息平台。针对绿色贷款专项统计数据"多口径报送"（人民银行《绿色贷款专项统计制度》和银监会《绿色信贷统计制度》的项目类别一致、统计口径不同）、"手工报送效率低""数据质量有待提升"的现状，2018年上半年，人民银行衢州市中心支行委托第三方机构对全市绿色贷款专项统计数据质量进行了评估，人民银行衢州市中心支行会同市金融办、银监局启动衢州市绿色贷款专项统计信息管理系统建设，并于2018年底完成开发，进入试运行。该系统的应用减少了重复劳动、降低了数据差错、统一了数据口径、拓展了数据应用，实现了"统一数据接入、统计口径拉平、商业银行一次报送、管理部门数据共享"功能，打造了分层统计监测、自动分类评级、风险可视化分析的"三位一体"绿色监管综合平台。

②衢州市绿色金融信用信息共享平台建设。2019年9月30日，衢州市金融服务信用信息共享平台（衢融通）一期功能上线试运行，该平台集市场主体信用信息收集、绿色标识、银企融资对接、担保融资、"一证办"、政府扶持、网格化数据分析系统和预警系统等功能于一体，能满足政府、银行和企业多方面的需求。2019年11月26日，"衢融通"正式上线，成为衢州市重要的绿色金融服务平台。截至2020年末，"衢融通"实现贷款415亿元。

（3）浙江省金融综合服务平台绿色金融服务专区

2011年原浙江银监局与原生环保厅联合搭建了绿色信贷信息平台，解决绿色金融发展中银企信息不对称问题，随后，浙江省各地市纷纷建设绿色信息信用共享平台。2019年11月13日，浙江省金融综合服务平台上线，该平台通过数据创新服务模式，与市场监督、法院、税务、公安、环保等54个省级部门建立了数据共享对接，并依托浙江省大数据局公共数据平台和"数据高铁"项目，搭建了"金融主题库"，构建了专业化的数据质量评价和控制体系。2020年10月浙江省出台的《关于金融支持浙江经济绿色发展的实施意见》中明确提出，要积极搭建浙江省金融综合服务平台"绿色金融服务专区"，不断扩大绿色信息共享范围，全面纳入16类环保信息，以及绿色园区、绿色工厂、绿色企业、绿色制造项目库以及绿色建筑名单目录库等绿色信息。

## 5.2.4 浙江排污权交易平台和指数建设

2007年9月27日，浙江省嘉兴市发布《嘉兴市主要污染物排污权交易办法（试行）》，10月10日，嘉兴市排污权储备交易中心成立，是国内首个专门从事主要污染物排污权交易的机构。2009年3月，浙江省排污权交易中心成立，7月，《浙江省人民政府关于开展排污权有偿使用和交易试点工作的指导意见》颁布，浙江省也成为全国首批排污权试点地区。

试点以来，浙江省出台了一系列政策，以规范排污权的交易和管理，如《浙江省排污权有偿使用和交易试点工作暂行办法》（2010）、《浙江省排污权有偿使用收入和排污权储备资金管理暂行办法》（2010）、《浙江省排污权有偿使用和交易试点工作暂行办法实施细则》（2011）、《浙江省排污权储备和出让管理暂行办法》（2013）、《浙江省主要污染物初始排污权核定和分配技术规范（试行）》（2013）、《浙江省储备排污权出让电子竞价程序规定（试行）》（2015）。截至2020年末，浙江省累计出台182个排污权交易相关政策文件，在全国试点中最全。在机构筹建和平台建设方面，浙江省基本建立了省市县三级排污权交易机构，涵盖一级市场和二级市场，实现了四项主要污染物全覆盖和重点工业排污单位全覆盖。由于在排污权交易政策制定、机构筹建、平台建设、市场培育和制度创新等方面均位居全国前列，浙江省在全国排污权有偿使用和交易试点工作评估中也名列全国第一。

2018年底，浙江省排污权交易中心在全国率先启动"浙江省排污权交易指数"研究工作，以浙江省各地的排污权交易数据为信息源，通过模型换算得出相应的指数。2019年7月24日，以排污权交易价格指数、交易量指数、交易活跃度指数为核心的浙江省排污权交易指数通过评审。该指数实时同步、动态更新，能直观展现浙江省排污权交易变化趋势和排污权交易活跃，还能反映排污权交易与环境指标、经济指标的相关性，对支持和推进浙江省生态环境保护和经济建设工作具有非常重要的参考价值，对发展绿色金融也具有重要意义。

## 5.2.5　湖州市绿色金融法律环境建设

湖州市在全国率先出台保障绿色金融改革创新试验区建设的司法指导意见，制定了18条司法保障措施。湖州市还在市、县两级金融办建立绿色金融纠纷调解中心，法院设立绿色金融纠纷调处法官工作室，联通"绿贷通"平台和法院在线矛盾纠纷多元化解平台，为银企当事人提供线上线下"一站式"纠纷调解服务。

2019年11月8日，湖州市政府与湖州市中级人民法院共同打造的湖州市绿色金融纠纷调解中心正式揭牌。该平台通过"金融调解＋司法确认"机制，让绿色金融纠纷案件得以高效率（一般是发出受理通知之日起30日内完成纠纷调解）、低成本（对受理的案件不收取任何费用）解决，实现政银企法四方共赢。

## 5.3　浙江省绿色金融组织体系建设

## 5.3.1　打造绿色金融机构集聚区

为推动湖州绿色金融改革创新试验区建设，湖州市2017年7月成立了湖州太湖绿色金融小镇。太湖绿色金融小镇以建设"长三角一流、全国知名的绿色金融产业集聚区"为目标，为此，湖州市出台了一系列优惠政策，如企业在小镇落户可获得税收优惠，入驻企业员工可申请各类人才优惠政策。小镇搭建了专业的金融交流与服务平台，吸引金融服务机构入驻小镇，为绿色企业的发展提供全流程的指导与服务；定期组织知名金融机构的金融培训中心、研究院举行学术与业务交流活动，吸引专业金融人才集聚小镇。

2020年10月28日，全国试验区中首个以绿色金融命名的"南太湖绿色金融中心"正式启动，工商银行湖州分行、农业银行湖州分行、建设银行湖州分行、交通银行湖州分行、浦发银行湖州分行、兴业银行湖州分行、宁波银行湖州分行、嘉兴银行湖州分行、湖州银行、吴兴农商银行成为首批入驻的金融机构。

南太湖绿色金融中心位于湖州南太湖新区未来城核心区，总面积约5平方公里，规划建设南太湖金融街、绿色金融小镇和绿色金融大厦，其中，金融街重点集聚银行、保险、证券、资管等持牌金融机构；绿色金融小镇重点集聚小额贷款公司、融资担保公司等地方金融组织，股权投资基金、证券投资基金等新兴金融组织；绿色金融大厦引入金融监管部门入驻，集聚发展绿色金融科技、绿色金融培训等绿色金融生态企业。南太湖绿色金融中心的目标是：力争用8年时间，实现入驻金融企业超百家、注册金融企业超千家、管理金融资产规模超万亿的目标，努力把南太湖绿色金融中心打造成为区域金融机构聚集地、绿色金融创新示范地、地方金融落户首选地和金融生态企业汇聚地。为此，南太湖新区出台了全市最有分量、力度最大、覆盖最全的金融企业支持政策。

## 5.3.2 银行绿色金融专营组织建设

（1）湖州市绿色金融专营组织建设

试验区成立以来，湖州市政府、银监局在全国率先发布了《银行业绿色金融专营机构建设规范》，大力推动银行业绿色专营机构建设。绿色金融专营机构实行垂直管理、人员队伍高配、流程审批简化、创新产品先试的扁平化管理模式，重点实施绿色专营"六单"模式——单列信贷规模、单列资金价格、单列风险管理指标、单列信贷审批、单列绩效考核、单列绿色金融产品，以及客户"四色"分类——环境优先性（绿色）、环境合格型（蓝色）、环境关注型（黄色）、黄色缺失型（红色），同时实施以绿色优效系数为核心的绩效考核。

湖州南浔农商银行2017年6月设立了全国首家绿色金融专营支行——练市绿色支行。

湖州银行2016年出台了《绿色金融三年规划》，从战略层面确定了"创建国内外一流的绿色金融标杆行"的发展目标，并从上到下依次设立了董事会绿色金融委员会、领导小组、绿色金融部等组织体系。2017年7月12日，湖州银行递铺绿色小微企业专营支行成立，是全国首家城商行绿色小微专营支行。2019年8月，湖州银行第二家绿色支行高新区绿色支行成立。2019年7月24日，湖州银行正式宣布采纳"赤道原则"，成为境内第三家赤道银行。

兴业银行是境内首家赤道银行，兴业银行湖州分行2015年成立，一直致力于绿色金融业务，支持湖州地区"五水共治"、绿色建筑、绿色矿山、新能源领域的绿色智造等绿色项目，获湖州市政府颁发的"绿色金改创新试验区建设优秀单位",并连续多年获绿色银行最高评级"BB级"。

中国农业银行湖州分行2017年9月正式挂牌成立湖州绿色专营支行,承接市区绿色重大项目、负责绿色金融产品创新先试、打造绿色经营标准版。湖州吴兴农商银行绿色支行、建设银行湖州安吉人民路绿色支行、邮储银行湖州市吴兴绿色支行也于2019年成立。

非银行绿色金融专营机构方面,人保财险湖州市分公司第一时间设立"绿色保险产品创新实验室",为全国系统仅有的两个产品创新试验基地之一,并配套成立了"绿色保险事业部",引领湖州市绿色保险产品开发和项目推进。

截至2020年末,湖州市绿色金融专营机构达到41家,其中,绿色专营支行15家,在全国绿色金融改革创新试验区中表现突出。

（2）衢州市绿色金融专营组织建设

衢州市按照"试点先行、龙头示范、法人探路"的工作思路,积极创造条件,培育绿色法人银行、绿色市级分行、绿色县级支行和绿色专营机构等多层次的绿色银行体系。

2017年10月16日,中国农业银行衢州绿色专营支行成立,制定绿色金融三年行动规划,以"绿色园区"为切入点,突出"绿色投放、创新发展、流程覆盖、系统升级、品牌推广"五大重点,开辟绿色通道,专配信贷规模,有力支持了绿色产业集聚区循环小镇及棚改、晓星新材料、衢宁铁路等重大项目,2018年获评"绿色金融（绿色园区）示范行"。

2018年,中行衢州经济开发区支行被列为"绿色金融试点行",浙江泰隆商业银行衢州绿色专营支行、衢江农商银行高家绿色专营支行相继被批准。

2019年9月,招商银行衢州市龙游绿色专营支行挂牌成立,是衢州市售价股份制银行创设的绿色专营支行,也是招商银行系统内全国首家绿色专营支行。此外,柯城农商行、衢江农商行也相继新设绿色专营支行,实现了衢州绿色专营机构类型全覆盖。

截至2020年末,衢州市建立绿色金融专营支行28家,农商行实现绿色金融事业部制度全覆盖。

非银行绿色专营机构方面,人保财险衢州市分公司也在系统内率先设立绿色保险事业部,负责衢州市绿色保险产品开发和项目推进。2020年6月28日,人保财险衢州市分公司绿色保险营业部揭牌成立,是全省首家绿色保险专营机构。截至2020年末,保险机构绿色金融事业部10个。

### 5.3.3 其他绿色金融专营组织建设

浙江万向信托有限公司，成立于 2003 年 4 月，在绿色信托方面进行积极探索。2014 年首创水基金信托模式，2015 年与美国大自然保护协会、阿里巴巴公益基金会合作，共建"浙江小水源地保护项目"，并成立了全国首个水基金信托——万向信托-善水基金 1 号，该项目入选了浙江绿色金融创新十大优秀案例。

浙江绿色大地投资建设集团有限公司（简称浙江绿投），成立于 2017 年 2 月，注册资本金 10 亿元，下辖浙江萧建集团有限公司、杭州经典园林设计院有限公司、浙江绿投投资管理有限公司等 7 家子公司。浙江绿投旨在打造集旅游规划、景观设计、市政建设、园林施工、绿地养护、生态农业、投融资服务等一体的综合性"绿色航母"，开拓市政园林绿化产业的"蓝色海疆"。

## 5.4 浙江省绿色金融业务发展状况

### 5.4.1 绿色信贷业务

浙江省绿色信贷起步较早，2012 年，浙江银监局出台关于银行业金融机构加强绿色信贷工作的指导意见，要求辖区内各银行金融机构积极推进绿色信贷工作。近年来浙江省绿色信贷余额持续快速增长，如图 5-1 所示。

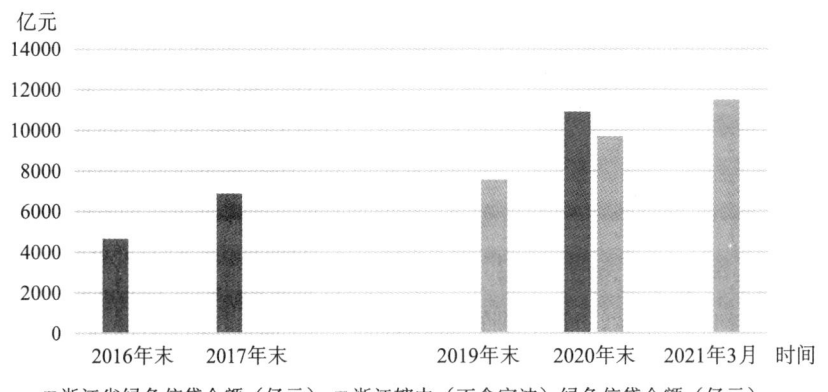

图 5-1 浙江省 2016—2021 年绿色信贷余额

2016年6月末，浙江省绿色信贷余额为4662亿元，占各项信贷余额总值的7.40%；2017年末，浙江省绿色信贷余额达到6875亿元；2019年末，浙江辖内（不含宁波）绿色信贷余额为7562亿元；截至2020年末，浙江省绿色信贷余额达到1.09万亿元，其中浙江辖内（不含宁波）绿色信贷余额9702亿元，占各项贷款余额的7.62%；2021年第一季度，浙江辖内（不含宁波）绿色信贷余额达到1.15亿元。从全省情况来看，绿色信贷总体规模超万亿，但在各项贷款中的比重还比较低，反映出绿色信贷还有较大的发展空间。

具体到湖州市，绿色金融改革创新试验区成立以来，湖州市出台了系列政策支持绿色信贷，并制定了相关激励举措：一是建立绿色贷款贴息机制，按照融资主体绿色等级，分别给予12%、9%、6%的贷款贴息，截至2020年末，已累计为269家绿色企业（项目）贴息3139.69万元；二是绿色贷款风险补偿机制，按照绿色信用贷款余额的5%，计提风险补偿准备金，根据贷款实际损失给予补偿。三是绿色担保增信机制，对绿色融资主体，政府给予50%~75%的担保费率补助。在一系列利好政策下，2016年以来，湖州市绿色信贷规模持续快速增长，具体如图5-2所示。

图5-2 2016—2020年湖州市绿色信贷余额及占比

注：根据公开资料整理。

2016年末，湖州市绿色信贷余额仅433.8亿元，占当地各项贷款比重的15.7%；2017年末，湖州市绿色信贷余额增至748亿元，占当地各项贷款比重的22.8%；此后，湖州市绿色信贷余额持续增长，截至2020年末，湖州市绿色信贷余额达到1592亿元，占当地各项贷款比重的26.8%。这也反映出湖州市绿色信贷市场发展较好，绿色信贷占比较高。

浙江省衢州市绿色金融改革创新试验区成立以后，衢州市各部门出台相关政策支持绿色信贷产品创新、鼓励绿色信贷业务规模扩张，几年来衢州市绿色信贷规模稳步增长，具体如图5-3所示。

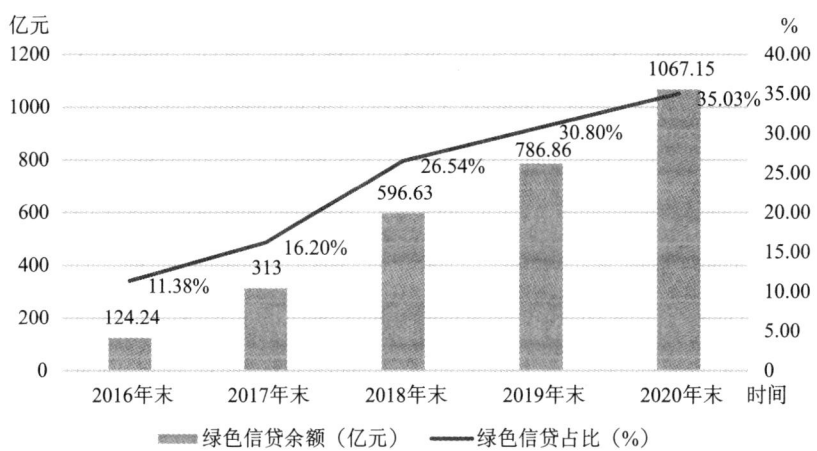

**图5-3　2016—2020年衢州市绿色信贷余额及占比**

注：根据公开资料整理。

2016年末，衢州市绿色信贷余额仅124.24亿元，占当地各项贷款比重的11.38%；2017年末，衢州市绿色信贷余额达到313亿元，占当地各项贷款比重的16.2%；此后，衢州市绿色信贷余额及其占比继续增加，截至2020年末，衢州市绿色贷款余额达到1067.15亿元，占当地各项贷款的比重达到35.03%。反映出衢州市绿色信贷发展速度很快，绿色信贷占比也很高。

在绿色信贷产品创新方面，浙江省内各银行围绕"中国制造2025"浙江行动、绿色城市化改造、"五水共治"、美丽乡村建设等重点绿色领域，把重点项目投放与绿色项目投放有机结合起来，不断创新绿色信贷产品，具体如表5-5所示。

**表5-5　　　　　浙江省银行机构主要绿色信贷创新产品**

| 贷款银行 | 涉贷领域 | 主要产品与成果 |
| --- | --- | --- |
| 中国工商银行 | 绿色旅游 | 湖州太湖龙之梦旅游度假区项目银团贷款；千岛湖旅游景区门票收费权质押贷款；嵊泗风景旅游区门票收费权质押贷款 |
| | 美丽乡村 | 上虞区美丽乡村精品线路和精品村及农村基础设施改造提升PPP项目，银团贷款 |
| | 绿色民宿 | 德清莫干山民宿经营者，"绿色民宿贷" |
| | 制造业转型升级 | 知识产权质押贷款、排污权质押贷款、农村土地承包权质押贷款 |

续表

| 贷款银行 | 涉贷领域 | 主要产品与成果 |
|---|---|---|
| 中国银行 | 三农 | "两权"抵押贷款、安吉"中银林权通宝"林权抵押贷款、安吉"白茶贷"、安吉鲁家精品示范村建设信用贷款 |
| | 绿色建筑 | 中节能（湖州）节能环保产业园，项目贷款 |
| | 环保 | VOCs减排企业专项贷 |
| 中国农业银行 | 美丽乡村 | 美丽乡村贷 |
| | 环保 | "五水共治"专项信贷 |
| | 绿色企业（项目） | "绿色企业（项目）系列贷"——"绿色项目提速贷""亩均贡献提效贷""绿色工厂提升贷" |
| 中国建设银行 | 三农 | "文明助农贷" |
| | 环保 | 银团贷款 |
| 交通银行 | 环保 | "五水共治"项目贷款，安吉县水环境综合治理工程贷款 |
| | 新能源 | 杭州西湖新能源汽车有限公司贷款 |
| | 三农 | 安吉交银村镇银行支农支小贷款 |
| 湖州银行 | 环保 | "绿色园区贷" |
| | 生态环境 | "五水共治贷"、全域生态贷 |
| | 三农、新能源 | 绿色乡村光伏贷 |
| 安吉农商行 | 绿色企业 | 科技企业互助合作贷款、锅炉改造贷款、排污权抵押贷款、"碳中和"助力贷 |
| | 三农 | "两山农林贷""两山白茶贷" |
| 衢州农信社 | 多领域 | 国家公园、五水共治、美丽乡村、现代农业、技改升级、特色小镇等重点绿色领域、产业和项目建设 |
| 长兴联合村镇银行 | 三农 | "仟禾福惠农工程" |
| 云和农商银行 | 生态环境 | "两山贷" |
| 泰隆银行 | 环保 | "环保贷""绿色水运贷" |

注：根据公开资料整理。

中国工商银行在浙江省各地的分支行推出了一系列绿色信贷产品：①绿色旅游项目贷款。工行湖州分行与工行上海分行、浙江分行组建银团贷款，支持湖州市重大项目湖州太湖龙之梦项目建设，其中工行湖州分行承贷9亿元。工行浙江省分行、杭州分行、淳安支行三级联动，以千岛湖旅游景区门票收费权为质押，向淳安县新安江开发总公司提供11亿元绿色信贷。工行浙江省分行为嵊泗风景旅游投资有限公司办理门票收费权质押融资1.8亿元。

②美丽乡村贷款。2018年6月,工行绍兴上虞支行携手农发行组成银团,为上虞区美丽乡村精品线路和精品村及农村基础设施改造提升PPP项目提供项目贷款16.57亿元,其中工行承贷8亿元。③"绿色民宿贷"。针对德清乡村旅游发展中的民宿客户,工行推出担保方式灵活多样的"绿色民宿贷",主要用于民宿相关设施的装修、建造、日常经营和置换存量债务,借款人可以是企业法人或个人。④制造业转型升级贷款。为助力制造业转型升级,工行浙江省分行推出针对科创型企业的知识产权质押贷款、针对排污企业的排污权质押贷款、针对乡镇企业的农村土地承包权质押贷款。

中国银行浙江省分支行立足普惠金融,在"三农"领域和绿色园区建设方面推出绿色信贷:①"两权"抵押贷款(农村承包土地的经营权抵押贷款、农民住房财产权抵押贷款)。中国银行浙江省分行围绕乡村振兴,主动适应"三农"发展资金需求"短、小、频、急"的特点,不断增强"两权"抵押贷款产品的适应性和吸引力。②"中银林权通宝"林权抵押贷款。针对林业或与林业直接相关的加工行业,中国银行安吉支行创新引入森林资源资产(包括商品林中的森林、林木的所有权和林地使用权)抵押方式,以满足涉林企业的经营周期需求。③"白茶贷"。针对茶农在茶叶种植、加工及销售过程中的正常资金周转需求,2015年中国银行安吉支行开发了"白茶贷"。④示范村建设贷款。2016年安吉鲁家村开始美丽乡村精品示范村建设,中国银行安吉支行先后为家庭农场建设和安吉乡土农业发展有限公司提供了首笔1400万元的信用贷款和第二笔1800万元的信用贷款。⑤绿色园区贷款。2014年,中国银行湖州分行为湖州吴兴高新区中节能(湖州)节能环保绿色产业园累计提供绿色贷款1.4亿元。⑥VOCs减排企业专项贷。2020年,中国银行湖州分行联合湖州市环保局大气处共同开发"VOCS(挥发性有机物)减排贷"服务方案,为涉VOCs排放重点行业和企业引进先进工艺、研发绿色技术、升级绿色设备等提供授信支持。

中国农业银行浙江省分行是绿色金融的领军银行,在绿色信贷产品创新和绿色信贷规模方面均走在同行前列:①"美丽乡村贷"。针对美丽乡村建设中"先支后收"的难题,当地农行推出"美丽乡村贷",农行向村集体发放贷款,帮助村集体启动村环境整治工程,环境整治好并通过验收后,村集体顺利申报并拿到环境整治项目资金补助,再归还农行贷款。截至2017年末,农行在浙江省的美丽乡村贷余额为145亿元,覆盖210个乡镇。②"五水共治"专项信贷。农行浙江省分行第一时间对接省发改、环保、水利、建设、农办等职能部门,率先提供"五水共治"专项信贷。在"苕溪清水入湖河道(安吉段)整治工程"中，农行创新推出"五水共治"专项贷款管理办法：银行先行投入信贷，让地方政府启动治水工程，以后再用分阶段到位的各级财政专项补贴及当地水利建设基金还贷。在新昌钦寸水库工程中，农行在项目审批阶段就给予3亿元周转贷款，项目启动后提供8亿元贷款，项目投资调整后又新增贷款18亿元，为工程的顺利推进提供了全流程的金融服务。此外，农行还专门开辟了水利建设项目信贷审批绿色通道，对重点项目融资优先受理、优先评审、优先放款。③"绿企贷"。为切实解决企业融资难、融资贵、融资慢问题，湖州市与农行浙江分行联合启动工业领域"绿色企业（项目）"系列贷试点，具体包括"绿色项目提速贷""亩均贡献提效贷""绿色工厂提升贷"，计划三年内安排信贷资金700亿元，全力助推1000个以上工业企业（项目）加速发展。针对湖州市"绿色智造"过程中涌现的优质绿色项目和企业，"绿色企业（项目）"系列在贷款利率、贷款额度和办理时间方面均提供优惠。④其他绿色信贷产品。农行还推出了一批切合地方经济实际需求的金融产品和服务模式，如"特色小镇建设贷""排污权质押贷""绿色贷款+""油茶贷"。

中国建设银行湖州分行针对安吉村村民生产、农家乐等融资需要，开发出绿色金融、普惠金融创新产品"文明助农贷"，该信用贷款贷期1年，最高额度30万元，贷款利率低于当地农商行约10%。建行湖州分行还为安吉村定制"文明金通"综合服务方案，提供一揽子金融服务。针对安吉长龙山抽水蓄能电站大额绿色项目投资，建设银行湖州分行牵头组建了内外部银团相结合的新兴银团贷款，并为该项目发放了4亿元绿色贷款。

交通银行浙江省分行积极助力"五水共治"工程，为杭州市第二水源千岛湖配水工程建设项目、滨海印染产业集聚区污水深度处理一期二期项目和污水脱氮工程项目、海盐县城乡供水管网改造提升工程等提供绿色信贷产品。在新能源产业领域，交通银行浙江省分行为杭州西湖新能源汽车有限公司提供绿色贷款，支持推广电动公交车和电动出租车，为杭嘉鑫清洁能源有限公司的嘉兴（平湖）液化天然气应急调峰储运站项目提供绿色信贷，推动清洁能源发展。在"三农"领域，交通银行发起设立安吉交银村镇银行，服务"三农"和小微企业，助力乡村振兴。

湖州银行自2014年开发了首个绿色信贷产品"五水共治贷"，不断集合地方特色探索绿色信贷产品创新，先后推出"绿色园区贷""全域生态贷""绿色乡村光伏贷"。其中，"绿色园区贷"推广复制效果好，截至2019年，已为28个绿色工业园区发放绿色贷款19亿元，涉及小微企业600多户。

安吉农商行结合当地产业特色，创新推出绿色循环、绿色能源、绿色农林、绿色科技五大系列的绿色信贷产品，如科技企业互助合作贷款、锅炉改造贷款、排污权抵押贷款、"两山农林贷""两山白茶贷"等。

衢州农信社聚焦于国家公园、五水共治、美丽乡村、现代农业、技改升级、特色小镇等重点绿色领域、产业和项目建设。

长兴联合村镇银行与长兴县委、县政府开展的结对"双扶"专项行动相结合，推出"仟禾福惠农贷款"，实现帮扶困难农民增收脱贫的绿色普惠金融工作目标。

云和农商银行推出生态信用贷款产品"两山贷"，将生态信用作为信贷产品的前提和优惠条件，生态良好的客户可享受优先调查、优先评级、优先授信和优先贷款服务。

泰隆银行湖州分行推出"绿色水运贷"，支援船户加装生活污水储存柜；泰隆银行浦江支行针对无抵押物、无担保人的小微环保设施建设企业，推出不超过300万元的"环保贷"。

## 5.4.2 绿色债券业务

浙江省各级政府政策中提出，要加强利用绿色债券市场为中长期绿色项目融资，推动绿色企业和项目发行绿色债券，鼓励金融机构发行绿色金融债券。自2016年开始，浙江绿色债券市场迅速发展起来。截至2021年9月末，浙江省共发行88只境内绿色债券，发行总额达到679.23亿元，具体如图5-4所示。

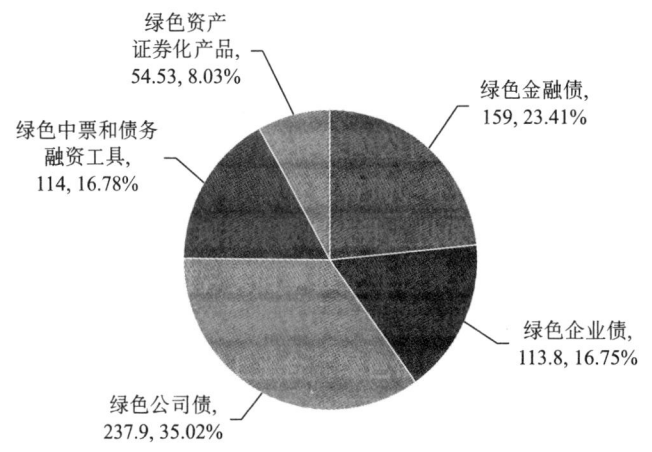

图5-4 2016—2021年浙江绿色债券种类分布

注：根据中国金融信息网绿债数据库和联合资信数据整理。

绿色公司债发行总额237.9亿元，占比35.02%，位居首位；绿色金融债发行总额159亿元，占比23.41%，排名第二；绿色中票和债务融资工具、绿色企业债的发行总额分别为114亿元和113.8亿元，占比分别为16.78%和16.75%，位居三四位；绿色资产支持证券发行规模54.53亿元，占比仅8.03%，排名最后。

浙江共发行绿色公司债32只，金额237.9亿元，具体如表5-6所示。2016年5月浙江嘉华能源化工股份有限公司发行了全国首单交易所市场绿色公司债。荣盛化石股份有限公司发行了两只合计20亿元绿色公司债，是发行规模最大的主体。安吉县绿洲新农村建设有限公司发行了16.2亿元省内单只金额最高的绿色公司债。2019年12月衢州市交通集团公司发行了省内首单第三方认证的绿色主体发行的绿色公司债；2020年12月杭州市水务集团有限公司发行了省内首单国企绿色公募公司债。2021年4月绍兴市轨道交通集团发行了国内同评级同品种首单碳中和债券。浙江绿色公司债的典型特征是以非公开发行的私募债为主，共28只，发行规模209.9亿元，占绿色公司债总规模的88.23%。绿色私募公司债发行主体以各县市的公交集团公司、城市或农村建设投资公司为主，债券单笔金额多低于10亿元，期限多为3~5年。

浙江共发行绿色企业债15只，金额113.8亿元，具体如表5-7所示。长兴交通投资集团有限公司发行了3只绿色企业债，金额总计26亿元，位居榜首。安吉县城市建设投资集团有限公司、嘉兴市秀湖发展投资集团有限公司、桐乡市振动新区建设投资有限公司、宁波市奉化区投资有限公司、绍兴市上虞区国有资本投资运营有限公司各发行了10亿元绿色企业债，并列第二。浙江绿色企业债发行主体多为各县市投资公司，债券期限多为7年，债项评级多为AA+及以上。

表5-6　　　　　　　　　浙江省2016—2021年发行绿色公司债

| 债券简称 | 发行单位 | 发行额（亿元） | 期限（年） | 票面利率 | 发行日期 | 债券评级 |
| --- | --- | --- | --- | --- | --- | --- |
| G16嘉化1 | 浙江嘉化能源化工股份有限公司 | 3 | 5 | 4.78% | 2016-5-23 | AA |
| G18华友1（私募债） | 浙江华友钴业股份有限公司 | 6.2 | 3 | 7.76% | 2018-3-23 | |
| G18湖州1（私募债） | 湖州市城市投资发展集团有限公司 | 5 | 3 | 6.28% | 2018-4-2 | AA+ |

续表

| 债券简称 | 发行单位 | 发行额（亿元） | 期限（年） | 票面利率 | 发行日期 | 债券评级 |
|---|---|---|---|---|---|---|
| G19 湖州 1（私募债） | 湖州市城市投资发展集团有限公司 | 5 | 3 | 4.8% | 2019-1-17 | |
| G19 南浔 1（私募债） | 湖州南浔城市投资发展集团有限公司 | 5 | 5 | 7.5% | 2019-3-22 | |
| G19 长滨 1（私募债） | 长兴滨湖建设开发有限公司 | 4.4 | 5 | 7% | 2019-4-29 | |
| G19 绿洲 1（私募债） | 安吉县绿洲新农村建设有限公司 | 16.2 | 5 | 7.3% | 2019-5-30 | |
| G19 南浔 2（私募债） | 湖州南浔城市投资发展集团有限公司 | 15 | 5 | 7.5% | 2019-6-17 | |
| G19 织里 1（私募债） | 湖州织里城市建设投资运营集团有限公司 | 7 | 3 | 7.5% | 2019-8-1 | |
| 19 荣盛 G1 | 荣盛石化股份有限公司 | 10 | 2 | 5.42% | 2019-11-22 | AA+ |
| G19 衢交 1（私募债） | 衢州市交通投资集团有限公司 | 5 | 5 | 4.48% | 2019-12-6 | |
| G20 桐庐 1（私募债） | 桐庐芦茨慢生活体验区旅游开发有限公司 | 6.2 | 10 | 7% | 2020-1-22 | AA |
| G20 长交 1（私募债） | 长兴交通投资集团有限公司 | 15 | 5 | 5% | 2020-2-24 | |
| G20 衢交 1（私募债） | 衢州市交通投资集团有限公司 | 5 | 5 | 3.8% | 2020-2-28 | |
| G20 新昌 1（私募债） | 浙江省新昌县投资发展集团有限公司 | 9.6 | 5 | 5.7% | 2020-2-28 | AA |
| 20 荣盛 G1 | 荣盛石化股份有限公司 | 10 | 4 | 4.77% | 2020-4-21 | AA+ |
| G20 台高 1（私募债） | 浙江台州高速公路集团股份有限公司 | 0.6 | 3 | 4.2% | 2020-4-29 | AA |
| G20 德交 1（私募债） | 浙江德清交运投资建设有限公司 | 9 | 10 | 6% | 2020-4-29 | AA+ |
| G20 仙山（私募债） | 长兴仙山湖旅游投资开发有限公司 | 7 | 9 | 6.48% | 2020-6-29 | AA |
| G20 德交 2（私募债） | 浙江德清交运投资建设有限公司 | 3.5 | 10 | 6% | 2020-7-31 | |

续表

| 债券简称 | 发行单位 | 发行额（亿元） | 期限（年） | 票面利率 | 发行日期 | 债券评级 |
|---|---|---|---|---|---|---|
| G20 虞交 1（私募债） | 绍兴市上虞区交通集团有限公司 | 3 | 5 | 4.15% | 2020-9-9 | |
| G20 安吉 1（私募债） | 安吉县城西北开发有限公司 | 8 | 5 | 6% | 2020-7-15 | |
| G20 建城 1（私募债） | 建德市城市建设发展投资有限公司 | 15 | 3 | 4.8% | 2020-8-28 | |
| G20 嵊交 1（私募债） | 嵊州市交通发展有限公司 | 6 | 10 | 4.88% | 2020/10/29 | AA+ |
| G20 杭水 1（私募债） | 杭州市水务集团有限公司 | 10 | 5 | 3.79% | 2020-12-2 | |
| G21 定城 1（私募债） | 舟山市定海区城乡建设集团有限公司 | 5.2 | 5 | 5.53% | 2021-1-28 | |
| 21 婺城 01（私募债） | 金华市婺城区城乡建设投资集团有限公司 | 6 | 9 | 5.2% | 2021-2-8 | |
| 21 奉农 G1 | 宁波市奉化区新农村建设投资有限公司 | 5 | 3 | 5.2% | 2021-2-10 | |
| G21 绍滨 1（私募债） | 绍兴滨海新区发展集团有限公司 | 11 | 7 | 4.65% | 2021-3-24 | |
| G21 嵊交 1（私募债） | 嵊州市交通发展有限公司 | 4 | 10 | 4.78% | 2021-3-26 | AA+ |
| GC 绍轨 01（碳中和私募债） | 绍兴市轨道交通集团有限公司 | 7 | 5 | 4% | 2021-4-30 | |
| G21 德旅 1（私募债） | 德清县文化旅游发展集团有限公司 | 10 | 3 | 5.6% | 2021-5-28 | |

注：根据中国金融信息网绿债数据库和联合资信数据整理。

**表 5-7　浙江省 2018—2021 年发行绿色企业债**

| 债券简称 | 发行单位 | 发行额（亿元） | 期限（年） | 票面利率 | 发行日期 | 债券评级 |
|---|---|---|---|---|---|---|
| G18 嘉湘 1/18 嘉湘绿色债 | 嘉兴市湘家荡发展投资集团有限公司 | 5.8 | 7 | 6.4% | 2018-4-19 | AA+ |
| G18 安吉 1/18 安吉绿色债 01 | 安吉县城市建设投资集团有限公司 | 5 | 7 | 7.2% | 2018-5-2 | AA |
| G18 安吉 2/18 安吉绿色债 02 | 安吉县城市建设投资集团有限公司 | 5 | 7 | 7.49% | 2018-9-25 | AA+ |

续表

| 债券简称 | 发行单位 | 发行额（亿元） | 期限（年） | 票面利率 | 发行日期 | 债券评级 |
|---|---|---|---|---|---|---|
| G18 余旅/18 余旅游 | 杭州余杭旅游集团有限公司 | 6 | 7 | 5.57% | 2018-10-31 | AAA |
| 19 秀湖绿色 NPB | 嘉兴市秀湖发展投资集团有限公司 | 10 | 5 | 6.2% | 2019-7-10 | AA |
| G19 长交 1/19 长交绿色债 01 | 长兴交通投资集团有限公司 | 13 | 7 | 6% | 2019-8-27 | AA+ |
| 19 黄岩绿色债 | 台州市黄岩区国有资产经营集团有限公司 | 9 | 7 | 5.7% | 2019-12-16 | AAA |
| G19 长交 2/19 长交绿色债 02 | 长兴交通投资集团有限公司 | 6.5 | 7 | 5.89% | 2020-1-2 | AA+ |
| 20 桐乡绿色债 | 桐乡市振东新区建设投资有限公司 | 10 | 7 | 4.45% | 2020-3-23 | AA+ |
| 20 奉化绿色债 | 宁波市奉化区投资有限公司 | 10 | 7 | 3.78% | 2020-4-23 | AA+ |
| 20 永兴绿色债 | 长兴县永兴建设开发有限公司 | 7 | 7 | 5.8% | 2020-4-15 | AA+ |
| 20 长交绿色债 01 | 长兴交通投资集团有限公司 | 6.5 | 7 | 5.49% | 2020-8-25 | AA+ |
| 21 上虞绿色债 01 | 绍兴市上虞区国有资本投资运营有限公司 | 10 | 10 | 4.93% | 2021-4-14 | AA+ |
| 21 长金绿色债 01 | 浙江长兴金融控股集团有限公司 | 5 | 7 | 5.69% | 2021-7-15 | AA+ |
| 21 长兴绿色债 01 | 长兴城市建设投资集团有限公司 | 5 | 7 | 4.95% | 2021-8-26 | AA+ |

注：根据中国金融信息网绿债数据库和联合资信数据整理。

浙江共发行绿色金融债16只，总金额159亿元，具体如表5-8所示。浙商银行股份有限公司2019年发行了50亿元绿色金融债，创单只金额最高。宁波银行股份有限公司2018年发行了30亿元绿色金融债，位列第二。华融租赁股份有限公司2017年发行了两只绿色金融债，规模合计20亿元，排名第三。浙江泰隆商业银行股份有限公司和浙江稠州商业银行股份有限公司各发行了15亿元绿色金融债。湖州银行股份有限公司共发行了两只合计10亿元绿色金融债。浙江省绿色金融债的发行主体主要是地方性商业银行、农村商业银行和金融租赁公司,地方性商业银行发行规模远超农商行发行规模,债券期限多为3年,债券评级多为AA。与其他地方相比,浙江省绿色金融债发行更关注普惠金融领域,如泰隆商业银行发行的绿色金融债是全国首单专门面向小微企业的绿色金融债,各地农商行发行的绿色金融债也多服务于当地小微企业。

表5-8　　　　浙江省2017—2021年发行绿色金融债

| 债券简称 | 发行单位 | 发行额（亿元） | 期限（年） | 票面利率 | 发行日期 | 债券评级 |
| --- | --- | --- | --- | --- | --- | --- |
| 17华融租赁绿色金融01 | 华融金融租赁股份有限公司 | 10 | 3 | 4.45% | 2017-2-14 | AAA |
| 17华融租赁绿色金融02 | 华融金融租赁股份有限公司 | 10 | 5 | 4.7% | 2017-2-14 | AAA |
| 17泰隆商行绿色金融债 | 浙江泰隆商业银行股份有限公司 | 15 | 3 | 5.29% | 2017-12-7 | AA+ |
| 18临海农商绿色金融债 | 浙江临海农村商业银行股份有限公司 | 1 | 3 | 5.5% | 2018-3-26 | AA- |
| 18稠州商行绿色金融01 | 浙江稠州商业银行股份有限公司 | 15 | 3 | 5% | 2018-6-5 | AA+ |
| 18宁波银行绿色金融债 | 宁波银行股份有限公司 | 30 | 3 | 3.97% | 2018-10-24 | AAA |
| 18安吉农商绿色金融债 | 浙江安吉农村商业银行股份有限公司 | 3 | 3 | 4.06% | 2018-11-16 | AA- |
| 18湖州银行绿色金融01 | 湖州银行股份有限公司 | 5 | 3 | 4% | 2018-12-5 | AA |
| 18德清农商绿色金融01 | 浙江德清农村商业银行股份有限公司 | 2 | 3 | 4% | 2018-12-11 | AA |
| 19德清农商绿色金融01 | 浙江德清农村商业银行股份有限公司 | 2 | 3 | 3.9% | 2019-1-29 | AA |
| 19湖州银行绿色金融01 | 湖州银行股份有限公司 | 5 | 3 | 3.75% | 2019-3-22 | AA |
| 19杭州联合农商绿色01 | 杭州联合农村商业银行股份有限公司 | 3 | 3 | 3.59% | 2019-8-14 | AAA |

续表

| 债券简称 | 发行单位 | 发行额（亿元） | 期限（年） | 票面利率 | 发行日期 | 债券评级 |
|---|---|---|---|---|---|---|
| 19 浙商银行绿色金融 | 浙商银行股份有限公司 | 50 | 3 | 3.42% | 2019-9-16 | AAA |
| 19 杭州联合农商绿色02 | 杭州联合农村商业银行股份有限公司 | 3 | 3 | 3.59% | 2019-12-6 | AAA |
| 19 长兴农商绿色金融债 | 浙江长兴农村商业银行股份有限公司 | 3 | 3 | 3.69% | 2019-12-25 | AA |
| 21 南浔农商绿色金融债01 | 浙江南浔农村商业银行股份有限公司 | 2 | 3 | 3.7% | 2021-1-12 | AA |

注：根据中国金融信息网绿债数据库和联合资信数据整理。

浙江共发行绿色中期票据或债务融资工具17只，总金额114亿元，具体如表5-9所示。2016年12月盾安控股集团有限公司发行了省内首单绿色债务融资工具。2017年7月义乌市国有资本运营有限公司发行了8亿元绿色中期票据，是全国首单由县级市成功发行的绿色永续债券，也是浙江省首单由国有企业发行的绿色债券。宁波市轨道交通集团2020年发行了两只合计30亿元绿色中期票据，2021年6月发行了20亿元省内首单绿色永续碳中和债，合计金额为50亿元，是绿色中票发行规模最大的主体。中国巨石集团共发行了三只合计金额12亿元的绿色中期票据，排名第二。总体来看，浙江绿色中期票据或债务融资工具发行主体以各市交通集团或投资公司为主，期限多为3~5年。

表5-9　浙江省2016—2021年发行绿色中期票据或债务融资工具

| 债券简称 | 发行单位 | 发行额（亿元） | 期限（年） | 票面利率 | 发行日期 | 债券评级 |
|---|---|---|---|---|---|---|
| 16 盾安GN002 | 盾安控股集团有限公司 | 10 | 3 | 4.56% | 2016-11-29 | AA+ |
| 17 义乌国资GN001 | 义乌市国有资本运营有限公司 | 8 | 3+N | 5.48% | 2017-7-11 | AA+ |
| 18 义乌国资GN001 | 义乌市国有资本运营有限公司 | 7 | 3+N | 6.27% | 2018-4-10 | AA+ |
| 18 巨石GN001 | 中国巨石股份有限公司 | 2 | 3 | 5% | 2018-5-3 | AA+ |

续表

| 债券简称 | 发行单位 | 发行额（亿元） | 期限（年） | 票面利率 | 发行日期 | 债券评级 |
|---|---|---|---|---|---|---|
| 19 巨石 GN001 | 中国巨石股份有限公司 | 5 | 3 | 3.75% | 2019-7-18 | |
| 19 湖州城投 GN003 | 湖州市城市投资发展集团有限公司 | 5.2 | 5 | 3.74% | 2019-12-17 | AA+ |
| 20 宁波轨交 GN001 | 宁波市轨道交通集团有限公司 | 20 | 3+N | 3.5% | 2020-3-10 | AAA |
| 20 宁波轨交 GN002 | 宁波市轨道交通集团有限公司 | 10 | 3+N | 3.68% | 2020-6-16 | AAA |
| 20 安吉交投 GN001（PPN） | 安吉县交通投资发展集团有限公司 | 1 | 3 | 5.5% | 2020-7-2 | |
| 21 嘉兴滨海 GN001 | 嘉兴滨海控股集团有限公司 | 7 | 5 | 4.57% | 2021-1-26 | AA+ |
| 21 巨石 GN001 | 中国巨石股份有限公司 | 5 | 3 | 3.61% | 2021-4-15 | |
| 21 嘉兴滨海 GN002（乡村振兴） | 嘉兴滨海控股集团有限公司 | 3 | 5 | 3.97% | 2021-4-21 | |
| 21 德清建发 PPN001（绿色） | 德清县建设发展集团有限公司 | 4 | 5 | 4.4% | 2021-5-20 | |
| 21 宁波轨交 GN001（碳中和债） | 宁波市轨道交通集团有限公司 | 20 | 3 | 3.79% | 2021-6-15 | AAA |
| 21 温州交运 MTN001（碳中和债） | 温州市交通运输集团有限公司 | 2 | 2 | 3.5% | 2021-7-22 | |
| 21 德清经开 GN001（项目收益） | 浙江德清经开投资集团有限公司 | 3.8 | 9 | 4.7% | 2021-9-14 | AA |
| 21 红狮 GN001（碳中和债） | 红狮控股集团有限公司 | 1 | 3 | 3.95% | 2021-9-14 | |

注：根据中国金融信息网绿债数据库和联合资信数据整理。

在绿色资产证券化方面，浙江省内共发行了7只绿色ABS产品和1只绿色ABN产品，金额合计54.53亿元，具体如表5-10所示。2019年4月发行的10亿元"中信建投—北银丰业—吉利曹操专车绿色资产支持专项计划"，是行业首单绿色认证的绿色ABS。2019年10月发行的"财通上虞水务污水处理收费收益权绿色资产支持专项计划"，是浙江省内首个水务类绿色ABS。2020年4月发行的"国开—温州生态园保障房绿色资产支持专项计划"，是温州首单保障房绿色 ABS。2021 年 2 月发行的"德邦—平安—金华公交经营收费收益权绿色资产支持专项计划",是金华市首单公交收费收益权绿色 ABS。2020 年 2 月杭州优行科技有限公司发行了 10 亿元绿色定向资产支持票据(疫情防控债),是市场首单网约车行业资产支持票据,也是国内首单民营企业疫情防控证券化项目。2021 年 4 月发行的"杭钢温州水务污水处理收费收益权绿色资产支持专项计划",是温州市首单基础设施类资产证券化产品,也是浙江省省属国有企业首单"绿色"基础设施类水务资产证券化产品。2021 年 7 月发行的"宁波舜通集团有限公司公交经营收费收益权绿色资产支持专项计划(碳中和)",是全国首单"碳中和"绿色公交 ABS。

表 5-10　　　　　浙江 2019—2021 年绿色资产证券化产品

| 债券名称 | 债券简称 | 发行单位 | 发行额（亿元） | 发行日期 |
| --- | --- | --- | --- | --- |
| 中信建投—北银丰业—吉利曹操专车绿色资产支持专项计划 | G 曹操绿色 ABS | 吉利科技集团公司 | 10 | 2019-4-1 |
| 财通上虞水务污水处理收费收益权绿色资产支持专项计划 | G 上虞优绿色 ABS | 绍兴市上虞区水务集团有限公司 | 8.5 | 2019-10-31 |
| 国开证券—宁波北仑公交票款绿色资产支持专项计划 | G 北仑绿色 ABS | 宁波是北仑公共交通有限公司 | 6.15 | 2019-12-25 |
| 杭州优行科技有限公司 2020 年度第一期绿色定向资产支持票据（疫情防控债） | 20 优行绿色（疫情防控债）ABN001 | 杭州优行科技有限公司 | 10 | 2020-2-20 |
| 国开—温州生态园保障房绿色资产支持专项计划 | 生态园绿色 ABS | 温州生态园开发建设投资集团有限公司 | 7.6 | 2020-4-29 |
| 德邦—平安—金华公交经营收费收益权绿色资产支持专项计划 | 金华公交 2021-1 绿色 ABS | 浙江金华市公交集团 | 5.22 | 2021-2-2 |
| 杭钢温州水务污水处理收费收益权绿色资产支持专项计划 | 杭州水务 2021-1 绿色 ABS | 温州杭钢水务有限公司 | 5.06 | 2021-4-30 |
| 宁波舜通集团有限公司公交经营收费收益权绿色资产支持专项计划（碳中和） | 舜通绿色（碳中和）ABS | 宁波舜通集团有限公司 | 2 | 2021-7-28 |

注：根据中国金融信息网绿债数据库和联合资信数据整理。

### 5.4.3 绿色保险业务

浙江省绿色保险业务起步较早，2008年浙江省政府在《资源节约与环境保护行动计划》中就提到要引导鼓励社会各方面积极参与环境保护和生态建设，严格执行绿色保险等一系列环境经济政策。在政策支持下，浙江省绿色保险业务得到了迅速发展。省内各地立足当地产业特征，大力推动政保结合，推出了众多绿色保险创新产品，具体如表5-11所示。

表5-11　　　　　　　　　　　　浙江主要绿色保险

| 保险类别 | 投保单位 |
| --- | --- |
| 政策性林木综合险 | 浙江用材林、经济林（香榧、核桃、银杏、杨梅、油茶、板栗等）和竹林种植户 |
| 环境污染责任险 | 全省污染企业 |
| 安全生产和环境污染综合责任保险 | 衢州市污染企业，后推向全省和全国 |
| 生猪保险 | 衢州市生猪养殖企业及各养殖户 |
| 白茶低温气象指数保险、白茶气象干旱指数保险 | 湖州安吉县农企、种植户及合作社，后推广 |
| 电动自行车综合责任险 | 衢州市电动自行车车主 |
| 生猪饲料成本价格保险 | 衢州龙游县生猪养殖龙头企业，后推向全国 |
| 绿色小额贷款保证保险（绿贷险） | 符合湖州市产业发展导向的小微企业、城乡创业者（含个体工商户）和农业种养殖农户 |
| 优化用电营商环境综合责任险 | 衢州市用电企业 |
| 绿色建筑性能保险 | 湖州市房地产开发企业 |
| 生态环境绿色保险 | 宁波市存在生态环境问题的企业 |

注：根据公开资料整理。

2009年1月，浙江省为增强林业风险防范能力，促进现代林业建设，保障林农创业致富，在全国第一个出台政策性林木保险。浙江省所有用材林、经济林（香榧、核桃、银杏、杨梅、油茶、板栗等）和竹林种植户都可投保，省、县两级财政补贴保费45%。

2010年6月，浙江保监局和省环保厅联合下发《关于开展环境污染责任保险试点工作的意见》，8月，平安产险绍兴中心支公司与浙江新和成股份有限公司签署浙江省环境污染责任险第一单，总保额50万元。此后，环境污染责任保险试点在全省推行，并逐步形成了"保险+服务+监管+防范"的体系。

2016年12月，针对生产和环境风险难题，衢州市政府和人保财险衢州市分公司联合开发，推出集安全生产和环境污染保障为一体的安全生产和环境污染综合责任保险（以下简称"安环保险"），为全国首创。"安环保险"包含安全生产、环境污染以及危化品运输三项保险责任，企业可以根据自身生产经营特点，选择其中一项或几项进行投保。"安环保险"首张保单，是为浙江中天氟硅材料有限公司企业从业人员和周边受影响的第三者提供安全生产事故和环境污染事故风险保障，保障金额2.9亿元。衢州市还不断完善"安环云"线上平台，实现"监管+保险+服务+科技"的安全生产全过程管控模式，推动市县一体全覆盖、七大行业全覆盖。衢州市安环保险相关做法获国家应急管理部、生态环境部、银保监会、省政府领导的批示肯定，并在全国得以推广。

2017年末，《湖州市人民政府关于环境污染责任保险工作的实施意见》出台，明确要求在重点行业推行环境污染责任保险。2019年4月湖州市《环境污染责任保险风险评估技术规范》出台，进一步推动了湖州市环境污染责任保险工作。截至2021年5月，湖州市环境污染责任险投保企业547家次，提供保险保障7.42亿元，投保范围已覆盖全市重点行业和水环境、土壤环境重点管理企业。

2021年，宁波市生态环境局联合金融办和银保监局，在环境污染责任保险基础上，探索生态环境绿色保险服务机制，创新性推出"保险+服务+补偿"模式，引入第三方环保服务机构，为投保企业提供全流程、全方位专业环保服务，指导企业开展环境风险防控，降低企业环境违法的频次。

2014年3月，针对病死猪处理难题，人保财险衢州市分公司在龙游县创新推出基于无害化处理的生猪保险，每猪保费为6.075元，病死一头猪，可获赔45~900元。截至2018年10月末，衢州共承保生猪193.99万头，收取保费7716万元，赔付5918万元，综合赔付率76.7%。

2015年3月，针对安吉白茶容易遭遇低温霜冻、茶农经济受损的情况，由安吉县发经委会牵头联系，省气候中心专家提供技术支持，省人保公司政策性农险成员进行风险评估和建模，人保财险安吉公司创新性地提出"安吉白茶低温气象指数保险"，是全国第一个采用天气指数对茶叶产业进行风险管控的政策性农业保险产品。安吉白茶低温气象指数保险试点时间三年，试点期内，承保规模要求为种植面积在50亩（含）以上，且种植一年以上的茶园，保险金额为2000元/亩，基础费率为5%，即白茶保险费为每亩100元，按照省政府关于地方特色品种保险补贴办法，茶农个人承担保费35元/亩，省、县财政分别补贴30元/亩和35元/亩。截至2018年底，累计承保农户8851户，累计支付赔款达到2370.55万元，赔付率达到165.18%。三年试点结束后，安吉白茶低温气象指数保险开始在全省推广，在推广过程中人保财险浙江分公司针对不同的茶叶品种推出了茶叶低温气象指数保险升级版，分为A、B、C三款，A款有"乌牛早""平阳特早"等早茶品种，承保期限为2月21日至3月26日；B款有"浙农139""龙井长叶""福鼎大白茶"等品种，承保期限为3月1日至4月3日；C款有"鸠坑"等一些本地品种，承保期限为3月12日至4月14日。

2021年3月，考虑秋冬干旱对茶叶生长的影响，人保财险安吉支公司在全国首创安吉白茶气象干旱指数保险，明确在保险期间，所在区域的气象观测站实测干旱天数不少于11天时，视为保险事故发生，保险人按照保险合同的约定负责赔偿。安吉白茶气象指数（含低温和干旱）保险新模式推出，白茶保险范围不断扩大，并实行共保体经营，截至2021年1季度，累计有11245户农户、17.42万亩白茶参保，累计赔付2278.75万元。

2017年5月，为加强电动自行车的管理、解决事故赔偿问题、保障居民绿色出行，浙江衢州人保财险、衢州太平洋产险、中国人寿财险衢州中心支公司组建共保体，采用政保合作方式推行电动自行车综合责任险。电动自行车保费50元每年，保险期限3年，全车盗抢险限额800～1200元，第三者责任保险限额25000元，附加驾驶人员保险限额2000元。截至2018年6月，衢州市区已上牌电动自行车达25万多辆，投保率达83%，保费收入1500余万元，为市民提供保障超125亿元。

2018年11月，为应对生猪饲料价格波动风险，浙江银保监局指导辖内太平洋财保浙江分公司与浙商期货深度合作，创新性运用"价格保险+期货"模式，编制了猪料期货价格指数，并在全国首创基于玉米、豆粕期货主力合约的生猪饲料成本价格保险。浙江省衢州市龙游县生猪养殖龙头企业获得了生猪饲料价格保险的首张保单，承保36000头生猪的生猪饲料原料价格风险，保障金额高达3600万元。生猪饲料价格保险能有效化解猪饲料原料快速上涨带来的财务压力和经营风险，提振生猪养殖户的生产信心，有助于稳定生猪生产与供应，从而得以在浙江省内甚至全国范围内推广。

2019年6月,为有效缓解小微企业融资担保难问题,发挥保险工具增信作用,湖州市出台绿色小额贷款保证保险"绿贷险"政策,打造"政府+银行+保险"合作模式:小微企业及个人向保险公司投保,银行以保证保险保单作为担保方式向投保企业及个人发放无抵押、无担保的经营性信用贷款,保险公司按照保险合同约定承担贷款风险分担责任的保险业务。"绿贷险"主要面向小微企业、城乡创业者(含个体工商户)和农业种养农户,贷款分别不超过300万元、100万元和50万元,仅限于生产经营性用途。湖州市首笔"绿贷险"贷款是浙江吴兴农商行向鹏程食品有限公司授信的200万元。为推动"绿贷险",湖州市第一批七家试点保险公司已组成"绿贷险"保险共保体,并与吴兴农商银行、南浔银行和湖州银行签订了合作协议。此外,湖州市财政每年在绿色金改试验区建设专项资金中安排5000万元支持"绿贷险"试点工作,包括向试点银行机构按实际发放贷款金额提供利息补贴、向试点保险公司提供保费补助,当发生不良贷款时,试点银行机构可从保险公司获得风险补偿,保险公司可从市政府获得补偿。

2019年5月,为合理分摊电费拖欠风险、有效降低企业用电成本,人保公司衢州市分公司在全国首创"优化用电营商环境综合责任险",由市政府通过市科创专项资金,为用电企业按时缴费购买保险,企业欠费后由保险机构向供电公司进行赔偿。该保险实施后,衢州市级(不含柯城、衢江)所有用电企业由每月缴纳电费2~3次合并为每月1次,为2000多家企业置换出3000多万元电费保证金,每年为企业增加资金流约10亿元,已在全省推广。

2019年12月,衢州市在全国首创"建设工程绿色综合保险险",涵盖建设工程投标保证保险、建设合同履约保证保险、业主合同支付保证保险、建筑业企业人工工资支付保证保险、建设工程质量保证保险、工程质量潜在缺陷保险、建筑施工安全生产责任保险、建设工程一切险和公众责任保险9个险种,可承担建设工程从招投标到工程竣工后10年内综合风险。

2021年5月,为推动绿色建筑发展,人保财险湖州市分公司推出绿色建筑性能保险"保险+服务+监管+信贷"模式,为全国首创:按照湖州市推行绿色建筑的相关规定,对于达到星级的绿色建筑,可给予2%的容积率奖励,如最终未能获评运行二星,企业需要补交容积率相关费用。湖州滨江房地产开发有限公司获得全国首个住宅领域的绿色建筑性能保险协议。

2019年7月,人保财险在宁波市北仑首创生态环境绿色保险,以"保障+服务+赔偿"模式,构筑企业、保险公司、第三方环保服务机构共同参与的环保治理体系,首笔生态环境绿色保险由宁波斯迈克制药、欧诺法化学等六家企业签署。2020年,生态环境绿色保险试点范围由北仑地区拓展至宁波市。

截至目前,浙江银保监局辖内共有40余家保险公司开展绿色保险服务,提供五大类20余种绿色保险产品,涉及工业、农业、交通、建筑等诸多领域,基本实现了浙江省全覆盖。

### 5.4.4 绿色基金业务

2016年以来,浙江省政府、银行、证券、私募机构积极发起设立绿色基金,具体如表5-12所示。

表5-12　　　　　　　　　　浙江主要绿色基金

| 时间 | 基金名称 | 募集方 | 基金规模(亿元) |
| --- | --- | --- | --- |
| 2016.11 | 湖州绿水青山项目专项基金 | 华夏银行湖州分行 | 100 |
| 2017.3 | 衢州市绿色产业引导基金 | 衢州市国资委 | 首期规模10亿 |
| 2017.4 | "两山"实践示范县绿色发展基金 | 建行湖州分行 | 20亿 |
| 2017.6 | 浙江浙能绿色能源股权投资基金 | 浙江省能源集团联合国内投资及金融机构共同组建 | 目标规模500亿元,首期规模超200亿元 |

注:根据公开资料整理。

2016年11月,华夏银行湖州分行"湖州绿水青山项目专项基金",总规模100亿元,主要投资于太湖流域水环境综合治理、长三角绿色农产品基地建设、特色小镇建设、绿色能源发展等方面。

2017年3月,衢州市设立绿色产业引导基金,采用母子基金架构方式运行,通过与社会资本合作设立不同的子基金,撬动社会资本流向绿色产业,首期规模10亿元。目前已设立5个子基金,总规模15.5亿元,其中政府产业基金出资3亿元,撬动社会资本12.5亿元。

2017年4月,建行湖州分行设立"两山"实践示范县绿色发展基金,规模为20亿元,重点支持安吉县旅游产业、美丽乡村、五水共治、新型城镇化、交通建设等绿色发展领域的项目。

2017年6月,浙江省能源集团联合国内投资及金融机构共同组建浙江浙能绿色能源股权投资基金,是我国首只绿色能源产业基金。该基金旨在通过绿色金融创新模式推动绿色能源发展,主要投向清洁能源、绿色能源、可再生能源、能源新技术、新装备、新材料等领域的项目,目标规模500亿元,首期规模超过200亿元。

### 5.4.5 其他绿色金融业务

(1) 衢州市银行个人碳账户、工业碳账户、农业碳中和账户

2018年8月,衢州在全国首创融合金融属性、公益属性、共享属性于一体的银行"个人碳账户"体系:在衢州市人行的指导下,江山市农商行依托"智慧支付"系列工程,为每个客户配置了碳账户,根据客户在银行办理的业务类型、绿色出行的数据、家庭用水用电数据等六大方面的绿色行为轨迹所减少的碳排放量计算相应碳积分。银行将碳账户与原有客户积分管理机制进行整合,客户可以享受公共交通、公共设施使用费率优惠、绿色金融服务优惠政策等激励,可线下兑换节能灯、环保袋、自行车等绿色礼品,以及兑换银行VIP、认领有机蔬菜、水果或享受合作商户消费抵扣等权益。除此之外,试点银行还发起了兑换"公益基金"的活动,客户可自助选择将碳积分转化为对特殊困难群体的公益捐赠。

截至2019年末,全市农信系统6家农商行开立个人碳账户196.16万户,个人客户通过绿色支付、绿色出行、绿色生活等绿色行为减少碳排放10.67万吨。同时,制定银行"个人碳账户"通用的赋值标准,统一开发模板程序,有序推广至全市银行机构,目前全市25家银行已全部上线(农发行、村镇银行除外)。

2021年2月,衢州市基于个人碳账户的成功经验,在全国首创工业碳账户和农业碳中和账户。

①工业企业碳账户体系,通过精准采集企业能源消耗和生产工艺中碳排放值,核算出企业的碳排放总量和碳排放强度指标,形成企业的碳账户指标体系,对标行业基准值,按碳排放等级为企业贴上"红、黄、浅绿、深绿"四色标签,并据此配套差别化产业政策和金融政策,进而引导工业企业减碳降耗。目前,工业企业碳账户的建设覆盖包括电力、化工、机械、建材、造纸等600余家衢州市传统产业企业。

②农业碳中和账户体系以传统种植养殖、畜牧业循环利用、肥料使用等

作为减排关键点，确定农作物秸秆综合利用、土壤固碳机制、畜禽粪污资源化利用三条碳中和路径，折算成碳中和值形成农业碳中和账户，根据不同的减排中和程度对农业主体评定"浅绿、中绿、深绿"三个等级，并配套差异化的政策扶持。目前，农业碳中和账户的建设首批覆盖衢州市10.7%的生猪养殖场、20%粮食种植大户和所有有机肥生产企业。

（2）"绿贝"

建设银行湖州分行为引导客户使用绿色金融产品、推动绿色消费、助推绿色产业发展，2018年在全国金融系统内首创研发了"绿贝"激励引导体系。"绿贝"是计量客户使用绿色金融产品和服务（包括绿色信贷产品、绿色出行、绿色支付等）的积分单位，凭借"绿贝"积分，客户可换取建行湖州分行的金融和非金融服务优惠权益。

（3）绿色个人信用贷款

安吉农商银行强调"绿色信用"理念，将居民日常生活中涉及气候环境的绿色行为、绿色生活习惯，如参与绿色循环、绿色出行、绿色支付、绿色文明等行为数据进行采集建模、量化分析，转化为"两山绿币"，并与乡镇合作搭建"两山绿币银行"平台，让乡镇居民据此享受更为便捷、优惠的绿色金融服务。

2019年4月，安吉农商银行创新性推出纯线上"绿色信用贷"：以个人绿色信用（两山绿币）作为发放贷款的依据，且与贷款额度与利率挂钩，额度最高可达30万元，利率最低可执行LPR利率，且贷款实行纯线上操作，贷款线上申请，系统在线审批并发放贷款。

（4）"一寸万树"绿色期权

2019年12月，衢州市柯城区借助浙江推行山海协作工程以及全省"千企结千村、消灭薄弱村"专项行动，创新推出了"一村万树"绿色期权：把种下去的树打造成一个个不同品种、不同规格的林木期权包，由投资主体对"一村万树"进行天使投资，向村集体出资认购资产包，并享受约定时限期满后的资产处置权，到期后可交割、转让、捐赠等。"一村万树"绿色期权，通过形成社会力量购买林木未来收益、村集体小周期变现增收、乡村振兴赢得绿色资本金的共享模式，有效打通"一村万树"资源、资产、资金通道。截至2019年末，累计发卡88张，授信430万元，帮助155家企业认购绿色期权资产包206个，500多位个人认购了"一村万树"绿色期权单位1478个，共认购资金为8150万元。

## 5.5 浙江省绿色金融改革创新的主要成效、不足与原因分析

### 5.5.1 绿色金融政策系统全面，绿色金融标准和法治化建设领先

在全国设立了绿色金融改革创新试验区的六个省（区）中，浙江省绿色金融政策最为系统全面，主要体现在以下方面：其一，注重绿色金融政策省级层面和市级层面的配合，省级层面出台支持绿色金融发展的总体行动计划和指导意见，湖州市和衢州市结合本市情况出台具体的绿色金融改革创新的实施细则。其二，绿色金融政策制定注重各职能部门的协调配合，省市政府部门与人民银行、银保监局、生态环境部门、发改委等相关职能部门就绿色金融发展问题充分沟通、达成一致意见，共同发布相关的绿色金融支持政策，增强了政策的权威性、适用性和可行性。其三，绿色金融政策涉及的内容广泛而具体，不同于其他试验区绿色金融政策多为笼统的规定，湖州市和衢州市绿色金融改革创新试验区针对绿色信贷、绿色保险、绿色专营机构等具体内容制定了专项政策，增强了政策的可操作性，提高了政策落地几率。

绿色金融地方标准建设方面，浙江省位居全国前列，其中，湖州市表现尤为突出。湖州市绿色金融改革创新试验区围绕绿色企业和绿色项目评价、绿色金融专营机构建设、绿色信贷专项业务开展等方面，出台了一批全国首个绿色金融地方标准，逐步形成了较全面的地方绿色金融标准体系。此外，衢州市绿色金融改革创新试验区也结合地方特色，探索了绿色金融产品和绿色金融业务的地方绿色金融标准。

绿色金融法治化建设方面，浙江省也处于领先地位。2019年，湖州市政府与湖州市中级人民法院共同打造了湖州市绿色金融纠纷调解中心，是银企绿色金融纠纷化解平台，旨在通过"金融调解+司法确认"机制，高效低成本地解决绿色金融纠纷案件，实现政银企法四方共赢。同年，湖州市"绿贷通"司法保障网络平台上线运行，提供在线法律咨询、网上立案等服务，帮助银企防范绿色金融相关法律风险，化解绿色金融服务纠纷。全市两级法院建立法官工作室，对接绿色金融调解中心和"绿贷通"司法保障网络平台，

开展司法协作。2021 年，湖州市出台《湖州市绿色金融促进条例》，是试验区首部绿色金融地方法规，该《条例》系统总结提炼当地绿色金融改革创新实践经验，并形成地方法律，从而为绿色金融改革创新提供了更为坚实的基础。

浙江省绿色金融政策系统全面、绿色金融地方标准和法治化建设领先，离不开当地宏观政策制定部门高效的行政管理能力和高水平的绿色金融素养。浙江作为"两山"理论的发源地和习近平生态文明思想的重要萌发地，多年来一直坚持绿色发展，地方政府及相关职能部门绿色发展意识强、绿色金融素养高，对绿色金融如何服务绿色发展有着更为深刻的认识，因此，在绿色金融政策制定、绿色金融地方标准建设、绿色金融法治化建设等方面具有战略眼光、全局思维、前瞻意识，远远领先于其他地方。

## 5.5.2　绿色金融服务平台先进，绿色金融服务创新能力强

与其他绿色金融改革创新试验省（区）相比，浙江省绿色金融服务平台建设处于领先水平。如湖州市绿色金融综合服务平台，充分利用大数据技术汇集多个部门的信息资源，构建"绿贷通""绿融通""绿信通"三大模块，分别承担企业与银行的绿色金融服务对接、企业与资本的绿色融资对接、企业与项目绿色认定职能，该平台运行以来的绿色金融服务效果良好。

在绿色金融服务创新方面，浙江省各地结合当地产业特点，相继推出了众多绿色信贷创新产品和模式、绿色保险创新产品和模式，其中有不少绿色金融产品和服务是行业首创、全国首创。另外，浙江省的一些绿色金融创新产品和模式有较好的可推广可复制性，已从地区试点向全市甚至全省推广。

浙江省绿色金融服务平台先进、绿色金融服务创新能力强，反映出浙江省绿色金融科技水平高、绿色金融专业人才充足。浙江省十分重视金融科技赋能绿色金融，不断探索金融科技在绿色金融各类服务平台建设、绿色金融产品创新、绿色金融风险防控等方面的应用，从而推动绿色金融服务更加高效、便捷、优质。

## 5.5.3　银行绿色金融专营组织建设领先，绿色信贷业务发展快

绿色金融改革创新试验区成立以来，浙江省湖州市、衢州市大力推动绿

色分支行和银行内部绿色金融事业部建设,银行绿色金融专营组织建设位居全国前列。湖州市还制定了《绿色银行评价规范》《银行业绿色金融专营机构建设规范》,从机构建设和机构评价方面进行更为具体的规定。另外,湖州银行作为地方性城市商业银行,2019年宣布采纳赤道原则,成为境内第三家赤道银行。

与此同时,浙江省绿色信贷业务发展迅速,截至2020年末,浙江绿色信贷规模超过1万亿元,位居全国前列。湖州市和衢州市绿色金融改革创新试验区绿色信贷规模持续快速增长,绿色信贷占各项贷款的比重也不断增加,衢州市绿色信贷占比已达到3成左右。

银行绿色金融专营组织建设领先、绿色信贷业务发展快,背后原因是浙江省银行业基础较好,金融组织体系较为完善,国有商业银行、股份制商业银行、地方性城市商业银行和农村商业银行共同构成绿色信贷的供给方,基于自身优势和地方产业特色,聚焦绿色金融的重点需求产业和领域,提供各具特色的绿色信贷产品和服务。

## 5.5.4 绿色债券市场总体规模偏小,绿色债券内部结构有待优化

浙江省绿色金融市场上,绿色债券融资贡献较小,截至2021年9月浙江绿色债券总体规模不足700亿元,与超过1万亿元的绿色信贷规模相比,浙江省绿色债券规模偏小,还有较大的发展空间。

从绿色债券内部结构来看,浙江绿色债券中,绿色公司债(私募债)近年发展较快,占绿色公司债的主体。这也反映出浙江省经济发达、绿色金融理念普及程度高,许多集体经济和民营经济主体选择绿色私募债进行融资。

另外,浙江省绿色债券中绿色资产证券化产品数量少,总体规模不大;浙江省还没有出现地方政府绿色债券。这也反映出浙江省在绿色债券市场还不够成熟,存在较大的发展空间。

## 5.5.5 绿色保险市场发展领先,环境权益交易相关金融业务相对滞后

浙江省在绿色保险市场上,一方面,大力推进环境污染责任险、安全责任险等传统保险业务的投保范围;另一方面结合地方特色,陆续推出了种类

繁多的绿色保险创新产品。浙江省绿色保险业务规模和绿色保险产品创新，在绿色金改试验区中位居榜首。此外，浙江省在绿色保险相关标准建设方面也处于领先地位。其背后的重要原因，一是浙江省保险业基础较好，保险机构众多，保险专业人才充裕，有能力拓展绿色保险服务；二是浙江省企业和民众的绿色金融意识和绿色保险意识较强，对绿色保险产品的接受度较高。

浙江省环境权益交易市场起步很早，但整体发展却非常缓慢。浙江在水权交易、碳排放权交易方面均做过尝试，但都没有得到很好地推广。目前浙江全省普遍开展的交易品种只有排污权，且存在着市场规模过小、流动性不足、市场割裂等问题。由于环境权益市场建设滞后，浙江基于环境权益的金融创新产品和金融业务均十分欠缺，如浙江的碳金融创新产品较少，碳金融业务规模也偏小。

### 5.5.6 绿色金融风险较高、监管防控体系有待完善

在绿色信贷市场，由于浙江省内民营经济发达、小微企业众多，许多地方性城市商业银行和农村商业银行推出相应的绿色信贷创新产品。由于小微企业风险控制与防范能力相对较差，一旦项目运作失败，很有可能使企业陷入财务困境，进而引发信用风险。而与大型国有商业银行相比，地方性中小银行资金规模小、抗风险能力弱，一旦发生信用风险，中小银行的稳定经营会遭遇较大冲击，甚至破产倒闭。然而，针对地方性中小银行的绿色信贷违约问题，浙江省的绿色信贷风险防控体系有待进一步完善。

在绿色债券市场上，浙江省各地市的投资公司通过发行绿色公司债（私募债）获取融资，这类私募债的信用等级较低，容易发生违约风险。目前，针对此类绿色私募债的违约风险问题，浙江省目前也未建立有效的风险防控体系。

在绿色保险市场，浙江省政保联合，创新地推出了一系列适合当地经济发展的政策性保险品种，并由地方政府给予一定的财政补贴。然而，这种依赖财政补贴的政策性保险，对于保险公司而言存在较大的经营可持续性风险，也存在被保险人骗保骗补的风险。然而，目前浙江在绿色保险风险防控体系建设方面还有待进一步完善。

# 6

# 广东省绿色金融改革创新实践①

## 6.1 广东省广州市绿色金融改革创新试验区

### 6.1.1 广东省广州市绿色金融改革创新试验区成立背景

广东省简称"粤",位于北纬20°13′~25°31′和东经109°39′~117°19′,是中国内地最南的省份,北依南岭,南临南海,毗邻香港和澳门特别行政区。广东是中国海岸线最长、海疆最广的省区,处于太平洋、印度洋、大西洋航运的枢纽位置,是我国通往东南亚、大洋洲、中近东和非洲等地区最近出海口。作为中国的南大门,广东曾经是我国唯一的对外通商口岸,也是海上"丝绸之路"的起点。

截至2021年2月,广东省土地面积17.97万平方公里,下辖22个地级市(含广州、深圳2个副省级城市)、21个县级市、41个县、5个自治县,合计139个县级区划。改革开放40多年以来,广东省依托独有的区位优势,抓住历史机遇,不断扩大对外开放,积极参与国际竞争与合作,成为中国经济实力最雄厚、市场化程度最高、开放型经济最活跃的地区之一。截至2020年末,广东省常住人口为12601万人,全省地区生产总值11.076万亿元,一直位居全国首位,人均GDP为87899元,排名全国第七。

广州是广东省省会城市,是广东省的政治、经济、科技、教育和文化中心。广州市位于广东省中南部、珠江三角洲的北缘,接近珠江流域下游入海口,东连惠州市博罗、龙门两县,西邻佛山市的三水、南海和顺德区,北靠

---

① 感谢广州市花都金融局、兴业银行广州分行提供的调研支持!

清远市的市区和佛冈县及韶关市的新丰县，南接东莞市和中山市，隔海与香港、澳门特别行政区相望。广州是中国海上丝绸之路的始发港，也是京广、广深、广茂和广梅汕铁路的交汇点和华南民用航空交通中心，能够在"4小时航程"辐射全国主要的经济区，并直接覆盖新加坡、马来西亚等组成的东盟全境。广州市土地面积7434.4平方公里，下辖11个区。作为珠江三角洲和粤港澳大湾区的核心城市，广州市的经济发展水平一直以来位居全国前列，2020年末广州市GDP25019.11亿元，仅次于深圳，位居全省第二名，常住人口1867万人，为全省首位，人均GDP为13.4万元，全省排名第三，低于深圳和东莞。

花都区是广州市市辖区，是广州市的北大门、新白云国际机场和广州北站所在地，拥有发达的空、铁、水、路立体交通网络。借助得天独厚的区位优势，花都成功打造了具有完整产业链、国内一流的汽车生产基地，以及"中国皮具之都""中华珠宝之都""中国化妆品之都""中国音响之都"。在粤港澳大湾区发展的良好机遇下，花都区正在打造湾区先进制造业集聚区，建设"两千亿级汽车产业集群""千亿级智能电子产业集群"和"临空高科技产业集群"，努力融入湾区产业链高端和价值链核心。2020年末花都区GDP1682.15亿元，占广州市GDP的6.72%，在全市11个区中排名第8位。

广东省在经济上领跑全国的同时，也最先遭遇到诸多环境问题。鉴于此，广东探索环境保护的脚步一直走在全国前列，大力度推动绿色发展、循环发展、低碳发展，大力调整产业与能源结构，加快转型升级，强化节能减排和污染防治。在这一背景下，广东省绿色金融也迎来前所未有的发展机遇。

2017年6月23日，经国务院批准，中国人民银行等七部委联合发布了《广东省广州市建设绿色金融改革创新试验区总体方案》，明确提出建设广州绿色金融改革创新试验区。这是广州市首个经国务院批准建设的金融专项试验区，也是华南地区唯一一个绿色金融改革创新试验区。

与其他4个试验区相比，广州绿色金融改革创新试验区面临粤港澳大湾区发展带来的宝贵机遇，因此粤港澳大湾区绿色金融合作也是其最大亮点。在大湾区绿色金融合作中，广州作为"双核之一"，要通过绿色金融政策突破和创新，积累可推广、可复制的经验；并充分发挥大湾区核心增长极作用，强化粤港澳地区的"超级联络人"地位，进一步推动大湾区绿色金融创新中心的形成，进而推动整个大湾区建设国家绿色金融示范湾区。花都区作为广州绿色金融改革创新试验区的核心区，围绕"绿色金融支持绿色产业、推动绿色发展"的主线，致力于打造"核心在花都、节点在各处、广州一张网、扩展到全省、服务大周边"的发展大格局，以粤港澳大湾区合作为契机，加强粤港澳绿色金融合作，支持符合条件的港澳地区金融机构在试验区设立合资证券、基金、期货和保险公司，积极开展绿色金融业务，共建粤港澳金融核心圈。

## 6.1.2　广东省广州市绿色金融改革创新试验区主要目标和任务

由于广州在粤港澳大湾区中的特殊地位，与其他试验区相比，广州市绿色金融改革创新试验区建设可以充分利用粤港澳大湾区建设的大好机遇，加强与港澳地区在绿色金融领域的合作。而花都区作为广州市绿色金融改革创新试验区的核心区，也要紧紧围绕"绿色金融改革创新的试验田、绿色金融与绿色产业协调发展的示范区、粤港澳大湾区合作发展的新平台、一带一路建设的助推器"这四大定位，聚焦体制机制创新，突出绿色金融支持绿色产业发展，努力为全国提供绿色金融改革创新"广州模式·花都经验"。

根据《广东省广州市建设绿色金融改革创新试验区总体方案》，广州市绿色金融改革创新试验区主要目标为：在广州市花都区率先开展绿色金融改革创新试点，力争5年内通过制度、组织、市场、产品、服务、保障措施等领域的创新探索，试验区绿色融资规模较快增长，绿色贷款不良贷款率不高于小微企业贷款平均不良贷款率水平，基本建立综合服务辐射周边、工作机制灵活有效、风险防控稳健有序的绿色金融服务体系，在推动产业转型升级和绿色发展、促进经济建设和生态文明协调发展等领域探索形成特色鲜明的绿色金融发展模式和成功经验。

根据《广东省广州市建设绿色金融改革创新试验区总体方案》，广州市绿色金融改革创新试验区主要任务包括九条：培育发展绿色金融组织体系、创新发展绿色金融产品和服务、支持绿色产业拓宽融资渠道、稳妥有序探索建设环境权益交易市场、加快发展绿色保险、夯实绿色金融基础设施、加强绿色金融对外交流合作、构建绿色金融服务主导产业转型升级发展机制、建立绿色金融风险防范化解机制。

## 6.2 广东省绿色金融政策制度和基础设施建设

### 6.2.1 绿色金融支持政策

2017年6月23日广州市绿色金融改革创新试验区成立以来,广东省各级政府、金融监管部门根据《广东省广州市建设绿色金融改革创新试验区总体方案》,相继出台了一系列绿色金融支持政策,具体如表6-1所示。

表6-1　　　　　　　　广东省绿色金融相关政策

| 颁布日期 | 发布机构 | 政策名称 | 文号 |
| --- | --- | --- | --- |
| 2017-7-10 | 广州市花都区委办公室、广州市花都区人民政府办公室 | 《广州市花都区支持绿色金融和绿色产业创新发展若干措施》 | 花办发〔2017〕27号 |
| 2017-7-10 | 广州市花都区委区政府办公室 | 《广州市花都区支持绿色金融创新发展实施细则》 | 花办发〔2017〕28号 |
| 2017-7-10 | 广州市花都区委区政府办公室 | 《广州市花都区支持绿色产业创新发展实施细则》 | 花办发〔2017〕29号 |
| 2017-7-10 | 广州市花都区委区政府办公室 | 《广州市花都区支持绿色企业上市发展实施细则》 | 花办发〔2017〕30号 |
| 2017-7-10 | 广州市花都区委区政府办公室 | 《广州市花都区支持绿色金融和绿色产业发展专项资金管理办法》 | 花办发〔2017〕31号 |
| 2018-5-5 | 广东省人民政府办公厅 | 《广东省广州市建设绿色金融改革创新试验区实施细则》 | 粤府办〔2018〕13号 |
| 2018-6 | 人民银行广州分行 | 《关于加强货币政策工具运用支持广州绿色金融改革创新试验区建设的通知》 | |
| 2018-7 | 人民银行肇庆市中心支行、市金融局、肇庆银监分局、市环保局 | 《肇庆市推动绿色金融创新发展十项行动计划(2018—2020年)》 | |
| 2018-10 | 广东银监局 | 《广东银行业加快发展绿色金融的实施意见》 | |

续表

| 颁布日期 | 发布机构 | 政策名称 | 文号 |
| --- | --- | --- | --- |
| 2019-1-25 | 花都区人民政府 | 《广州市绿色金融改革创新试验区技术支持方案》 | |
| 2019-7-16 | 广州市人民政府办公厅 | 《关于促进广州绿色金融改革创新发展的实施意见》 | 穗府办函〔2019〕103号 |
| 2019-7 | 广州市金融局 | 《推动广州绿色金融改革创新试验区建设2019年工作方案》 | |
| 2020-1-7 | 广州市花都区人民政府办公室 | 《花都区支持绿色金融创新发展实施细则》 | 花府办规〔2020〕1号 |
| 2020-4-22 | 广州市黄埔区人民政府、广州开发区管理委员会 | 《广州市黄埔区 广州开发区促进绿色金融发展政策措施》 | 穗埔府规〔2020〕11号 |
| 2020-7-28 | 广州开发区金融工作局 | 《广州市黄埔区 广州开发区促进绿色金融发展政策措施实施细则》 | 穗开金融规字〔2020〕2号 |
| 2020-10-29 | 深圳市人大常委 | 《深圳经济特区绿色金融条例》 | |

注：根据公开资料整理。

花都区作为广州绿色金融改革创新试验区的核心区，在绿色金融支持政策方面一直走在前列。早在2017年7月10日，花都区就在全国率先出台了绿色金融支持政策，包括《广州市花都区支持绿色金融和绿色产业创新发展若干措施》《广州市花都区支持绿色金融创新发展实施细则》《广州市花都区支持绿色产业创新发展实施细则》《广州市花都区支持绿色企业上市发展实施细则》《广州市花都区支持绿色金融和绿色产业发展专项资金管理办法》（简称"1+4"激励政策），从打造绿色金融和绿色产业协调发展的聚集区、设立绿色发展专项资金、培育绿色金融组织体系、推动绿色金融支持绿色产业、创新绿色金融风险补偿机制等方面，为花都绿色金融改革试验区实践提供了系统全面的具体操作方案。

2019年1月25日，花都区政府制定了《广州市绿色金融改革创新试验区技术支持方案》，明确指出要促进广州市绿色金融发展行动计划的制定和实施，包括广州市花都区绿色金融行动规划、广州市碳交易及碳金融、绿色金融产品培训、构建广州市绿色标准及绿色信息披露机制、广州市绿色投资基金等方面。2020年1月7日，花都区基于前期绿色金融改革创新实践，并学习借鉴广州深圳以及黄埔区等功能区金融政策，修改完善了原《广州市花都区支持绿色金融创新发展实施细则》，重新发布《花都区支持绿色金融创新发展实施细则》，主要从落户奖励、经营发展奖励、人才奖励、绿色金融业务（绿色信贷、绿色保险、绿色债券）补贴、风险补偿等方面提出了10条措施。

广东省政府层面，对绿色金融改革创新试验区建设给予政策支持。2018年5月省政府发布《广东省广州市建设绿色金融改革创新试验区实施细则》，明确了广州市绿色金融改革创新试验区九大任务，包括：培育发展绿色金融组织体系、创新发展绿色金融产品和服务、支持绿色产业拓宽融资渠道、稳妥有序探索建设环境权益交易市场、加快发展绿色保险、夯实绿色金融基础设施、加强绿色金融对外交流合作、构建绿色金融服务主导产业转型升级发展机制、建立绿色金融风险防范化解机制。

广州市政府层面也出台了绿色金融支持政策：2019年7月16日市政府办公厅印发《关于促进广州绿色金融改革创新发展的实施意见》，提出深化绿色金融改革创新、落实重点工作任务、发挥粤港澳大湾区绿色金融示范引领作用、加强绿色金融风险防范和完善保障措施五大要求、22项具体意见。随后，广州市金融局对该《实施意见》进行了解读，并印发了《推动广州绿色金融改革创新试验区建设2019年工作方案》，作为各区开展绿色金融指引。

广州市黄埔区、开发区复制花都区绿色金融改革创新经验，出台相关政策大力支持绿色金融发展：2020年4月22日，广州市黄埔区人民政府、广州开发区管理委员会发布《广州市黄埔区、广州开发区促进绿色金融发展政策措施》，从绿色金融组织机构、绿色贷款、绿色债券及资产证券化、绿色保险、绿色基金、绿色企业上市挂牌、地方金融机构绿色业务、绿色金融风险补偿、绿色认证费用、绿色金融创新10个方面，提出22项具体措施，是全国力度最大、覆盖面最广的地方绿色金融政策。7月28日，广州开发区金融工作局发布《广州市黄埔区、广州开发区促进绿色金融发展政策措施实施细则》，对上述促进绿色金融发展措施制定了更为详细的实施细则。

广东省内金融监管部门针对金融机构出台绿色金融支持政策，促进绿色金融创新：人民银行广州分行2018年6月颁布《关于加强货币政策工具运用支持广州绿色金融改革创新试验区建设的通知》，指出在现有额度基础上专门安排2亿元小微企业再贷款额度给予广州银行，用于花都区绿色小微企业贷款，并探索开展绿色再贷款业务；通过工商银行为东风日产新能源汽车项目提供票据再贴现额度，并探索开展绿色票据再贴现业务。广东银监局2018年

10月出台《广东银行业加快发展绿色金融的实施意见》，指出银行业金融机构要持续扩大绿色信贷规模，加大在节能环保、污染防治、绿色建筑、绿色交通等重点领域的金融支持。

广东省肇庆市大力支持绿色金融发展，2018年7月人民银行肇庆市中心支行、市金融局、肇庆银监分局、市环保局等四部门联合出台了《肇庆市推动绿色金融创新发展十项行动计划》，明确了肇庆市绿色金融创新发展的总体要求、主要任务和保障措施。

广东省深圳市作为粤港澳大湾区绿色金融合作的另一核心城市，在绿色金融法律法规建设方面成果显著。由深圳市人大常委联合深圳市金融局、深圳市排放权交易所起草修订的《深圳经济特区绿色金融条例》（简称《绿金条例》），2020年10月29日经深圳市第六届人民代表大会常务委员会第四十五次会议通过，2021年3月1日正式实施，是我国首部绿色金融法律法规，也是全球首部规范绿色金融的综合性法案。《绿金条例》以《关于构建绿色金融体系的指导意见》为依据，充分吸收借鉴发达国家绿色金融发展的制度设计，运用特区立法权，在绿色金融立法方面大胆探索、先行先试，涵盖"制度与标准+产品与服务+绿色投资评估+信息披露+服务与促进+监督与管理"绿色金融完整生态链的架构，明确了金融机构和绿色企业的主体责任，规定了政府部门和中央驻深金融监管机构的监督管理措施，为推动深圳绿色金融发展提供了坚实的法制保障，为全国绿色金融法治化发展提供了先行示范，也极大提升了我国绿色金融国际影响力。

## 6.2.2 绿色金融标准及绿色项目库建设

（1）编制绿色企业和绿色项目认证规范

广州市绿色金融改革创新试验区获批以来，花都区围绕《广东省广州市建设绿色金融改革创新试验区总体方案》的主要任务，积极开展绿色金融标准建设。花都区金融局委托中节能衡准科技服务（北京）有限公司编制了《广东省广州市绿色金融改革创新试验区绿色企业认证规范》和《广东省广州市绿色金融改革创新试验区绿色项目认证规范》，并于2018年5月25日正式发布。上述规范结合花都区产业特点，从企业基本条件评价、生产与管理评价、环境管理与污染防治评价、企业社会责任评价等多维度明确了绿色企业和绿色项目的认定规范，界定了绿色企业、绿色项目的范围；同时将绿色项目划分为可再生能源、绿色交通、绿色产业装备制造、节能等九个一级分类和 40 个二级分类。

为更好地在全市、全省推广试验区在绿色企业与绿色项目认证方面好的经验做法，进一步规范绿色企业与绿色项目认证工作，确保绿色项目的"绿色属性"，花都区金融局委托中节能咨询有限公司对《花都区绿色企业和绿色项目认证规范》进行了修订完善，2019 年 9 月 12 日，花都区人民政府印发《广东省广州市绿色金融改革创新试验区绿色企业、绿色项目认定管理办法（试行）》（以下简称《两个办法》）。

《两个办法》基于广东省产业发展特点和实际情况，充分参考了《粤港澳大湾区发展规划纲要》以及发改委《绿色产业指导目录（2019 年版）》，从企业合规性、业务方向、生产管理、污染防治、社会责任等方面提供了认定标准和办法，进一步明确和完善试验区绿色企业标准和绿色项目范围，指明绿色发展方向。其中，《绿色企业认定管理办法》提出绿色企业定义，并明确绿色企业申报条件、认定程序、第三方评价机构认证管理、政府监督管理等内容；《绿色项目认定管理办法》提出绿色项目定义，并明确绿色项目范围、绿色项目申报条件、认定程序、第三方平价机构认证管理、政府监督管理等内容。《两个办法》能有效促进配套政策落地和绿色金融新型风险防范能力建设，有助于确保绿色金融相关扶持政策真正用于支持绿色发展，推动绿色金融领域新型风险识别能力的建设，防止资本空转和"洗绿"等问题出现，为地区内绿色金融的健康发展、绿色产业的壮大提供基础支撑。

（2）建设第三方绿色认证机构库

为更好地发挥第三方绿色认证的作用，积极推进相关的准则以及实践模式趋于标准化和具体化，花都区金融局开展第三方绿色认证中介机构库建设工作，通过公开方式征集第三方中介机构，建立了广州市绿色金融改革创新试验区第三方绿色认证中介机构库，如表 6-2 所示。第三方绿色认证中介机构库的建设和运营，为试验区绿色项目提供便捷、规范的绿色认证服务，有力提升了绿色认证工作的客观性和公信力。

（3）绿色企业和项目库建设

在绿色企业和绿色项目认证规范编制完成和第三方绿色认证中介机构库建成的基础上，试验区积极推动绿色项目库建设。2018 年 6 月，广州市地方金融管理局发布《广州市绿色金融改革创新试验区绿色企业与项目库管理办法》，明确了建立绿色企业和项目库的依据、宗旨及目的，绿色企业和绿色项目的范围以及入库方式等。

表 6-2　　广州市第三方绿色认证中介机构库入库名单

| 序号 | 机构名称（排名不分先后） |
| --- | --- |
| 1 | 香港品质保证局 |
| 2 | 北京中财绿融咨询有限公司 |
| 3 | 安永华明会计师事务所（特殊普通合伙） |
| 4 | 中节能咨询有限公司 |
| 5 | 联合赤道环境评价有限公司 |
| 6 | 中国诚信信用管理股份有限公司 |
| 7 | 绿融（北京）投资服务有限公司 |

注：根据公开资料整理。

2018年，根据广州市花都区提供的930个项目信息，由中节能衡准科技服务（北京）有限公司和联合赤道环境评价有限公司联合对项目进行认证，试验区花都核心区最终确认第一批90个项目为绿色项目，涉及节能、污染防治、资源节约与循环利用、清洁交通、清洁能源以及生态保护与适应气候变化六大类。2019年，花都核心区又筛选出了绿色项目164个。

除花都核心区外，绿色企业和项目库建设在全市和全省范围内得到进一步推进。广东省工信厅2020年3月11日发布2020年度打好污染防治攻坚战专项资金（绿色发展用途）项目入库名单，2021年2月26日发布2021年打好污染防治攻坚战专项资金（培育壮大节能环保产业集群和支持工业绿色发展）项目扶持计划名单。广州市发展和改革委员会2020年启动《广州市绿色产业企业名录库》建设，在《广州市节能环保企业名录库（2019年）》的基础上，整理形成《广州市绿色产业企业名录库（2020年）》，并于2021年1月26日公布。

广州市黄埔区、广州开发区结合本区产业特点，积极制定区内绿色企业和项目认定管理办法，推动建设区内绿色企业和项目库。2020年8月19日印发《广州市黄埔区、广州开发区绿色项目认定管理办法（试行）》、《广州市黄埔区、广州开发区绿色企业认定管理办法（试行）》，对绿色项目范围、绿色项目和绿色企业认定条件和认定程序、第三方绿色评估机构认证管理、监督管理等方面做出了具体规定。10月20日，黄埔区、广州开发区发布首批60家入库绿色企业和16个入库绿色项目名单。根据前述管理办法，经企业申请、区金融工作局受理、第三方认证机构评审、公示等程序，11月2日，广州开发区公布了2020年度评审通过名单，包括28家"绿+企业"、3家绿色企业和16个绿色项目；2021年3月29日，广州开发区公布了2021年度评审通过名单，包括38家"绿+企业"、2家绿色企业和203个绿色项目。

2020年12月，广州市金融局发布《广州市绿色金融改革创新试验区绿色企业与项目库管理实施细则（试行）》，并随附了《广州市绿色金融改革创新试验区绿色企业认定指引（试行）》和《广州市绿色金融改革创新试验区绿色项目认定指引（试行）》，对绿色企业和项目库相关部门的职责分工、绿色企业和项目管理、绿色融资信息管理、第三方绿色评估机构管理均做了明确规定。

（4）其他绿色金融标准建设

中国人民银行肇庆中心支行率先在广东省推出绿色金融统计指标，涵盖了绿色信贷、绿色保险、绿色债券、绿色证券等方面，引导金融机构把更多资源配置到绿色产业领域。

2021年4月27日，广州开发区推出国内首个绿色资产评价体系——"绿创通"评估评价体系，该体系旨在为绿色科创企业提供绿色金融全过程服务，通过信息联动共享，创新绿色资产评估模式，实现无形资产增信、变现、风控的完整闭环，同时整合交易和金融业务资源，保障交易的真实性以及各市场主体的合法权益。

2021年3月9日，深圳市生态环境局与深圳市市场监督管理局联合发布了《绿色企业评价规范》（DB4403/T 146-2021），规定了绿色企业评价的基本要求、评价内容及评价方法，用于指导开展绿色企业创建及评价工作。

## 6.2.3 绿色金融投融资平台建设

（1）广东省中小微企业信用信息和融资对接平台（简称"粤信融"）

"粤信融"，是根据《广东省人民政府关于创新完善中小微企业投融资机制的若干意见》（粤府〔2015〕66号文）要求，由中国人民银行广州分行牵头，广东省发展和改革委员会、广东省政务服务数据管理局、广东省地方金融监督管理局等部门支持，广州银行电子结算中心承建的综合性信息服务平台。"粤信融"业务操作流程如图6-1所示。

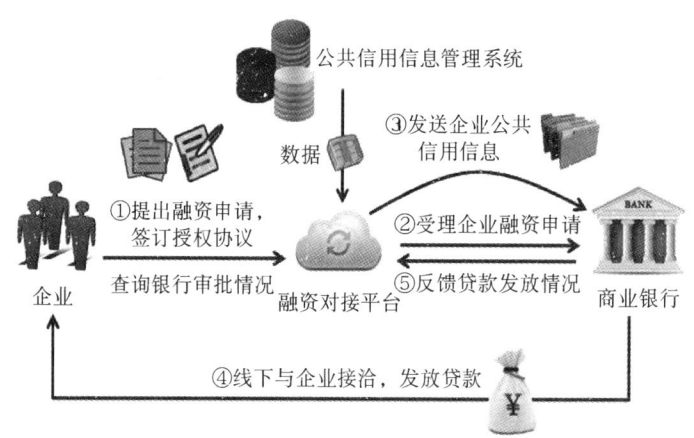

图 6-1 "粤信融"平台业务流程

"粤信融"平台可以实现政府部门政务信息、银行发放贷款信息、小微企业融资需求信息的共享,创造性地改善小微企业征信服务,解决中小微和民营企业金融服务面临的信息不对称和风险防控问题。

"粤信融"2015 年开发出来,2016—2017 年在全省 20 个地市进行了推广,2018 年、2019 年补充采集省发改委、省工商等 43 个部门的政务信息,2019 年在全省全面推广使用。"粤信融"2019 年 10 月被人民银行等六部委纳入金融科技应用试点,2020 年 3 月入选国务院服务贸易发展部级联席会议办公室服务贸易创新发展试点首批"最佳实践案例",9 月荣获广东省工业和信息化厅关于公布的首批广东省中小企业公共服务示范平台。截至 2021 年 9 月末,"粤信融"入驻城市 20 个,融资企业 103749 家,银行网点 12630 个,信贷产品 4124 个,融资笔数 183472 笔,融资金额 15014 亿元。

(2) 广州市绿色金融改革创新试验区融资对接系统(简称"穗绿融")

广州市绿色金融改革创新试验区成立以来,花都区政府联合人民银行广州分行,依托"粤信融"平台覆盖全省的非银信用信息数据库,建设了广州市绿色金融改革创新试验区融资对接系统(简称"穗绿融"),其具体流程为:企业注册——开展绿色企业/项目申报——开展第三方绿色认证——绿色企业/项目挂牌展示——融资机构对接——完成绿色融资——申请绿色补贴。"穗绿融"已纳入包括香港品质保证局在内的 7 家认证机构,致力于推动粤港澳大湾区内绿色金融认定标准的统一和融资对接的互联互通。

"穗绿融"充分利用"数据库+服务网"模式,增加了绿色企业与项目申报与认证、绿色金融业务统计等功能模块,引入了第三方绿色认证中介库、非银金融机构,完善了绿色企业和项目信用信息库,建立了试验区互联互通的绿色信息资源共享平台,实现了不同渠道间绿色融资数据整合、信息共享和实时监测,能大大提高绿色融资对接效率,促进试验区绿色产业和金融发展。截至2021年7月末,"穗绿融"共导入2048家绿色企业,496个绿色项目,92个绿色信贷产品,2295个银行融资对接网点,最终促成22家企业获得绿色贷款,绿色融资金额20.55亿元,发放绿色补贴1633.2万元。

(3)广州开发区绿色金融融资对接系统(简称"开绿融")

2020年以来,广州开发区大力推动绿色金融发展,并依托广州开发区金融服务超市建立了广州开发区绿色金融融资对接系统(开绿融),并于10月20日正式上线。"开绿融"是基于开发区建设的绿色金融服务平台,集政策法规宣传、绿色项目及企业申报、入库项目及企业查询、信息公示、数据统计等功能于一体。"开绿融"平台上,企业在线申报绿色企业和项目,第三方认证机构在线审核,主管机关在线审批,可以实现绿色认证流程自动化。与此同时,"开绿融"平台上,金融机构发布绿色金融产品详细信息,绿色企业和项目业主发布具体融资需求,实现金融供给方和融资需求方信息畅通和精准对接,使金融机构能为区内绿色企业和项目提供更为专业、高效、创新、优惠的绿色金融综合服务。

(4)广州碳排放权交易所绿色金融服务平台

2016年4月28日,广州碳排放权交易所创建的广州碳排放权交易所绿色金融服务平台(简称"广碳绿金")正式上线,是全国首个也是唯一一个为绿色低碳领域的企业和投资机构提供全方位金融服务的平台。该平台包含两个功能:一是服务金融机构,整合与绿色金融相关的金融产品,如信贷、债权、股权交易、基金等;二是服务企业,协调企业与金融机构的关系,加强两者对接,加快相关金融政策的落地速度。

2018年1月9日,广州碳排放权交易所创建的新能源资产投融资与交易平台(简称"新能投")启动,是国内首个新能源资产投融资及其价值与风险评估的专业服务平台。该平台主要为解决新能源项目融资难问题、为投资者寻找有价值的新能源项目、为新能源项目提供评估等第三方服务,具体包括:新能源资产交易服务、新能源投融服务、新能源项目评估服务、新能源项目法务咨询服务、新能源项目评级服务、新能源项目财务顾问服务、新能源项目工程咨询服务七大专业服务以及其他增值服务。

2020年12月,为推进河源市绿色金融发展,建设生态河源,广州碳排放权交易所河源服务中心成立,旨在加强广州碳排放权交易所与河源绿色金融发展、生态资源转化和低碳经济发展等领域的合作。

此外，广碳所还在全力建设环境能源综合交易服务平台，涵盖环境股权、可再生能源交易平台、泛珠"9+2"区域碳交易平台、生态补偿和生态文明建设平台、碳金融综合服务平台、绿色金融普惠制试点平台等多个重要平台，为"加快转型升级、建设幸福广东"以及广州打造国家碳金融中心城市提供支撑与动力。

(5) 肇庆绿色金融综合服务平台

2019年12月，由肇庆市金融局、人民银行肇庆市中心支行等部门共同指导，由四会市金融局、人行四会市支行会同中国诚信信用管理股份有限公司共同开发建成的肇庆绿色金融综合服务平台在四会正式试点运行。该平台根据绿色金融相关政策，结合地方产业发展现状，制定了肇庆市绿色企业和绿色项目认定标准，并嵌入了各种绿色金融评价或筛选工具，能实现地方绿色金融数据信息综合管理、绿色信贷资产环境效益计量、绿色金融业绩评价与管理、绿色金融风险预警、绿色企业和绿色项目申报评定管理、绿色金融信息共享等功能。这一平台对培育地方绿色经济主体和绿色金融服务供给主体，促进绿色产融对接，助力产业转型和绿色发展具有重要意义。

(6) 深圳绿色金融相关平台建设

2019年3月，深圳排放权交易所绿色金融子公司——星火绿色科技创新有限公司（简称"星火绿创"）正式挂牌成立，旨在构建具有全国影响力的绿色金融综合服务平台。星火绿创将以绿色技术推广、企业节能服务和绿色金融服务为核心，采用托管、回购和合同能源管理等多种碳交易与绿色金融相结合的创新模式，满足不同企业的节能需求，促进企业绿色低碳发展。

2021年7月，中国平安旗下智慧城市支持打造的智慧环责险服务平台上线，旨在助力深圳启动和推行环强险。通过这一数字化服务平台，企业用户可实现"千企千面"保费测算、选择保险公司、项目概况查阅和保单查询，同时享受监测设备在线预警、环保管家咨询、环保培训、企业环保风险档案等多方服务；保险公司可实现投保数据统计、投保单位风险分析和业务管理；监管部门可实现智慧化监管，实时掌握企业投保、续保情况，据此推动相关惩处和激励政策。

(7) 广州绿色融资租赁线上平台"绿色银赁通"

2019年3月21日，国内首个绿色融资租赁线上平台"绿色银赁通"在广州南沙正式启动，该平台是一个专注绿色融资租赁资产综合服务的线上信息平台，由九江银行广东自贸试验区南沙支行发起，九江银行提供200亿元绿色专项意向性综合授信，通过"绿色认定"的租赁资产，将获得九江银行提供的绿色授信通道、额度、利率等政策倾斜的一揽子服务。该平台形成了"保理＋直投"融资模式，银行可以与融资租赁公司的授信、尽职调查同步进行，融资租赁公司对绿色产业的支持与银行授信叠加，从而更好地支持绿色产业发展。

## 6.2.4　碳金融配套制度建设

2018年，广东金融学会绿色金融专业委员会、广州碳排放权交易所、同香港品质保证局、澳门银行公会等单位共同起草完成《广东省广州市绿色金融改革创新试验区碳排放权抵质押融资试点实施方案》和《广东省广州市绿色金融改革创新试验区基于林业碳汇的生态补偿机制方案》，并在全省推广。

（1）碳排放权抵质押融资实施方案

该方案基于碳排放权融资工具，拓宽企业绿色融资渠道，破解环境权益抵质押融资难题，完善市场化的环境权益定价机制，规范碳排放权抵质押贷款行为。方案提出五项主要任务：建立碳排放权抵质押融资体系，建立碳排放权抵质押融资征信系统，建立碳排放权资产评估咨询制度，建立碳排放权资产处置机制，推动试点机制在香港、澳门的转化落地。

在配套政策方面，主要包括三项：一是强化碳排放权抵质押融资业务的激励机制。运用好再贷款、再贴现等货币政策工具，引导金融机构创新开展碳排放权抵质押融资等绿色金融业务。将地方法人金融机构开展碳排放权抵质押融资等绿色金融产品创新情况纳入绿色信贷业绩评价，对业务开展良好的金融机构给予正向激励。二是建立碳排放权抵质押贷款财政贴息制度。根据《广州市花都区支持绿色金融创新发展实施细则》，对符合条件的碳排放配额、CCER、PHCER等抵质押贷款安排绿色信贷补贴资金，降低控排企业和项目开发业主抵质押贷款成本。三是完善配套风险补偿机制。财政根据损失金额的20%给予风险补偿，最高100万元，构建风险补偿体系，用于补偿碳排放权抵押贷款经逾期清收无法收回的损失部分。

（2）林业碳汇生态补偿机制实施方案

该方案旨在鼓励绿色低碳生产生活，推进多渠道市场化模式支持林业碳汇发展，开展生态补偿工作，引导各类主体参与基于林业碳汇的生态补偿，建立全社会参与的社会资本投入市场化机制，加快推进绿色金融改革创新试验区建设和粤港澳大湾区绿色金融合作。其主要任务聚焦四个方面：创新林业碳汇项目开发，鼓励资产管理；推动林业等生态资源确权、完善补偿体系；吸引港澳资本，共建绿色生态；创新绿色金融，完善融资机制。

在配套政策方面，主要包括以下方面：运用好再贷款、再贴现等货币政策工具，将地方法人金融机构开展林业碳汇试点等绿色金融产品创新情况纳入绿色信贷业绩评价，对业务开展良好的金融机构给予正向激励。对符合条件的抵质押贷款安排绿色信贷补贴资金，降低控排企业和项目开发业主抵质押贷款成本。财政根据损失金额的20%给予风险补偿，最高100万元，构建风险补偿体系，用于补偿林业碳汇开发和交易过程因技术和政策风险等不可控因素造成损失的部分。

## 6.2.5 其他绿色金融配套制度和服务平台

（1）广州市绿色金融行业自律机制

为深入推进绿色金融改革创新，充分发挥市场主体主观能动性和自律管理能力，规范发展绿色金融市场，人民银行会同相关部门积极推进绿色金融行业自律机制。鉴于广州绿色金融改革试验区的工作推进顺利、前期工作准备较为充分，2018年9月5日上午，在人民银行研究局、银保监会政策研究局、证监会中证金融研究院、广东省金融办、广州市政府等有关部门同志的见证下，国家开发银行广东省分行、中信银行广州分行、招商银行广州分行、民生银行广州分行、邮储银行广州分行、广发银行广州分行、广州农村商业银行等7家金融机构签署广州市绿色金融行业自律机制公约，成为全国首个成立绿色金融行业自律机制的试验区。

（2）粤港澳大湾区绿色金融联盟

2020年9月4日，全国首个区域性绿色金融联盟——粤港澳大湾区绿色金融联盟正式成立。该联盟是在中国金融学会绿色金融专业委员会指导下，由广东金融学会绿色金融专业委员会、深圳经济特区金融学会绿色金融专业委员会、香港绿色金融协会和澳门银行公会自主发起成立的非营利性工作协调组织，永久秘书处设在深圳，目的是推动绿色金融发展、实现跨境协调合作。联盟目前已在大湾区统一碳市场建立和跨境交易机制、绿色供应链金融（汽车制造业）、固体废弃物处置、绿色建筑项目、区块链光伏项目等领域展开创新探索。

（3）联合赤道绿色金融评估认证（广州）中心

2020年10月，联合赤道绿色金融评估认证（广州）中心在广州开发区揭牌成立，作为绿色金融专业服务机构，该中心的业务范围包括：宣传和推广广州开发区绿色金融政策，解读和培训绿色企业和项目认定标准，开展绿色企业和项目认证，做大绿色企业和项目库，并以绿色企业和项目为抓手，大力推动区域绿色金融产品创新、服务创新和制度创新。

(4) 广州市总部企业绿色发展服务中心

2019年1月24日，广州市总部经济协会与绿色金融专业服务机构绿融（北京）投资服务有限公司、绿融（广州）信息技术有限公司签约，在广州南沙共建"广州市总部企业绿色发展服务中心"，长沙银行广州分行向该中心提供100亿元绿色专项综合授信，支持该中心推动广州市总部企业绿色发展。

## 6.3 广东省绿色金融组织和绿色金融市场体系建设

### 6.3.1 打造广州花都绿色金融街

为建设广州市绿色金融改革创新试验区，广州市在花都区迎宾大道地铁沿线打造了广州花都绿色金融街，2017年12月正式运营。绿色金融街建设有绿色金融创新中心、绿色金融服务中心、绿色金融研究中心，并且大力吸引绿色机构进驻，致力打造产、融、研一体化的绿色金融与绿色产业发展集聚区。

绿色金融创新中心重点引进绿色产业龙头企业，对进驻企业投融资、项目运营、风险管理等提供金融服务支持，在绿色产业创新发展、绿色企业上市、传统产业绿色转型升级等方面实现突破。绿色金融服务中心重点引进金融、类金融机构及各类金融交易平台，研究设立区域股权交易市场"绿色板"，以金融工具创新为载体，加大政策扶持力度，为绿色企业提供上市辅导及投融资咨询等服务。绿色金融研究中心重点引进各类科研院所、会计师事务所、律师事务所及各类金融中介服务机构，为绿色企业发展提供配套服务。设立绿色金融研究院，建立绿色发展指标体系，为绿色产业发展提供决策咨询。

为了使进驻试验区的企业和项目享受到"一条龙、一站式"综合政务服务，花都区政务服务绿色金融街分中心按照高起点、高标准、高效能进行设计和建设，提供包括企业商事登记、税务综合服务以及人才落户等行政审批事项和公共服务事项的便捷措施。

截至 2019 年 6 月底，广州绿色金融街进驻绿色机构和企业 228 家，注册资本金 136 亿元，其中：金融、类金融及金融相关机构共 102 家，占比 45%；其他绿色企业 126 家，占比 55%；实地办公企业 133 家，占比 58%；经营规模超过 1 亿元的企业 24 家，年纳税额超千万元的企业 5 家。截至 2020 年底，广州绿色金融街已进驻企业 303 家，注册资本金规模达到 272.37 亿元。

## 6.3.2 银行绿色金融专营组织建设

《广东省广州市建设绿色金融改革创新试验区实施细则》明确提出，支持在粤银行机构特别是法人银行机构设立绿色金融事业部、绿色分行或绿色支行等绿色金融专营机构，支持金融机构将试验区内已设立的分支机构升格为绿色分行。

广东省银行金融机构体系完善，三大政策性商业银行、六大国有商业银行、12 家全国性股份制商业银行均在广州、深圳两地设立了分行机构，主要的外资银行也纷纷设立了分行和代表处，此外，还有城市商业银行和农村中小金融机构。银行机构体系完善、营业网点众多，为广东银行绿色金融专营组织建设提供了良好的市场环境。

在政策指导下，花都核心区率先开始绿色金融专营机构建设。早在 2018 年 7 月，中国银行、中国建设银行、中国工商银行将花都支行升格为广州绿色金融改革创新试验区花都分行，成为广州首批绿色分行。其中，建设银行还在花都区设立了全国首家绿色金融创新中心。2019 年，中国农业银行和交通银行花都支行也升格为绿色分行，中国邮政储蓄银行将花都支行定为绿色金融创新试点支行。兴业银行、广州银行、浦发银行均设立了绿色金融事业部。

与此同时，花都试验区的银行业机构积极建立健全绿色信贷考核机制。建设银行花都分行设立广州市绿色信贷经营中心，建立绿色信贷经营机制，首创绿色金融客户经理考核序列；工商银行花都分行制定考核机制激励绿色金融发展，创新业务集中办理模式；广州银行制定绿色信贷指引，明确将绿色信贷落实在经营的各方面和全过程。截至 2019 年 5 月底，花都区已有 14 家银行机构制定了绿色信贷经营、考核办法。

2020 年 10 月，兴业银行广州开发区绿色创新特色支行成立，希望通过综合运用行内丰富的绿色金融集团化产品体系和绿色创新业务，为开发区内的绿色企业和项目提供专业、高效、创新、优惠的绿色金融综合服务。

肇庆市也积极参与银行绿色专营组织建设：2017年8月10日，肇庆市四会农商行成立了绿色金融事业部，是省内农合机构首个绿色金融事业部。2021年5月25日，工商银行四会绿色支行在肇庆市更名成立，是全省除广州绿色金融改革创新试验区以外的首家绿色支行，也是全省首家县级市"绿色支行"。

## 6.3.3 非银行绿色金融专营组织建设

《广东省广州市建设绿色金融改革创新试验区实施细则》提出，支持证券、基金、保险、金融租赁、资产管理公司等金融机构和金融控股集团、地方资产管理公司在广州探索设立绿色金融事业部或专业子公司。

广东省金融业发达，证券、期货、保险、基金、信托等非银行金融机构体系健全，还拥有众多的中外资保险机构、信托公司和金融投资及租赁公司，使得广东在非银行绿色金融专营组织建设方面具有优势。目前，广州绿色金融改革创新试验区内已成立了专门的金融投资公司和基金管理公司专营绿色金融业务，广东省内也有一些保险公司、信托公司、金融租赁公司也设立了绿色金融事业部。

广东省绿色金融投资控股集团有限公司（简称"绿金控"），成立于2015年12月，是由广州金融控股集团有限公司和花都区政府共同出资成立的综合性绿色金融投资控股集团，公司注册资本25亿元，业务范围涵盖投资、基金、商业保理、融资租赁、资产管理等领域。绿金控是广东省承接国家级绿色金融改革创新试验区建设的重要载体，以服务广州地区绿色金融发展为基础，立足花都、面向广州、辐射全国，综合运用各类金融工具助力城市绿色转型，提升金融服务实体经济能力。绿金控成立以来，综合运用各种金融工具，积极投入绿色交通、绿色农业、绿色建筑以及传统企业绿色升级等领域，凭借在绿色金融领域的努力和成果，荣获"2019最具成长性绿色金融服务平台"奖项。

广州花都基金管理有限公司，成立于2016年，注册资本2亿元，是由广州金控基金管理有限公司和广州市花都区公有资产投资控股总公司共同出资成立的金融投资企业，是广州市第一支落地的区级基金。根据花都区政府产业规划，花都基金开展产业引导投资和支持地方基础设施建设，整合区域金融资源，助力花都区经济发展、区域服务经济转型升级，重点投向符合政策导向、行业前景好、增值空间大的各类企业；主要为产业直投以及PPP基金项目，运作方式包括通过吸引社会资本共同发起设立股权投资企业，进行引导基金投资，以及以股权投资的方式直接投向政府扶持的企业和项目，如生物医药和大健康、新能源、新材料、航空产业、高端智能装备制造、环保节能、低碳循环、文化旅游、汽车制造、电子产品、重大装备等优势产业，以及新一代信息技术、新材料与高端制造、时尚创意、新能源汽车等工业2.5产业和新兴产业。此外，还通过募集社会资本的方式投资于城市基础设施建设、三旧改造、城区扩容提质等。

广东粤财信托有限公司成立于1984年12月，是广东省唯一省属国有信托机构，主要经营各类资金和资产信托、企业资产重组、并购及项目融资、理财及顾问业务，以及投资基金业务。自2008年起，粤财信托在绿色金融领域进行了一系列探索：受托管理广东亚行节能减排专项贷款、参与云浮氢能产业投资项目、支持广州增城低碳总部园区建设。2019年初粤财信托成立了绿色金融部，业务方向聚焦于绿色金融，负责绿色金融相关的信托项目投融资和管理服务，并作为行业特色和政府支持业务的专业化服务试验田。

在粤港澳大湾区建设蓝图下，广州市绿色金融改革创新试验区积极探索与港澳地区合作模式，全力推进绿色金融交流合作，共建粤港澳绿色金融核心圈。根据相关政策，鼓励港澳地区金融机构在花都区设立分支机构或成立合资证券、基金、期货和保险公司。

## 6.3.4 绿色金融市场体系及平台建设

作为经济金融发达的地区，广东省金融市场体系完善，拥有证券交易所、股权交易中心、碳排放权试点中心，为区域内绿色金融市场发展提供了良好的平台基础。

深圳证券交易所（简称"深交所"）成立于1990年12月1日，以建设中国多层次资本市场体系为使命，全力支持中国中小企业发展。2004年5月，中小企业板正式推出；2006年1月，中关村科技园区非上市公司股份报价转让开始试点（"新三板"）；2009年10月，创业板正式启动。上海证券交易所南方中心（简称"上交所南方中心"），2019年3月1日正式揭牌落户广州，以服务粤港澳大湾区国家战略和金融供给侧结构性改革为宗旨，为广东、福建、海南等南方地区提供资本市场相关服务，助力企业对接科创板。

截至2021年7月，广东辖区（不含深圳）拥有证券公司6家、基金公司5家、期货公司8家、上市公司共370家，总市值58528.24亿元；新三板挂牌企业665家，发行股票筹资14.49亿元。同期深圳辖区拥有证券公司22家、基金管理公司32家、期货公司14家，上市公司358家，其中，中小企业板208家，创业板123家，科创板27家，总市值86692.39亿元，全国中小企业股份转让系统挂牌公司381家。

广东股权交易中心，2017年在原广东金融高新区股权交易中心、原广州股权交易中心的基础上新组建而成，是广东省（深圳市除外）唯一合法的区域性股权市场运营机构，为广东省重大的地方金融基础设施平台、广东省重要的中小微企业综合金融服务平台。

花都区人民政府与广州股权交易中心合作共建广州股权交易中心"绿色环保板"，2018年6月11日正式开业运营，旨在发挥区域性股权市场的综合金融服务功能，支持一批绿色环保企业利用多层次资本市场转型升级、加快发展，扎实推进广东省绿色金融改革创新试验区建设，建立健全绿色金融服务体系。"绿色环保板"首批挂牌企业达50家、注册资本金规模约6.3亿元，企业主要分布在广州、深圳、珠海等全省13个地区。

深圳排放权交易所，成立于2010年9月30日，是全国首批温室气体自愿减排交易机构，也是深圳是范围内唯一指定从事排放权交易的专业化平台和服务性机构。2013年6月18日，深圳排放权交易所开市交易，成为全国7个试点地区中第一个启动碳交易的交易平台。市场启动之初纳入管控行业主要为电力、水务、燃气、大型公共建筑、制造业等，后扩展至公共交通、机场、码头行业等。2014年8月，深排所获得国家外汇管理局批准，成为国内首个允许境外投资者参与的碳交易平台，且境外投资者参与深圳碳市场不受额度和币种限制。深圳排交所启动碳交易以来，通过规范的交易制度，扎实的碳交易创新与研发能力，高效、完善的会员服务及风控体系持续保障碳交易公平、公正、平稳运行，现已有2000余家境内外会员机构在排交所开展碳交易及相关业务，为碳交易顺利开展提供了坚实的市场基础。

广州碳排放权交易所（简称"广碳所"），2012年9月正式挂牌成立，是国家级碳交易试点交易所和广东省政府唯一指定的碳排放配额有偿发放及交易平台。2013年1月广碳所成为国家发改委首批物价国家温室气体自愿减排交易机构之一，2013年12月广碳所正式上市交易。初期纳入碳排放控制范围的是电力、钢铁、石化、水泥四大行业，随后纳入了民航和造纸两大行业，六大行业占全省碳排放量的60%以上。广碳所交易的碳排放权产品包括三种：广东碳排放配额（GDEA）、国家核证自愿减排量（CCER）、省级碳普惠制核证资源减排量（PHCER），是全国唯一采用碳排放配额有偿分配的试点。2015年广碳所完成国内第一单CCER线上交易，完善了碳排放配额履约机制；同年还发布了广东碳排放权交易个人开户指引。广碳所碳交易启动后，通过一系列制度建设和产品创新，保证了广东碳市场的健康快速发展，碳交易规模和成交额持续位居全国前列。此外，广碳所在碳交易相关研究方面也做了大量工作。2018 年发布了中国碳市场 100 指数，及时反映企业绿色发展与股价的相关性，实现了碳交易市场、管控企业股票市场的跨市场联动，填补了国际同类指数的空白。

广州期货交易所，2021 年 4 月 19 日在广州市南沙新区揭牌成立，是在《粤港澳大湾区发展规划纲要》《关于金融支持粤港澳大湾区建设的意见》政策支持下建立的创新型期货交易所，也是我国第一家混合所有制的交易所，股东包括证监会管理的 4 家期货交易所、平安保险、广东珠江投资、广州金控、香港交易及结算所。广期所设立以来就自带绿色低碳基因，希望打造碳排放权期货交易平台，目前正在积极推进品种研发工作。

## 6.4 广东省绿色金融业务发展状况

### 6.4.1 绿色信贷业务

广东是金融大省，银行业发达，银行业资产规模、各项存款余额和贷款余额等主要经营指标稳居全国第一。近年来随着绿色经济的发展，广东省绿色信贷业务发展迅速，具体如图 6-2 所示。

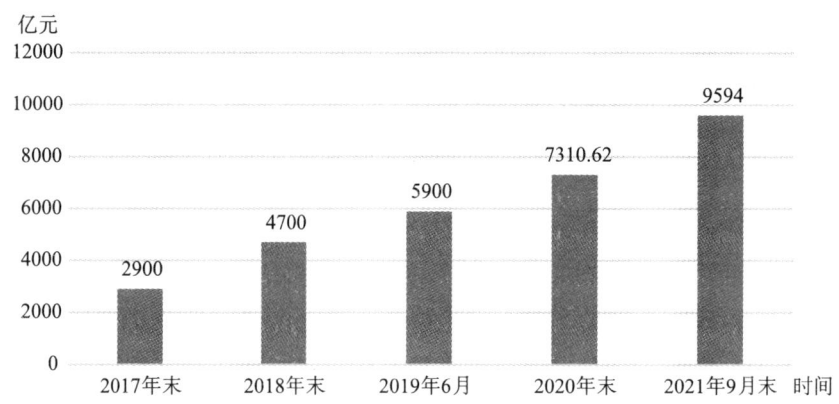

图 6-2　2017—2021 年广东省（不含深圳）绿色信贷余额

注：数据来源于广东省银保监局。

根据银保监局数据，2017年末，广东辖内（不含深圳）绿色信贷余额约2900亿元；2018年，广东辖内绿色信贷余额增至4700亿元；2019年6月末，广东辖内绿色信贷余额达到5900亿元；2020年末，广东辖内绿色信贷约达到7310.62亿元；截至2021年9月末，广东辖内绿色信贷余额达到9594亿元。如将深圳市纳入，截至2021年3月，广东省绿色信贷余额为11062亿元，首次破万亿元。

广东省绿色信贷的投向多元化，截至2020年末，广东辖内（不含深圳）主要银行机构绿色信贷余额7310.62亿元，其中：航空、高铁、地铁、城市轨道、高快速路网、港口等绿色交通运输项目绿色贷款是主力军，贷款余额为2426.19亿元，占绿色信贷余额的33.19%；环境治理和生态振兴领域绿色贷款也大幅增加，垃圾处理及污染防治项目贷款余额652.06亿元，自然保护、生态修复及灾害防控项目贷款余额达113.22亿元，两项合计占绿色信贷余额的10.47%；此外，投向新能源汽车行业贷款增加，贷款余额65.60亿元。

广州市绿色金融改革创新试验区成立以来，广州市和花都区银行业绿色信贷规模发展迅速，详见图6-3。

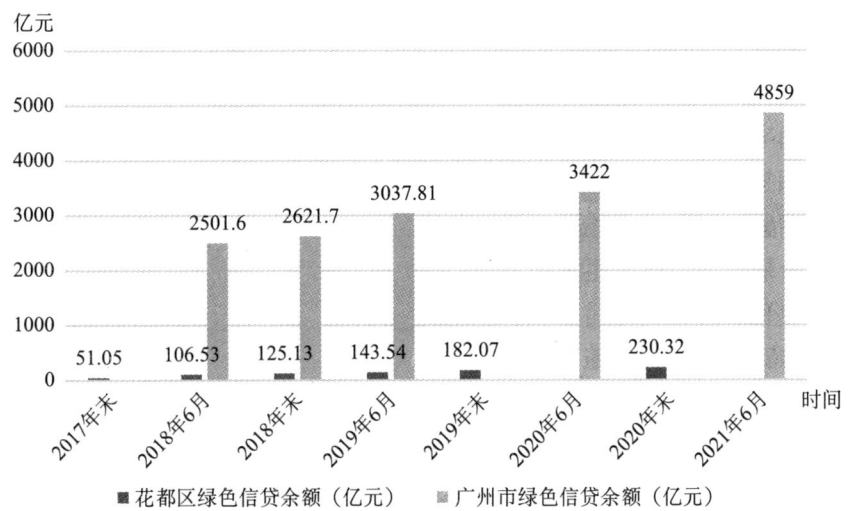

图6-3 2017—2021年广州市和花都区绿色信贷余额

注：数据根据公开资料整理。

2017年6月，广州市银行业绿色信贷余额不足2000亿元；截至2018年底，广州市绿色信贷余额达到2621.7亿元；截至2019年6月末，广州市绿色信贷余额达到 3037.81 亿元；截至 2020 年 6 月末，广州市绿色信贷余额约 3422 亿元；截至 2021 年 6 月，广州市绿色信贷余额接近 5000 亿元，占广东省（不含深圳）绿色信贷余额的一半以上。

花都区作为广州绿色金融改革创新试验区的核心区，绿色信贷余额规模增长迅速：2017 年末，花都区绿色信贷余额仅 51.05 亿元；截至 2018 年末，花都区绿色信贷余额 125.13 亿元；截至 2019 年末，花都区绿色信贷余额 182.07 亿元；截至 2020 年末，花都区绿色信贷余额 230.32 亿元。

在绿色信贷产品创新方面，国有商业银行、股份制商业银行在花都区的分支行是产品创新的主力军，各银行紧跟政策导向、了解市场需求，不断推出多种多样的绿色信贷产品，具体如表 6-3 所示。

表 6-3 广东绿色信贷创新产品

| 信贷产品 | 贷款机构 | 典型案例 |
| --- | --- | --- |
| "公交电动化"项目贷款 | 中国银行花都分行、建设银行花都分行、广州银行花都支行 | 广州市公交集团"公交电动化"银团贷款 |
| | 浦银金融租赁公司 | 花都"公交电动化"融资 |
| | 国银金融租赁公司 | 深圳新能源大巴融资 |
| 汽车供应链融资 | 工商银行花都分行 | 东风日产供应链融资 |
| | 建设银行花都分行 | 东风日产网络供应链"e销通" |
| 垃圾处理融资 | 中国农业发展银行广东省分行、广州银行 | 广州第五资源热力电厂项目融资 |
| | 广州银行花都支行 | 广州东部固体资源再生中心的生物质综合处理项目融资 |
| 绿色"电桩融" | 建设银行花都分行 | "电桩融"质押贷款 |
| 产业绿色化升级改造贷款 | 工商银行花都分行 | 广州和信实业公司绿色转型升级贷款 |
| | 广州农商行花都支行 | 广东世腾环保包装科技有限公司绿色技改贷 |
| | 建设银行花都分行 | 国光电器股份有限公司电子产业园区升级贷款 |
| 排污权质押融资 | 建设银行广州分行、工商银行广州分行 | 广州禾信仪器股份有限公司鞍钢联众（广州）不锈钢有限公司排污权质押贷款 |

续表

| 信贷产品 | 贷款机构 | 典型案例 |
| --- | --- | --- |
| 其他绿色信贷产品 | 农业银行花都分行 | "政银保（担）"合作农业贷款 |
| | 工商银行花都分行 | "税易通"信用贷款 |
| | 建设银行花都分行 | "抵押快贷"产品 |
| | 兴业银行深圳分行 | 绿色"抗疫贷" |
| | 兴业银行广州分行 | 绿色"保险贷" |

注：根据公开资料整理。

（1）"公交电动化"项目贷款

2018年广州市推出"公交电动化"环保工程和惠民工程，中国银行花都分行、建设银行花都分行、广州银行花都支行共同为广州市公交集团公交车纯电动化项目提供了54亿元基准利率绿色信贷支持，用于广州市公交集团更新9000多辆纯电动公交车，每年可减排二氧化碳超过65万吨，广州市也因该项目获评C40城市气候领导联盟市长峰会城市"绿色技术"奖项。

广州银行创新开展"绿色租融保"业务，采用一次性买断租赁公司对公交企业的应收账款，并利用其海外分支机构低成本融资优势，开展跨境融资业务，为广州新能源公交汽车置换提供融资解决方案。浦银金融租赁股份有限公司为广州花都公共汽车公司采购100台纯电动公共汽车提供了7600万元融资服务。国银金融租赁有限公司先后与深圳市东部公共交通有限公司、深圳巴士集团股份有限公司等多家公交企业开展新能源大巴租赁业务，为其提供融资支持，累计授信额度达43.6亿元。

（2）汽车供应链融资

东风日产是花都区重要的汽车生产商，2017年通过工信部"绿色制造工厂"认证，成为全国首批国家绿色制造工厂，2018年获广州市"绿色工厂"称号，2021年入选国有重点企业管理标杆创建行动标杆企业名单。为解决东风日产经销商融资难、融资贵的困境，改善企业销售回款状况，助力企业新能源汽车研发和生产，工商银行花都分行为企业量身定制了供应链融资方案：东风日产将订单信息流传递到工行花都分行，经销商凭订单向工行花都分行申请融资，再由工行花都分行转化为资金流到东风日产账户扣款发车，东风日产向工行花都分行指定仓储和人员发车和合格证，经销商销售车辆产生资金流申请赎车和还贷，工行花都分行将放车通知信息流传递到指定人员，最后物流交付车辆。工行花都绿色分行累计为东风日产办理汽车供应链融资29418笔，总金额683亿元。

建设银行花都分行也推出了围绕东风日产供应链的网络供应链"e销通"业务,成为首家与东风日产进行系统直联并实现供应链业务全流程线上投放落地的商业银行。

2020年7月23日,广州举办"绿色金融支持广东汽车产业链平稳发展暨绿色供应链融资项目推进会",进一步推动汽车供应链绿色融资。2020年12月,兴业银行广州分行参照广东省绿金委发布的《大湾区绿色供应链金融服务指南(汽车制造业)》相关认证标准,为广州开发区一家重点汽车装备制造企业提供绿色供应链融资授信额度1.5亿元,是开发区首笔汽车行业绿色供应链金融业务。

(3)垃圾处理融资

花都区广州第五资源热力电厂采用垃圾焚烧发电的环保技术,形成"垃圾回收——垃圾处理——热力发电——污水处理"的绿色生态链。针对这一绿色公共项目,花都区政府和银行创新融资模式:公司与政府签订政府购买服务协议,公司以自身运营发电收入来确定未来收益权作抵质押物获取银行信贷资金,由中国农业发展银行广东省分行给予15年期金额11亿元的优惠利率贷款,解决项目主要建设资金问题,广州银行辅助提供5.96亿元的商业性贷款;区财政对该项目绿色贷款给予1%补贴,每年最高补贴100万元。该融资模式创新,既满足了广州第五资源热力电厂项目建设资金需求,所获贷款资金充足且成本低,又能形成有效覆盖贷款本息的未来收益,银行信贷不存在风险敞口,化解了银行信贷支持的风险担忧,实现了绿色公共项目经济效益、社会效益和环境效益相统一的可持续发展。另外,在垃圾处理融资方面,广州银行花都支行对广州东部固体资源再生中心的生物质综合处理项目提供了授信,工行广东分行对广州东部固体资源再生中心(萝岗福山循环经济产业园)污水处理厂项目提供了授信。

(4)绿色"电桩融"

针对新能源汽车充电站因客户体量小、资金回收周期长等原因难以获得金融支持的情况,建设银行花都分行创新推出首个针对充电站的"电桩融"融资产品,将充电站的运营收费权作为质押品,根据企业结算、纳税、代发工资、缴纳租金等大数据分析,给予充电站信用贷款,从而推动充电站建设,以满足新能源汽车增加的需求。

(5)产业绿色化升级改造贷款

为支持传统产业绿色化转型升级,引导金融资源从"两高一剩""低小散乱"等落后产能领域有序退出,加快老旧工业园区升级改造,为新兴产业发展腾出空间，花都区银行机构增加绿色化改造项目的信贷投放，仅2018年花都区主要银行机构投放支持绿色化改造项目贷款超过22亿元，共86个项目。

工商银行花都分行支持广州和信实业公司从摩托车零部件生产向新能源汽车配件生产转型，提供了3000万元绿色信贷。广州农商银行花都支行支持广东世腾环保包装科技有限公司升级技术、减少污染，发放了5000万元技术升级改造贷款。建设银行花都分行支持国光电器股份有限公司将传统电子产业园区改造升级为集智能电子、大数据、人工智能、智能制造、新能源五大产业于一体的绿色产业价值创新园区，累计发放4.4亿元的基准利率绿色贷款。

（6）排污权质押融资

为促进企业控制污染排放、推动产业转型升级和可持续发展，2020年3月31日，广东省环境权益交易所有限公司分别与建设银行广州分行、工商银行广州分行签署了各100亿元战略授信合作协议，为合法排污、节能环保企业提供共200亿元排污权质押融资支持。广州禾信仪器股份有限公司、鞍钢联众（广州）不锈钢有限公司分别从建设银行开发区支行、工商银行黄埔支行获得排污权质押贷款，金额合计4000万元，是广东省首批排污权质押融资。

（7）其他绿色普惠贷创新产品

为满足三农融资需求，农业银行花都分行与花都区政府、广东省农业信贷担保有限责任公司签订"政银保（担）"合作协议书，开办"政银保（担）"合作农业贷款。由客户向区"政银保（担）"办公室申请，采取"政策性担保公司+银行"的政府增信模式，以较低利率为广州宝旺食品公司发放了200万元流动资金贷款。

针对部分中小企业无抵质押物的难题，工商银行花都分行推出"税易通"信用贷款产品，累计为553户中小企业提供2.07亿元的绿色信用贷款。针对中小绿色企业融资需求急迫的特点，建设银行花都分行推出针对中小企业的线上随借随还"抵押快贷"产品，1天内可申请审批放款，2018年利用该产品共向811户中小企业发放贷款超过11亿元。

针对东江环保股份有限公司投身疫情防控医疗废物收运处置产生的融资需求，2020年2月，兴业银行深圳分行发放了4亿元绿色"抗疫贷"，专项用于医疗废弃物处置。2020年3月，兴业银行深圳分行向深圳达实智能股份有限公司发放4500万元绿色"抗疫贷"，为企业参与抗疫亿元智能设备建设提供专项资金支持。此外，2020年12月，兴业银行广州分行为花都区绿色企业广州德恒汽车装备科技有限公司发放 300 万元绿色保险贷。

## 6.4.2 绿色债券业务

自 2016 年 1 月兴业银行发行首单绿色金融债以来，我国绿色债券市场呈爆发式增长。广东作为经济金融发达地区，绿色债券市场的发展走在全国前列。根据中国金融信息网绿色债券数据和联合资信数据，2016 年至 2021 年 9 月，广东绿色债券发行数量共 84 只，总金额为 1094.9 亿元。广东省绿色债券种类结构如图 6-4 所示。

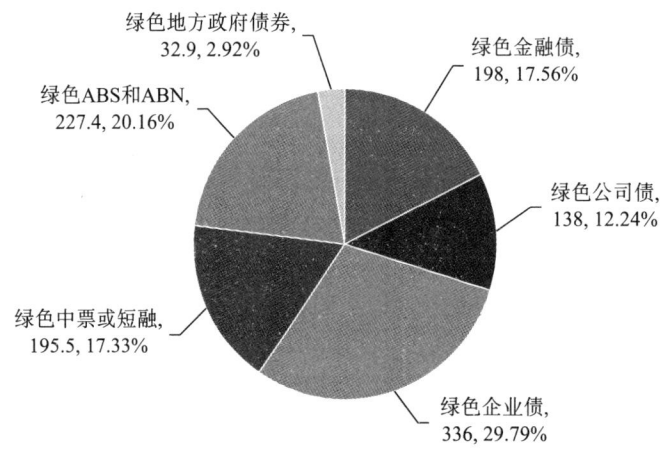

**图 6-4 广东省绿色债券种类分布（2016—2021.9）**

注：根据中国金融信息网绿债数据库和联合资信数据整理。

绿色企业债总金额为 336 亿元，占比 29.79%，位居榜首；绿色资产证券化产品总金额为 227.4 亿元，占比为 20.16%，排名第二；绿色金融债、绿色中票或短融规模均接近 200 亿元，占比分别为 17.56% 和 17.33%，排在第三和第四位；绿色公司债总金额 138 亿元，占比为 12.24%，排在第五位；绿色地方政府债券占比为 2.92%，排在最后。

广东绿色企业债发行概况如表 6-4 所示。省内共发行 26 只绿色企业债，金额总计 336 亿元。广州地铁集团有限公司是数量最多、规模最大的发行主体，共发行 8 只合计 150 亿元绿色企业债；广业集团有限公司、广州水务投资集团有限公司位居第二和第三，各发行 3 只绿色企业债，金额分别为 37 亿元、31 亿元；深圳能源集团有限公司、广州发展集团股份有限公司、比亚迪股份有限公司绿色企业债发行规模均超过了 20 亿元。总体来看，发行主体主要是地方国有企业，12 个发行主体中只有 4 家民营企业；债券期限多为 5～7 年；债券评级高，评级为 AAA 的有 22 只。

表 6-4　　　　　　　广东绿色企业债（2016—2021 年）

| 债券简称 | 发行单位 | 发行额（亿元） | 期限（年） | 票面利率 | 发行日期 | 债券评级 |
| --- | --- | --- | --- | --- | --- | --- |
| 16 格林绿色债 | 格林美股份有限公司 | 5 | 7 | 4.47% | 2016-10-28 | AA |
| G17 发展 1/17 广州发展绿色债 01 | 广州发展集团股份有限公司 | 24 | 5 | 4.94% | 2017-9-5 | AAA |
| G18 广业 1/18 广业绿色债 01 | 广东省广业集团有限公司 | 9 | 7 | 5.08% | 2018-4-27 | AAA |
| G18 树业/18 树业环保绿色债 | 树业环保科技股份有限公司 | 2 | 4 | 7.5% | 2018-8-10 | AAA |
| 18 广业绿色债 02 | 广东省广业集团有限公司 | 10 | 7 | 4.98% | 2018-8-14 | AAA |
| 18 亚迪 G1/18 亚迪绿色债 01 | 比亚迪股份有限公司 | 10 | 5 | 4.98% | 2018-12-19 | AAA |
| G19 广铁 1/19 广铁绿色债 01 | 广州地铁集团有限公司 | 30 | 5 | 3.9% | 2019-1-16 | AAA |
| G19 水投 1/19 广水投绿色债 01 | 广州市水务投资集团有限公司 | 16 | 10 | 4.02% | 2019-1-22 | AAA |
| 19 深能 G1/19 深圳能源绿色债 01 | 深圳能源集团股份有限公司 | 16.5 | 10 | 4.05% | 2019-2-22 | AAA |
| 19 木森 G1/19 木林森绿色债 01 | 木林森股份有限公司 | 2 | 5 | 7% | 2019-6-3 | AA |
| 19 亚迪 G1/19 亚迪绿色债 01 | 比亚迪股份有限公司 | 10 | 5 | 4.86% | 2019-6-12 | AAA |
| 19 深能 G2/19 深圳能源绿色债 02 | 深圳能源集团股份有限公司 | 11.5 | 10 | 4.15% | 2019-6-24 | AAA |
| G19 广铁 2/19 广铁绿色债 02 | 广州地铁集团有限公司 | 20 | 5 | 3.58% | 2019-7-15 | AAA |
| G19 广铁 3/19 广铁绿色债 03 | 广州地铁集团有限公司 | 20 | 5 | 3.4% | 2019-8-30 | AAA |
| G19 水投 2/19 广水投绿色债 02 | 广州市水务投资集团有限公司 | 10 | 10 | 3.95% | 2019-12-4 | AAA |

续表

| 债券简称 | 发行单位 | 发行额（亿元） | 期限（年） | 票面利率 | 发行日期 | 债券评级 |
|---|---|---|---|---|---|---|
| G19 珠 Y1/19 港绿 01 | 珠海港控股集团有限公司 | 6 | 3+N | 5.48% | 2019-12-13 | AA+ |
| G19 广铁 4/19 广铁绿色债 04 | 广州地铁集团有限公司 | 15 | 5 | 3.53% | 2019-12-17 | AAA |
| G20 广铁 1/20 广铁绿色债 01 | 广州地铁集团有限公司 | 15 | 5 | 3.72% | 2020-1-8 | AAA |
| G20 广铁 2/20 广铁绿色债 02 | 广州地铁集团有限公司 | 20 | 7 | 3.6% | 2020-3-6 | AAA |
| G20 广铁 3/20 广铁绿色债 03 | 广州地铁集团有限公司 | 15 | 3 | 2.5% | 2020-5-25 | AAA |
| 20 广水投绿色债 01 | 广州市水务投资集团有限公司 | 5 | 5+5 | 4% | 2020-8-12 | AAA |
| G20 广业 1/20 广业绿色债 01 | 广东省广业集团有限公司 | 18 | 5+2 | 4.03% | 2020-8-17 | AAA |
| 20 广州公交绿色债 | 广州市公共交通集团有限公司 | 17 | 3+3 | 3.88% | 2020-9-17 | AAA |
| 20 广铁绿色债 04 | 广州地铁集团有限公司 | 15 | 3 | 3.6% | 2020-12-7 | AAA |
| 21 港绿 01 | 珠海港控股集团有限公司 | 4 | 3+N | 5.5% | 2021-4-20 | AA+ |
| 21 粤能 01/21 广东能源债 01 | 广东省能源集团有限公司 | 10 | 3 | 3.45% | 2021-4-23 | AAA |

注：根据中国金融信息网绿债数据库和联合资信数据整理。

广东绿色金融债发行概况如表 6-5 所示。省内 6 家发行主体共发行了绿色金融债 14 只，总金额为 198 亿元。广州银行 2019 年发行了 50 亿元绿色金融债，创单只发行规模最高；广东华兴银行股份有限公司共发行 3 只绿色金融债，合计 50 亿元；东莞银行股份有限公司共发行 2 只绿色金融债，合计 40 亿元。排名后四位的依次为东莞农村商业银行股份有限公司、南海农村商业银行股份有限公司、顺德农村商业银行股份有限公司、四会农村商业银行股份有限公司，发行规模分别为 30 亿元、15 亿元、10 亿元、3 亿元。绿色金融债发行期限都是 3 年；债券评级有 9 只 AAA 级。

表6-5　　　　　　　广东绿色金融债（2016—2021年）

| 债券名称 | 发行单位 | 发行额（亿元） | 期限（年） | 票面利率 | 发行日期 | 债券评级 |
| --- | --- | --- | --- | --- | --- | --- |
| 16华兴银行绿色金融债 | 广东华兴银行股份有限公司 | 10 | 3 | 3.98% | 2016-12-19 | AA+ |
| 17南海农商绿色金融01 | 广东南海农村商业银行股份有限公司 | 3 | 3 | 4.69% | 2017-8-15 | AAA |
| 17华兴银行绿色金融01 | 广东华兴银行股份有限公司 | 20 | 3 | 5% | 2017-8-23 | AA+ |
| 17东莞银行绿色金融01 | 东莞银行股份有限公司 | 20 | 3 | 4.75% | 2017-9-8 | AAA |
| 18四会农商绿色金融01 | 广东四会农村商业银行股份有限公司 | 1 | 3 | 6.1% | 2018-4-10 | A+ |
| 18南海农商绿色金融01 | 广东南海农村商业银行股份有限公司 | 6 | 3 | 4.87% | 2018-6-4 | AAA |
| 18华兴银行绿色金融01 | 广东华兴银行股份有限公司 | 20 | 3 | 4.8% | 2018-8-17 | AA+ |
| 18东莞银行绿色金融01 | 东莞银行股份有限公司 | 20 | 3 | 4.39% | 2018-8-22 | AAA |
| 19东莞农商绿色金融01 | 东莞农村商业银行股份有限公司 | 20 | 3 | 3.5% | 2019-1-21 | AAA |
| 19南海农商绿色金融01 | 广东南海农村商业银行股份有限公司 | 6 | 3 | 3.62% | 2019-3-19 | AAA |
| 19四会农商绿色金融01 | 广东四会农村商业银行股份有限公司 | 2 | 3 | 4.3% | 2019-3-28 | A+ |
| 19广州银行绿色金融债 | 广州银行股份有限公司 | 50 | 3 | 3.65% | 2019-4-12 | AAA |
| 20东莞农商绿色债01 | 东莞农村商业银行股份有限公司 | 10 | 3 | 3.75% | 2020-11-27 | AAA |
| 21顺德农商绿色金融债01 | 广东顺德农村商业银行股份有限公司 | 10 | 3 | 3.56% | 2021-3-10 | AAA |

注：根据中国金融信息网绿债数据库和联合资信数据整理。

广东省绿色公司债发行概况如表6-6所示。省内8个发行主体共发行绿色公司债13只，金额合计138亿元。东江环保股份公司2017年发行了6亿元绿色公司债，是广东省内首单绿色公司债。深圳市地铁集团有限公司2020—2021年共发行了4只绿色公司债，金额合计55亿元，发行规模排名第一；深圳高速公路股份有限公司发行了两只、金额合计20亿元的绿色公司债，排名第二。2021年珠海华发集团有限公司、深圳顺丰泰森控股（集团）有限公司绿色公司分别发行了10亿元、5亿元的专项碳中和绿色公司债。绿色公司债期限5年期为主，债券评级高，只有2只不是AAA。

表6-6　　　　　　　　广东绿色公司债（2017—2021年）

| 债券简称 | 发行单位 | 发行额（亿元） | 期限（年） | 票面利率 | 发行日期 | 债券评级 |
|---|---|---|---|---|---|---|
| 17东江G1 | 东江环保股份有限公司 | 6 | 3 | 4.9% | 2017-3-9 | AA+ |
| 17深能G1 | 深圳能源集团股份有限公司 | 10 | 5 | 5.25% | 2017-11-21 | AAA |
| G18华综1 | 珠海华发综合发展有限公司 | 10 | 5 | 5.27% | 2018-3-28 | AAA |
| G18绿园1 | 中国葛洲坝集团绿园科技有限公司 | 12 | 5 | 4.74% | 2018-9-18 | AAA |
| 20深铁G2 | 深圳市地铁集团有限公司 | 15 | 3 | 2.9% | 2020-3-9 | AAA |
| 20深铁G3 | 深圳市地铁集团有限公司 | 10 | 1 | 2.54% | 2020-3-20 | A- |
| 20穗环G1 | 广州环保投资集团有限公司 | 10 | 3+N | 3.9% | 2020-7-29 | AAA |
| 20深铁G4 | 深圳市地铁集团有限公司 | 20 | 5 | 4.08% | 2020-9-24 | AAA |
| G20深高1 | 深圳高速公路股份有限公司 | 8 | 5 | 3.65% | 2020-10-22 | AAA |
| 21深铁G1 | 深圳市地铁集团有限公司 | 10 | 3 | 3.5% | 2021-3-1 | AAA |
| 21珠华G1（碳中和） | 珠海华发集团有限公司 | 10 | 5 | 4.34% | 2021-3-10 | AAA |
| G21深高1 | 深圳高速公路股份有限公司 | 12 | 3+2 | 3.49% | 2021-4-19 | AAA |
| 21顺丰G1（碳中和） | 深圳顺丰泰森控股（集团）有限公司 | 5 | 3 | 3.79 | 2021-4-23 | AAA |

注：根据中国金融信息网绿债数据库和联合资信数据整理。

广东省绿色中期票据和短期融资工具发行概况如表6-7所示。省内共发行了 17 只绿色中期票据和 3 只绿色超短期融资券。广州越秀集团有限公司 2018 年 3 月发行了内地造纸行业首单绿色中票，募集资金 20 亿元；此后，越秀集团又发行 3 只绿色中票，总规模 37 亿元，2021 年发行的绿色中票是市场首单同时贴标革命老区振兴发展债、专项乡村振兴债和绿色债券的"三标"债务融资工具。明阳智慧能源集团股份公司 2018 年发行了广东省内首单民营企业绿色中票，规模 5 亿元。佛燃能源集团股份有限公司 2020 年发行了 1.5 亿元绿色中票，是佛山地区首单绿色中票和首单非金融企业绿色债券。深圳能源集团有限公司 2021 年发行了 30 亿元碳中和专项绿色中期票据，是省内单笔规模最大的绿色中期票据。深圳市地铁集团有限公司 2021 年发行了两期碳中和专项绿色中票，金额合计 25 亿元，还发行了一期绿色超短期融资券，金额为 15 亿元。广州地铁有限公司 2021 年发行了两期合计 40 亿元的绿色超短期融资券。绿色中票和短融的发行主体主要是地方性国有企业，12 家发行主体中只有 4 家民企，债券评级较高，只有 6 只非 AAA。

表 6-7　广东绿色中期票据和短期融资工具（2018—2021 年）

| 债券简称 | 发行单位 | 发行额（亿元） | 期限（年） | 票面利率 | 发行日期 | 债券评级 |
| --- | --- | --- | --- | --- | --- | --- |
| 18 越秀集团 GN001 | 广州越秀集团有限公司 | 20 | 5 | 5.48% | 2018-2-24 | AAA |
| 18 智慧能源 GN001 | 明阳智慧能源集团股份公司（中山） | 5 | 3 | 6.1% | 2018-4-27 | AA |
| 18 越秀集团 GN002 | 广州越秀集团有限公司 | 10 | 3 | 4.1% | 2018-8-30 | AAA |
| 19 越秀集团 GN001 | 广州越秀集团有限公司 | 7 | 5 | 3.78% | 2019-9-5 | AAA |
| 19 粤电开 GN001 | 广东省电力开发有限公司 | 2 | 3 | 3.78% | 2019-10-18 | AAA |
| 20 粤电开 GN001 | 广东省电力开发有限公司 | 3 | 3 | 2.6% | 2020-4-29 | AAA |
| 20 佛燃能源 GN001 | 佛燃能源集团股份有限公司 | 1.5 | 3 | 3.99% | 2020-11-19 | AA+ |
| 21 知识城 MTN001（碳中和债） | 知识城（广州）投资集团有限公司 | 5 | 3 | 3.75% | 2021-4-8 | AAA |
| 21 华发集团 GN001（碳中和债） | 珠海华发集团有限公司 | 3 | 3+2 | 4.17% | 2021-4-8 | AAA |

续表

| 债券简称 | 发行单位 | 发行额（亿元） | 期限（年） | 票面利率 | 发行日期 | 债券评级 |
| --- | --- | --- | --- | --- | --- | --- |
| 21深圳地铁MTN003（碳中和债） | 深圳市地铁集团有限公司 | 10 | 5 | 3.73% | 2021-6-22 | AAA |
| 21广州地铁SCP005（绿色） | 广州地铁集团有限公司 | 20 | 0.4932 | 2.46% | 2021-6-29 | AAA |
| 21瀚蓝MTN001（绿色） | 瀚蓝环境股份有限公司（佛山） | 3 | 3 | 3.59% | 2021-6-29 | |
| 21中山公用MTN001（绿色） | 中山公用事业集团股份有限公司 | 5 | 2 | 3.05% | 2021-7-21 | AA+ |
| 21中交城投MTN001（绿色） | 中交城市投资控股有限公司（广州） | 10 | 3 | 3.35% | 2021-7-21 | AA+ |
| 21广州地铁SCP006（绿色） | 广州地铁集团有限公司 | 20 | 0.4932 | 2.23% | 2021-7-23 | AAA |
| 21深能源MTN001（碳中和债） | 深圳能源集团股份有限公司 | 30 | 5 | 3.39% | 2021-7-28 | AAA |
| 21粤电开GN001（碳中和债） | 广东省电力开发有限公司 | 5 | 3 | 3.12% | 2021-8-4 | AAA |
| 21深圳地铁MTN004（碳中和债） | 深圳市地铁集团有限公司 | 15 | 5 | 3.3% | 2021-8-27 | AAA |
| 21越秀集团GN002（革命老区） | 广州越秀集团股份有限公司 | 6 | 5 | 3.37% | 2021-8-31 | AAA |
| 21深圳地铁SCP006（绿色） | 深圳市地铁集团有限公司 | 15 | 0.7315 | 2.35% | 2021-9-22 | |

注：根据中国金融信息网绿债数据库和联合资信数据整理。

广东省在绿色资产证券化方面也走在了前列（见表6-8）。共发行了3只绿色ABS产品和8只绿色ABN产品。广州地铁集团是领跑绿色资产证券化发行，发行了两只绿色ABN和两只绿色ABS产品，总规模高达99.07亿元；2019年1月，"广州地铁集团有限公司2019年度第一期绿色资产支持票据"成功发行，规模30亿元，是全国首单"三绿"（绿色发行主体+绿色资金用途+绿色基础资产）ABN；2019年3月，"广发恒进—广州地铁集团地铁客运收费收益权2019年第一期绿色资产支持专项计划"发行，规模31.58亿元，系全国首单以地铁客运收费收益权为基础资产的ABS，同时也是少有的"双绿"ABS（绿色主体+绿色基础资产）。广州公交集团也积极推出绿色资产证券化产品，2020年7月，"万联证券—广州公交票款收费收益权2020年第1期大湾区绿色资产支持专项计划"成功发行，规模10.50亿元，是国内首单"三绿"（绿色主体+绿色基础资产+绿色资金用途）公交票款ABS，也是粤港澳大湾区首单公交票款收费收益权ABS；2021年3月，"广州公交2021年度第一期大湾区绿色定向资产支持票据（碳中和债）"成功发行，规模13.5亿元，是全国首单碳中和绿色ABN，也是大湾区首单公交票款绿色ABN。此外，比亚迪、华润电力投资、华润融资租赁、南网融资租赁公司这些民营企业也进入了绿色资产证券化发行市场。

表6-8　　　　广东绿色资产证券化产品（2018—2021年）

| 债券名称 | 债券简称 | 发行单位 | 发行额（亿元） | 发行日期 |
| --- | --- | --- | --- | --- |
| 华润租赁有限公司2018年度第一期绿色资产支持票据 | 18华润租赁ABN001 | 华润租赁有限公司 | 13.47 | 2018-5-4 |
| 广州地铁集团有限公司2019年度第一期绿色资产支持票据 | 19广州地铁ABN001 | 广州地铁集团有限公司 | 30 | 2019-1-21 |
| 广州地铁集团有限公司2019年度第二期绿色资产支持票据 | 19广州地铁ABN002 | 广州地铁集团有限公司 | 20 | 2019-9-19 |
| 比亚迪股份有限公司2019年度第一期绿色定向资产支持票据 | 19比亚迪ABN001 | 比亚迪股份有限公司 | 37 | 2019-8-22 |
| 华润融资租赁有限公司2020年度第一期绿色资产支持票据 | 20华润租赁ABN001 | 华润融资租赁有限公司 | 17.81 | 2020-8-24 |
| 广州市公共交通集团有限公司2021年度第一期大湾区绿色定向资产支持票据（碳中和债） | 21广州公交ABN001（碳中和债） | 广州市公共交通集团有限公司 | 13.5 | 2021-3-23 |
| 华润电力投资有限公司2021年度第一期绿色定向资产支持票据（碳中和债） | 21华润电力ABN001（碳中和债） | 华润电力投资有限公司 | 20.05 | 2021-7-15 |

续表

| 债券名称 | 债券简称 | 发行单位 | 发行额（亿元） | 发行日期 |
|---|---|---|---|---|
| 南网融资租赁有限公司2021年度融资租赁第一期绿色资产支持商业票据（碳中和债） | 21南网租赁ABN001（碳中和债） | 南网融资租赁有限公司 | 16 | 2021-8-27 |
| 广发恒进—广州地铁集团地铁客运收费收益权2019年第一期绿色资产支持专项计划 | 广州地铁2019年第一期ABS | 广州地铁集团有限公司 | 31.58 | 2019-3-15 |
| 广发恒进—广州地铁集团地铁客运收费收益权2019年第二期绿色资产支持专项计划 | 广州地铁2019年第二期ABS | 广州地铁集团有限公司 | 17.49 | 2019-9-17 |
| 万联证券—广州公交票款收费收益权2020年第1期大湾区绿色资产支持专项计划 | 广州公交2020-1ABS | 广州市公共交通集团有限公司 | 10.5 | 2020-7-30 |

注：根据联合资信数据整理。

在绿色政府债券方面，广东省也有突破：2020年5月12日"2020年珠江三角洲水资源配置工程专项债券（绿色债券）"在深交所成功发行，金额为27亿元，期限为10年，发行利率为2.88%，是广东省政府发行的首只绿色政府专项债券，也是全国水资源领域首只绿色政府专项债券。

## 6.4.3 绿色基金业务

广东省绿色基金业务起步较早，2009年广东成立了国内首支科技金融相结合的"绿色产业投资基金"，规模为50亿元，含5000万元政府引导资金和49.5亿元，基金的投资方向主要是运用合同能源管理模式进行节能减排项目，或以该模式为经营手段的节能服务公司的项目股权，以及节能装备或新能源开发相关的高科技企业股权。

广州市绿色金融改革创新试验区成立以后，花都核心区积极设立绿色基金，包括一只规模2亿元的政府引导基金（即花都基金），一只规模1000万元的绿色产业担保基金，以及总规模41亿元的三个绿色发展基金，即空港产业投资基金、广州北站基金、绿色低碳发展基金。其中，花都区空港产业投资基金总规模20亿元，主要用于花都区基础设施建设，加快广东省内空港、旅游、文化、新能源等绿色产业投资，共同推动广州航空经济、绿色产业全面发展；广州北站基金总规模11亿元，主要用于解决广州北站项目融资难题，有效推动北站PPP项目下一步建设（见表6－9）。

表6－9　　　　　　　　　　广东主要绿色基金项目

| 绿色基金名称 | 基金规模（亿元） |
| --- | --- |
| 花都基金 | 2 |
| 绿色产业担保基金 | 0.1 |
| 空港产业投资基金 | 20 |
| 广州北站基金 | 11 |
| 绿色低碳发展基金 | 10 |
| 花都绿色发展基金 | 100 |
| 广东环保基金母基金 | 63 |
| 美丽乡村振兴发展产业投资基金 | 50 |

注：根据公开资料整理。

广东绿金控牵头在花都区设立规模为100亿元的花都绿色发展基金，助力试验区绿色产业发展。广东省财政出资20亿元设立政策性环保基金，广东省粤科金融集团有限公司与广东省建筑工程集团有限公司、广东平安银行广州分行共同发起广东环保基金母基金，总规模为63亿元，将主要参与PPP项目包的前期启动和发起设立子基金，旨在引导社会资本投向粤东西北生活垃圾处理及配套管网设施建设项目。恒建控股公司在花都区设立50亿元美丽乡村振兴发展产业投资基金，希望撬动社会资源强化绿色金融支农作用。

## 6.4.4　绿色保险业务

广东省保险业发展迅速、保险业务规模大。2020年，广东保费收入4199.34亿元，在全国占比9.28%，排名第一；广州市和深圳市保费收入分别为1490亿元、1454亿元，位居全国第三和第四位。绿色保险方面，广东省传统的绿色保险主要是环境污染责任保险和安全生产责任保险，试验区成立以来，一些创新的绿色保险品种开始涌现，具体如表6－10所示。

表 6-10　　　　　　　　　广东省主要绿色保险产品

|  | 保险类别 | 投保单位 |
| --- | --- | --- |
| 传统绿色保险 | 环境污染责任保险 | 省内污染企业 |
|  | 安全生产责任保险 | 省内生产经营单位 |
| 绿色保险创新 | 碳排放配额质押贷款保险 | 贷款企业 |
|  | 药品置换责任保险 | 花都区居民 |
|  | 蔬菜降雨气象指数保险 | 花都区农户 |
|  | 绿色产品食安心责任保险 | 花都区农户 |
|  | 绿色农产品质量安心追溯保险 | 花都区农户 |
|  | 绿色农保+ | 花都区农户 |
|  | 工程质量潜在缺陷保险 | 工程建设单位 |

注：根据公开资料整理。

2012 年 6 月，广东省环境保护厅和中国保险监督管理委员会广东监管局发布《关于开展环境污染责任保险试点工作的指导意见》，环境污染责任保险这种传统绿色保险就开始在省内推行。2015 年广东开始实施安全生产责任险，2015 年 8 月省人民政府发布《广东省安全生产责任保险实施办法》，2020 年 5 月颁布修订的《广东省安全生产责任保险实施办法》。

2017 年试验区成立后，花都核心区和广州市与保险公司合作，积极推进安全生产责任保险和环境污染责任保险等传统绿色保险。2018 年花都区共引导 1359 家企业投保安全生产责任险、环境污染责任险，增长了 7.7 倍。其中，安全生产责任险投保企业有 1248 家，需强制性投保企业 463 家，达到 100% 的投保覆盖率，保费收入 1650.93 万元；环境污染责任险投保企业有 109 家，需投保企业 131 家，覆盖率超过 80%，保费收入 131.11 万元。中国人民财产保险股份有限公司广州市分公司是广州市推进安全生产责任保险、环境污染责任保险的重要合作企业，截至 2019 年 6 月，该公司全市安全生产责任保险保费规模达到 9498 万元，花都区为 2444 万元；该公司全市环境污染责任保险保费收入 302 万元，花都区为 95 万元。

花都区积极推进绿色保险创新：广州人保财险与签约药店合作推出全国首家"创新型药品置换保险"，由花都区政府按照全民普惠原则，统一按保费 30% 的标准补贴，剩余部分保费暂由药企和保险公司负担，居民可免费获得药品置换保险服务。人保财险公司广州分公司对花都区长兴纸业有限公司碳排放配额额度质押融资提供企业贷款保证保险。中国人保财产保险、平安财产保险、阳光农业保险等保险公司在花都区创新开发"蔬菜降雨气象指数保险""绿色产品食安心责任保险""绿色农保+""绿色农产品质量安心追溯保险"4个绿色农业保险产品。其中，蔬菜降雨气象指数保险首张保单承保风险总额达200万元，保险期间1年，保费区政府财政补贴80%，种植户自付20%。蔬菜降雨气象指数保险直接向气象部门取得观测数据，使农险理赔额度实现定量化、标准化，简化了理赔流程，减少了理赔争议，确保蔬菜种植户灾后能快速收到理赔款，从而尽快帮助农户防灾减灾、重新投入生产，受到了广大农户的好评。

广州市黄埔区、广州开发区2020年出台"绿色金融10条"，鼓励企业购买绿色保险产品，包括环境污染责任险、安全生产责任险、食品安全责任险等传统绿色保险产品，以及贷款保证保险、工程质量潜在缺陷保险、绿色农业保险、药品置换责任保险、碳排放配额质押贷款保证保险等创新型绿色保险产品，并对购买不同类别绿色保险的企业给予不同的补贴。

深圳市自2017年以来采取多种举措推动绿色保险发展，具体包括：推出绿色保险保费补贴；推动保险公司设立绿色金融特色机构或专业团队；创新绿色保险产品和服务，如发展涉及危险化学品、危险废物、铅蓄电池和再生铅等高环境风险行业的环境污染强制责任保险，鼓励保险机构持续推进环境污染责任险、环保技术装备保险、绿色产业产品质量责任险、船舶污染损害责任保险等绿色保险。2018年9月，中国人民银行深圳中心支行、平安财险深圳分公司、深圳市福田区政府及深圳经济特区金融学会绿色金融专业委员会（简称"绿金委"）建立战略合作关系，开启深圳绿色保险产品创新试点。

## 6.4.5 碳金融业务

广东作为全国唯一有两家碳排放权试点的省份，碳市场交易活跃，碳市场配额交易量和交易规模均位居全国前列。截至2021年7月20日，广州碳排放权交易所碳排放配额累计成交量达到1.95亿吨，约占全国碳交易试点市场的38.78%；累计成交金额44.2亿元，占全国碳交易试点市场的36.4%，两项指标均居全国区域碳市场首位，核证自愿减排量（CCER）累计成交6301.14万吨，排名全国第二。截至2021年8月3日，深圳排交所碳排放配额累计成交量6347万吨，累计成交金额14.41亿元；核证自愿减排量（CCER）累计成交2379.70万吨。

广碳所依托活跃的碳交易市场，与广东地区的金融机构合作，在碳金融业务方面进行了一系列卓有成效的探索，目前已开展碳资产抵押融资、碳资产托管、碳排放配额回购融资、林业碳汇业务等。深圳排交所地处金融业发达的深圳，在绿色金融创新方面扮演了全国领军地位。2014年4月，深圳排交所成为世界银行国际金融公司首个国内碳交易合作伙伴；2017年9月，深圳排交所与中国银行、兴业银行、江苏银行共同签订碳金融战略合作协议。通过与国内外金融机构、低碳企业合作，深圳排交所开发了一系列碳金融创新产品，包括碳资产质押融资、境内外碳资产回购式融资、碳债券、碳配额托管、绿色结构性存款、碳基金等，且多项业务是全国首单。

（1）碳排放权抵质押融资

2014年底，广州大学城华电新能源公司、广碳所、上海浦东发展银行广州分行共同开发了国内首单碳排放配额抵押融资业务。该笔业务由广东省发改委出具广东碳配额所有权证明，由广碳所进行线上抵押登记、冻结、公示，华电新能源公司以广东碳排放配额获得浦发银行500万元碳配额抵押绿色融资，放款后浦发银行每周进行盯市管理，实现了碳资产抵押品的标准化管理。自此之后，广碳所与广东地区的银行机构合作，陆续推出一系列碳排放权抵质押贷款。截至2021年7月底，广碳所碳排放权抵押融资业务累计开展16笔，抵押碳排放权746.19万吨，融资金额7507.73万元。

2017年8月，在广州碳排放权交易所、中国人民银行肇庆市中心支行、四会市政府的支持下，广东四会农商行对广东肇庆四会市骏马水泥有限公司积累的125万吨碳配额资产进行风险管理和价值评估，最终向骏马公司发放了600万元碳配额抵押贷款，是国内首单民营企业碳排放配额抵押融资业务。因企业经营需要，该笔借款的还款期限需要延长。为此，四会农商行、广碳所、骏马水泥多方讨论，创造性地提出了跨履约期抵押融资解决方案：骏马水泥使用定期存单置换碳配额作为配额抵押融资的抵押物，在2018年度碳配额发放到账后，将定期存单置换为和原来等量的碳配额作为抵押物继续抵押，从而延长抵押期限。

2018年4月，花都长兴纸业有限公司和建设银行花都分行向广碳所提交碳配额抵押登记申请，以碳配额和纸业公司固定资产作为抵押物，向花都建行融资200万元，同时，广州人保财险推出了国内首笔针对碳排放权抵押贷款的保证保险。这笔"碳排放权抵押+固定资产抵押+保证保险"贷款创新产品，融资利率低，降低了企业的融资成本，同时通过碳交易履约保证保险，实现了风险共担。同年，建行花都分行还向中国南方航空股份有限公司发放了全国上市企业首笔、全国航空业首笔碳排放权抵押贷款60万元。

2019年4月，在人行肇庆市中心支行及人行广宁支行和广碳所指导下，中国银行肇庆分行为肇庆市中盛纸业有限公司量身推出"碳排放配额抵押+应收账款质押"的"双抵（质）押"融资业务，融资授信金额2700万元。该笔业务中，中国银行肇庆分行依据广东省生态环境厅出具的碳排放配额额度证明函，对中盛纸业现有8.1万吨碳排放配额进行估值，在广碳所进行抵押登记，并全程通过中征应收账款融资服务平台在线完成应收账款融资需求发布、应收账款转让、融资需求确认、应收账款质押登记等一系列操作。该业务模式有效盘活了企业现有的碳排放配额、应收账款、核心企业供应链等价值资源，拓宽了企业增信和融资方式，解决了企业融资难、融资贵的问题，发挥了市场化生态补偿机制作用，真正实现了排控企业、银行机构、生态环境"三赢"。

（2）碳债券

2014年5月，全国首笔"碳债券"——中广核风电附加碳收益中期票据在深圳成功发行，金额10亿元，期限为5年，债券利率首次采用"固定利率+浮动利率"的形式，其中浮动利率部分与中广核风电下属5家风电项目公司在债券存续期内实现的碳资产（中国核证自愿减排量CCER）收益正向关联。

（3）碳基金

2014年3月16日，全国首单私募碳基金——"嘉碳开元基金"（"嘉碳开元投资基金"和"嘉碳开元平衡基金"）由深圳嘉碳资本管理有限公司发行，交易标的为碳配额和CCER（核证自愿减排量），其中，"嘉碳开元投资基金"的基金规模为4000万元，运行期限为三年，募集资金主要投资于国内一、二级碳市场、新能源及环保领域中的CCER项目，形成可供交易的标准化碳资产；"嘉碳开元平衡基金"的基金规模为1000万元，运行期限为10个月，主要进行各试点市场配额买卖。

（4）林业碳汇业务

2018年，广碳所选取花都区梯面镇3万亩生态林开展碳汇业务试点，梯面林场通过委托广州碳排放权交易所对碳普惠减排量进行交易，成交后林场获得碳汇收益，而购买碳普惠减排量的控排企业则可抵消自身产生的碳排放用于履约。该项目是广州首个成功申报的林业碳普惠项目，梯面林场碳普惠核证减排量1.3万吨，最终交易金额约22.72万元。该案例也成为广东省入选自然资源部第二批"生态产品价值实现"十大典型案例。此后，林业碳汇业务拓展到全省范围，实现了碳排放权交易体系、碳普惠制、生态补偿机制的有效结合。截至2020年12月末，广碳所累计成交林业碳汇413.17万吨，成交金额 8146.22 万元。

（5）绿色结构性存款

2014 年 11 月，国内首笔绿色结构性存款在深圳落地。惠科电子（深圳）有限公司通过认购兴业银行深圳分行发行的绿色结构性存款，获得常规存款收益的同时，在结构性存款到期日，还将获得不低于 1000 吨的深圳市碳排放权配额。

（6）其他碳资产管理业务

广碳所在严格遵循有关法律法规，按照省、市政府和发改委的管理和指导下，陆续推出配额回购、配额托管、远期交易等创新型碳金融业务，为企业碳资产管理提供灵活丰富的途径。2018 年 1 月，广碳所为英国石油公司（BP）通过碳交易人民币专用存款账户（NRA）买入 10 万吨碳排放配额办理交易结算，金额约 132 万元，开启了广州地区首笔碳排放权交易人民币跨境结算业务。

深圳排交所在跨境碳交易、碳配额回购、碳资产托管方面也进行了积极创新。2014 年 9 月 5 日，中国首笔跨境碳配额交易在深排所落单，来自新加坡的 Ginga Environment 公司成功购得 10000 吨深圳碳配额。2016 年 3 月 9 日，深圳碳市场配额量最大的管控单位妈湾电力有限公司，在深排所协助下，和 BP 公司完成国内首单跨境碳资产回购交易业务，交易标的达到 400 万吨配额，为全国试点碳市场启动三年以来最大的单笔碳交易。2014 年 12 月 3 日，超越联创环境投资咨询（北京）有限公司成为深排所首家碳资产托管会员，开启了深排所碳资产托管业务。

## 6.4.6 绿色信托业务

随着绿色经济和绿色金融的发展，信托公司也纷纷设立绿色信托专业团队，开展绿色信托业务。广东粤财信托拥有丰富的社会资源和展业经验，也拥有专业的绿色信托团队，多年来在绿色信托业务方面成绩斐然。

2008 年粤财信托成立"亚洲开发银行贷款广东节能减排促进项目资金信托计划"，以优惠利率支持广东省燃煤电厂节能减排，信托规模 1 亿美元，循环使用。截至 2018 年末，该信托计划已累计服务 44 家企业，年节电能力为 15.3 亿千瓦时，年节能量折合标准煤 50.4 万吨，年减排二氧化碳、二氧化硫、氮氧化物及总悬浮颗粒物 TSP 分别为 119.1 万吨、13740 吨、3053 吨及 5343 吨，是全国唯一可量化的减排绿色信托计划。该项目也被《证券时报》

评为"2018年度优秀绿色信托计划"。

2019年第二季度，粤财信托发行"粤财信托·珠光绿色鼎能一期集合资金信托计划"，并与农业银行花都分行联合，支持广东鼎能节能有限公司利用先进绿色冷源新技术及智能能效管理技术，对传统供冷（热）产业进行绿色改造，有效降低能耗与减少碳排放。该信托计划的发行，能让投资者更好地支持与参与绿色金融服务和绿色低碳项目的投资，更好地体现信托行业服务实体经济产生的环境效益和社会效益。

此外，粤财信托还通过信托贷款支持广州增城低碳总部园区建设，主要扶持绿色低碳、智慧产业、科技金融等行业。未来粤财信托还将运用专业的产品设计能力，结合广东节能减排行业现状的具体情况，开创广东专属的"广东绿色金融创新模式"。

## 6.5 广东省绿色金融改革创新主要成效、不足及原因分析

### 6.5.1 绿色金融支持政策覆盖面窄，且不够系统

广州市绿色金融改革创新试验区成立后，花都市率先出台了一系列绿色金融支持政策。但由于花都区仅仅是广州市的一个市辖区，辖区面积有限，区内金融机构、绿色企业和绿色项目不够多，花都区出台的绿色金融支持政策主要针对区内企业和项目，覆盖面过窄、惠及对象有限。2020年以来，广州市黄埔区、广州开发区也出台了力度较大的绿色金融支持政策，但惠及对象也仅限于开发区内绿色企业和项目。

与其他集全市甚至全省的力量来建设的绿色金融改革创新试验区相比，广州市绿色金融改革创新试验区建设主要靠花都核心区来推动，广州开发区近年也开始推出绿色金融政策。但花都区和开发区出台的绿色金融支持政策与地区产业特征关联，具有较强的地方特征，不易拓展至其他地区。在广州市和广东省层面，绿色金融支持政策相对较少且时间滞后，绿色金融支持政策辐射广度不够。

另外，广东省各级政府的绿色金融支持政策多由政府部门单兵作战，很少与金融监管部门、环保部门、发改委等职能部门联合出台，反映出各部门

之间就绿色金融相关政策的交流沟通缺乏，这就使得相关政策的适用性和可行性会大打折扣，政策落地效果也不太好。广东省已出台的绿色金融政策多是针对绿色金融整体的指导意见或实施细则，欠缺专门针对绿色信贷和绿色保险等具体业务的支持政策，也欠缺针对绿色金融专营机构或绿色金融服务监管等方面的支持政策，绿色金融支持政策深度不够。

广东省绿色金融支持政策不够系统的背后原因可能与广州市地区金融发展规划有关：由于广州市是经济发达的一线超大城市，广州要打造"金融强市"，区域金融发展需承载的任务更为多样化，如要打造国家产融合作试点城市、粤港澳金融合作示范区、粤港澳大湾区科创金融示范区、自贸试验区金融创新示范区、普惠金融创新服务示范区、绿色金融改革创新试验区等。为此，广州市对各个市辖区进行区域金融发展定位，如花都区建设绿色金融改革创新试验的核心区，花都区聚焦绿色金融改革创新试验，而其他各区也会有各自定位。因此，广州市层面的金融支持政策也会分布于各个方面，绿色金融方面的支持政策也就不太系统。当然，与浙江等地相比，广东省各级政府的绿色金融理念和素养还有一定的差距，没有将绿色金融提高到战略高度，也没有将绿色金融与其他科创金融、普惠金融很好地融合，从而在绿色金融大框架下规划城市未来金融发展。

## 6.5.2 绿色金融地方标准建设和法治化建设不足

广州市绿色金融改革创新试验区成立后，花都区和广州开发区仅在绿色企业和绿色项目认证方面建立了绿色金融地方标准，在绿色金融专营组织建设、绿色信贷业务、绿色保险业务等方面还没有形成系统的地方绿色金融标准框架。

另外，广州市绿色金融改革创新试验区建设还承载加强粤港澳大湾区绿色金融合作的重任，也希望能在大湾区构建统一的绿色金融标准。但目前广州市绿色金融地方标准分别针对广州市花都区和广州开发区，在广州市层面还未能形成统一的绿色金融标准，更难以拓展到广东省甚至粤港澳大湾区。

在绿色金融支持政策的法律保障方面，尽管深圳市出台了首部绿色金融法律，但在广东省其他地区，目前尚未形成配套的法律保障体系，不利于绿色金融政策的落地实施。

### 6.5.3 绿色金融服务平台多，但兼容性差、覆盖面窄

广东省金融业发达，金融基础设施条件好，具备建设绿色金融服务平台的优势。但在实际建设中，广东省绿色金融服务平台众多，但各自为政，缺少协调统一，兼容性差、覆盖面窄。

广州市绿色金融改革创新试验区成立后，花都区基于"粤信融"平台搭建"穗绿融"绿色融资对接平台，但主要针对花都区的绿色企业和绿色项目。2020 年后广州开发区打造的"开绿融"绿色融资对接平台，也主要面对开发区的绿色企业、绿色项目。此外，肇庆市绿色金融综合服务平台主要是针对肇庆市绿色企业和绿色项目。

### 6.5.4 绿色信贷规模领先，但"支小""支农"普惠金融贷款偏少

广东省绿色信贷规模位居全国前列，广州市绿色信贷规模也位居所有绿色金融改革创新试验区首位。然而，从绿色信贷的投向来看，获得绿色信贷的绿色项目多为绿色交通、环保、节能、清洁能源、管网升级改造等大型绿色项目，项目主体主要为大型地方性国企，民营中小型企业获得绿色信贷的机会少，"支小""支农"普惠金融贷款偏少。

从绿色信贷产品创新来看，广东目前针对公交电动化、汽车供应链融资、垃圾处理融资等大型项目涌现了不少绿色信贷创新产品，但针对中小企业、绿色创新企业、农户的绿色信贷创新产品的品种相对欠缺。

针对一些大型的绿色项目的绿色信贷创新产品和模式，虽然成为广州市绿色金融改革创新的典型案例，但由于这些绿色信贷创新具有非常显著的地域特征、行业特征、个体特征，有的具有较强的政策倾向性，享受相应政策补贴，经济效益并不高，这既不符合市场经济的基本原则，也违背了绿色金融发展的初衷，从而无法在全市甚至全省进行复制和推广。

### 6.5.5 绿色债券市场规模领先，但发行结构不合理

广东省绿色债券市场发展迅速，绿色债券类型多样化，截至 2021 年 9 月，广东全省绿色债券总体发行规模突破 1000 亿元，绿色资产证券化产品规

模超过 200 亿元，且多项产品为市场首单产品，绿色债券市场发展在全国位居前列，在六个绿色金融改革创新试验省（区）中排名第一。但从融资贡献来看，广东省绿色金融市场仍以绿色信贷为主，截至 2021 年 6 月，广东省绿色信贷余额超过 1.2 万亿元，广州市绿色信贷余额也超过了 5000 亿元，相比之下，广东省绿色债券市场仍存在较大发展空间。

从绿色债券发行结构来看，广东省内绿色公司债、绿色企业债、绿色中期票据和债务融资工具的发行主体多为地方性大型国企，鲜有民营中小企业。对于广东省内数量庞大的民营中小企业而言，不能利用绿色债券市场进行融资，意味着民营中小企业融资困境问题又少了一条解决路径。另外，由于广东省内地区经济发展不平衡，绿色债券的发行主体也主要集中于广州、深圳、佛山、珠海、中山等少数经济发达地区，粤北山区等经济落后但绿色生态资源丰富、绿色融资需求旺盛的地区，却较少进入绿色债券市场获取融资。

### 6.5.6 碳金融市场领先，绿色保险市场发展相对滞后

广东省在碳金融市场发展方面也处于领先地位：广碳所与金融机构合作，在碳排放权抵质押贷款、林业碳汇方面进行了有益的探索，实现了多个国内首创；深圳排交所利用其金融中心地位，在碳期货、碳期权等碳金融衍生产品方面实现了多个国内首创。其原因在于：广东省拥有广碳所和深圳排交所两大国家级碳试点，在碳排放权交易方面一直走在全国前列，广东省也一直注重碳金融市场发展，在各级政府层面也给予了政策支持。

广东省保险业基础较好，但绿色保险发展相对滞后，远远落后于浙江湖州、衢州等地。在传统绿色保险领域，环境污染责任险和安全生产责任险等绿色保险覆盖面窄，业务规模偏低。在绿色保险创新方面，创新品种少，受众面窄，也欠缺业务模式创新，未能形成可在广州市或广东省推广复制的绿色保险创新产品或绿色保险创新模式。其原因主要有：绿色保险相关支持政策不足、平台建设不够、绿色保险相关标准缺乏、绿色保险业务中扮演重要角色的中介机构和服务机构（如环境污染损害鉴定评估机构）欠缺。

# 7

# 江西省绿色金融改革创新实践

## 7.1 江西省赣江新区绿色金融改革创新试验区

### 7.1.1 江西省赣江新区绿色金融改革创新试验区成立背景

江西省,简称"赣",位于中国东南偏中部,长江中下游南岸,位于东经113°34′36″~118°28′58″、北纬24°29′14″~30°04′41″之间,为长江三角洲、珠江三角洲和闽南三角地区腹地。截至2021年5月,江西省土地总面积16.69万平方公里,下辖11个地级市、7个县级市、40个县,合计103个县级区划。截至2020年末,全省常住人口4519万人,全省地区生产总值25691.5亿元,位居全国第15位,人均GDP为55061元,排名第20位,低于全国平均水平72371元。

江西省生态优势明显,森林覆盖率超过63.1%,活立木蓄积量4.45亿立方米,活立竹总株数19亿根,位居全国前列。江西省拥有186个林业自然保护区(国家级15个、省级31个),180个森林公园(国家级46个、省级121个)以及84处湿地公园(国家级28处、省级56处)。

江西省赣江新区,位于南昌市北部的赣江之滨,包括隶属于南昌市青山湖区、新建区和九江市的共青城市、永修县的部分街道(乡、镇),主要范围为南昌经济技术开发区、南昌临空经济区(含桑海开发区)、永修县城、永修云山经济开发区、共青城市城区、共青城经济技术开发区,全区规划面积465平方公里,其中南昌境内267平方公里、九江境内198平方公里。

赣江新区2016年获批设立,是中部地区第二个、全国第十八个国家级新区，将发展以绿色生态为内涵的新经济作为战略目标。赣江新区地理条件优越，生态系统和自然景观多样，水资源丰沛，可开发利用土地较多，资源环境承载能力较强。赣江新区创新资源丰富，拥有昌北、共青城两个大学城，周边集聚了江西 3/5 的科研机构、2/3 的大中专院校和 70% 以上的科研人员，拥有 18 个国家级和 220 个省级重点实验区、工程研究中心和企业技术中心，搭建了北大科技园众创空间、清华科技园孵化基地等一批特色鲜明的众创平台，是科技、人才、教育等创新资源的密集区。

赣江新区是中部地区重要的先进制造业和战略性新兴产业集聚区，已形成以光电信息、智能装备制造、新能源新材料、生物医药、有机硅、现代轻纺 6 大主导产业为基础，以电子信息产业园、军民融合产业园、新能源汽车城、中医药科创城产业园等多个专业园区为载体，以若干个科技创新平台为支撑的产业体系。

2017 年 6 月 23 日，中国人民银行、发展改革委、财政部、环境保护部、银监会、证监会、保监会七部委联合印发《江西省赣江新区建设绿色金融改革创新试验区总体方案》，赣江新区正式获批建设全国首批绿色金融改革创新试验区，同时也是中部地区唯一的绿色金融改革创新试验区。

## 7.1.2 赣江新区绿色金融改革创新试验区主要目标和任务

与其他省区绿色金融改革创新试验区相比，赣江新区绿色生态优势明显，具有独特的生态资源经济潜力，赣江新区也定位为秀美生态的发展模式，力图走出一条经济发展和生态文明水平提高相辅相成、相得益彰的路子。赣江新区绿色金融改革创新实验区的设立，将助力赣江新区的秀美生态发展，并辐射至江西省，助力江西生态文明试验区建设。

根据《江西省赣江新区建设绿色金融改革创新试验区总体方案》，赣江新区绿色金融改革创新试验区的主要目标：通过 5 年左右的时间，初步构建组织体系完善、产品服务丰富、基础设施完备、稳健安全运行的绿色金融服务体系，绿色金融服务覆盖率、可得性和满意度得到较大提升，探索形成有效服务实体经济绿色发展的可复制可推广经验。

根据《赣江新区建设绿色金融改革创新试验区实施细则》，赣江新区绿色金融改革创新试验区的主要目标是：力争在 3~5 年内，通过聚集绿色金融机构、加快绿色金融产品和服务创新、拓宽绿色项目和绿色产业融资渠道、建立绿色金融考核评价机制,构建起组织体系完善、产品服务丰富、政策支持有利、基础设施完备、稳健安全运行的绿色金融服务体系,有效提升绿色金融服务的覆盖率、可得性和满意度。

根据《江西省赣江新区建设绿色金融改革创新试验区总体方案》,赣江新区绿色金融改革创新试验区的主要任务包括:构建完善的绿色金融组织体系,创新发展绿色金融产品和服务,拓宽绿色产业融资渠道,稳妥有序探索建设环境权益交易市场,发展绿色保险,夯实绿色金融基础设施,构建服务产业转型升级的绿色金融发展机制,建立绿色金融风险防范机制。

## 7.2 江西省绿色金融政策制度和基础设施建设

### 7.2.1 绿色金融支持政策

根据《江西省赣江新区建设绿色金融改革创新试验区总体方案》,江西省政府、银监局、人民银行出台了一系列绿色金融支持政策,具体如表7-1所示。

表7-1　　　　　　　江西省各级政府绿色金融相关政策

| 颁布时间 | 部门 | 政策名称 | 文号 |
| --- | --- | --- | --- |
| 2017-9-22 | 江西省人民政府办公厅 | 《江西省"十三五"建设绿色金融体系规划》 | 赣府厅发〔2017〕79号 |
| 2017-11-23 | 江西省人民政府 | 《江西省人民政府关于加快绿色金融发展的实施意见》 | 赣府发〔2017〕37号 |
| 2018-1-2 | 江西省人民政府 | 《赣江新区建设绿色金融改革创新试验区实施细则》 | 赣府发〔2018〕2号 |
| 2018-1-19 | 江西省政府金融办 | 《赣江新区绿色保险创新试验区建设方案》 | 赣金字〔2017〕132号 |
| 2018- | 江西省绿色金融改革创新工作领导小组办公室 | 《赣江新区绿色金融改革创新试验区建设重点工作》 | 赣绿金改办〔2018〕1号 |
| 2020- | 江西省绿色金融改革创新工作领导小组办公室 | 《关于印发〈绿色金融支持抚州生态产品价值实现机制试点实施方案〉的通知》 | 赣绿金改办发〔2020〕1号 |

续表

| 颁布时间 | 部门 | 政策名称 | 文号 |
|---|---|---|---|
| 2017-11-28 | 江西省银监局 | 《江西赣江新区绿色分（支）行管理暂行办法》 | 赣银监发〔2017〕44号 |
| 2017-11-30 | 江西省银监局 | 《关于做好2017年度江西赣江新区银行机构创建"绿色分（支）行"工作的通知》 | 赣银监办发〔2017〕168号 |
| 2021-8 | 江西省银保监局 | 《江西保险业加快发展绿色保险的指导意见》 | |
| 2017- | 人民银行南昌中心支行 | 《中国人民银行南昌中心支行关于绿色金融重点推进的试验任务》 | 南银办发〔2017〕166号 |
| 2018-8 | 人民银行南昌中心支行 | 《关于加强运用货币政策工具支持赣江新区建设绿色金融改革试验区的通知》 | |
| 2018- | 人民银行南昌中心支行 | 《关于做好2018年江西省绿色发展和绿色金融相关产业、企业、项目清单对接的通知》 | 南银办发〔2018〕55号 |
| 2018- | 人民银行南昌中心支行 | 《关于发展绿色信贷推动生态文明建设的实施意见》 | 南银发〔2018〕65号 |

资料来源：根据公开资料整理。

2017年9月，江西省人民政府发布《江西省"十三五"建设绿色金融体系规划》指出：以构建适应经济新常态、绿色金融为特色的现代金融服务体系为目标，以建设赣江新区绿色金融改革创新试验区为引领，以支持绿色产业发展和发展绿色金融为主线，完成构建绿色金融机构体系、建设绿色金融市场体系、绿色金融创新体系、优化金融产业区域布局、推动开展金融对外开放合作和全面优化绿色金融发展环境六项任务，确保到2020年末基本构建起组织体系完善、产品服务丰富、政策支持有力、基础设施完备、稳健安全运行的绿色金融体系。11月，《江西省人民政府关于加快绿色金融发展的实施意见》出台，提出：加大绿色信贷投放，加快发展绿色投资，建设环境资产交易市场，大力发展绿色保险，加快推进赣江新区绿色金融改革创新试验区建设。

2018年1月，江西省人民政府颁布《赣江新区建设绿色金融改革创新试验区实施细则》，明确指出试验区建设的具体措施，包括构建金融组织体系、明确绿色金融支持重点、推动绿色信贷发展、发展绿色直接融资、探索建设环境权益交易市场、鼓励绿色保险创新发展、夯实绿色金融基础设施、拓展绿色金融开放合作、加强绿色金融风险防范、注重金融人才队伍建设10个方面，并列出了相应的政策支持和保障机制。与此同时，省政府金融办、人行南昌中心支行、江西保监局、赣江新区管委会联合印发《江西赣江新区绿色保险创新试验区建设方案》。指出：以保险支持绿色经济发展为着力点，不断丰富保险市场体系，统筹推进保险组织、产品、技术创新，加强和改善保险服务，优化保险市场生态环境。力争用3~5年时间，初步建成组织体系完善、产品内容丰富、服务领域广泛的绿色保险体系。赣江新区将按照"政府引导、市场运作、企业自愿、试点先行、多方共赢"的原则先行试点，逐步完善环境污染责任保险制度，建立健全风险评估、损失评估、责任认定、事故处理、保险赔付等工作机制，试点成熟后再全面推广。

2018年江西省政府绿金办出台1号文件《赣江新区绿色金融改革创新试验区建设重点工作》，将10个方面60项重点工作分解到相关部门，建立台账，定期调度。

2020年江西省政府绿金办1号文件《关于印发〈绿色金融支持抚州生态产品价值实现机制试点实施方案〉的通知》，明确利用绿色金融支持抚州生态产品价值实现机制试点工作，并由当地商业银行成立生态支行和生态金融部。

江西省银监局为推动试验区绿色分支行建设，2017年11月先后制定了《江西赣江新区绿色分（支）行管理暂行办法》《关于做好2017年度江西赣江新区银行机构创建"绿色分（支）行"工作的通知》，要求辖内各相关银行业机构及其监管处要大力支持江西赣江新区绿色金融改革创新实验区建设，高度重视绿色分（支）行创建工作，按照"统一标准、挂牌经营、动态管理"的管理原则，严格把握创建标准和条件，重点提出"绿色信贷平均余额占所在分（支）行信贷总额的比重不低于60%，或绿色信贷授信客户占分（支）行客户总数不低于60%；不良贷款率不高于本机构江西辖内小微企业贷款平均不良贷款率"的评选指标。2021年江西省银保监局出台《江西保险业加快发展绿色保险的指导意见》，明确提出了江西绿色保险发展的总体要求，提出了健全绿色保险组织体系、完善绿色保险产品体系、健全绿色保险管理机制3个方面12条具体举措，还提出了具体保障措施。

人民银行南昌中心支行加强与省政府金融办、赣江新区管委会合作，参与起草地方政府绿色金融发展政策的制定，履行基层央行的职责，研究制定了绿色金融支持政策，成为省政府、银监局相关绿色金融支持政策的有力补充。2017年制定了《中国人民银行南昌中心支行关于绿色金融重点推进的试验任务》，梳理出20项试验任务，进行任务分解，定期调度进展情况。2018年制定《关于发展绿色信贷推动生态文明建设的实施意见》和《关于做好2018年江西省绿色发展和绿色金融相关产业、企业、项目清单对接的通知》，引导金融机构加大对江西生态文明建设的支持力度，精准对接绿色产业和项目，通过绿色金融改革创新在更大空间上推动生态文明建设；出台《关于加强运用货币政策工具支持赣江新区建设绿色金融改革试验区的通知》，从再贷款、再贴现、宏观审慎评估考核、绿色信贷资产质押四个方面提出支持赣江新区绿色金融发展的举措。

为落实绿色金融支持政策，江西省财政统筹金融业发展等专项资金，对绿色信贷进行贷款担保或贴息，对绿色债券认证费用、发行评估费用、环境污染责任险保费等给予费用补贴，根据对各商业银行绿色信贷的评估结果，按年度进行专项奖励。赣江新区本级财政出台绿色金融优惠政策，从金融机构入驻、办公用房、人才、财政政策等方面予以支持。此外，赣江新区还开辟了金融服务绿色通道，江西省银监局直接对赣江新区内银行业金融机构履行监督管理职责，减少环节，实行行政许可集中审批，提升监管质效。

## 7.2.2 绿色金融标准及绿色项目库建设

（1）第三方认证机构遴选

《江西省人民政府关于加快绿色金融发展的实施意见》中提出：要建立绿色金融第三方评估机制，鼓励第三方认证机构对企业发行的绿色债券进行评估，出具评估意见并披露相关信息；鼓励信用评级机构在信用评级过程中专门评估发行人的绿色信用记录、项目绿色程度、环境成本对发行人及债项信用等级的影响，并在信用评级报告中进行单独披露，并且参与采集、研究和发布企业环境信息与分析报告；鼓励有条件的第三方评级机构开发绿色评估产品，为企业提供增信服务，并将评估结果在金融机构中推广应用。

为解决绿色认证和评级缺乏官方统一指引和标准的问题，江西省赣江新区先行先试，积极比对和选择权威的第三方认证机构来推进本省绿色金融改革事业。赣江新区绿色金融评价认定中心由专业的第三方认证机构联合赤道环境评价有限公司筹建，旨在打造绿色标准的集中认定平台，并将评定、论证结果共享给银行和保险公司。此外,赣江新区选定了招商银行作为信息披露牵头服务机构,选聘德勤华永会计师事务所、豫章律师事务所、联合赤道环境评价有限公司作为第三方专业机构,委托其对绿色金融项目进行财务审计评审、法律鉴定和绿色标准认证。

(2) 地方绿色金融标准制定

在遴选第三方认证机构的基础上,赣江新区积极推动绿色企业和绿色项目认定评价办法、企业环境信息披露指引等地方绿色金融标准制定,江西省宜春市也借鉴赣江新区经验,制定了相关的地方绿色金融标准。目前江西省已形成地方绿色金融标准如表7-2所示。

表7-2　　　　　　　　江西省地方绿色金融标准

| 发布日期 | 发布部门 | 标准名称 | 文号 |
| --- | --- | --- | --- |
| 2019-1-18 | 赣江新区管委会 | 《赣江新区绿色企业认定评价办法》 | 赣新管发〔2018〕24号 |
| 2019-1-18 | 赣江新区管委会 | 《赣江新区绿色项目认定评价办法》 | 赣新管发〔2018〕24号 |
| 2019-1-18 | 赣江新区管委会 | 《赣江新区企业环境信息披露指引》 | 赣新管发〔2018〕24号 |
| 2020-2-7 | 宜春市人民政府办公室 | 《宜春市绿色企业认定评价暂行办法》 | 宜府办发〔2019〕38号 |
| 2020-2-7 | 宜春市人民政府办公室 | 《宜春市绿色项目认定评价暂行办法》 | 宜府办发〔2019〕38号 |
| 2020-2-7 | 宜春市人民政府办公室 | 《宜春市企业环境信息披露指引(暂行)》 | 宜府办发〔2019〕38号 |
| 2020-7-30 | 江西省金融局 | 《江西省绿色票据认定和管理指引》 | |

注:根据公开资料整理。

2018年初,赣江新区与第三方认证机构联合赤道环境评价有限公司,就绿色企业、绿色项目认定评价、环境信息披露试点、绿色项目产融对接等方面进行沟通探讨,并入企调查,对新区产业现状、产业规划进行摸排,于2018年9月末初步形成了《赣江新区绿色企业认定评价办法》《赣江新区绿色项目认定评价办法》《赣江新区企业环境信息披露指引》三项绿色金融标准,并在2018年12月30日正式发布。

《赣江新区绿色企业评价方法》以国民经济行业分类为基础,在统筹考虑主营业务的正面环境效益和负面环境影响的基础上,将综合环境效益从高到低分为G1、G2、G3、G4四个类别,再依据综合环境效益和企业环境表现将绿色企业分为深绿、中绿、浅绿、非绿四个等级。对于企业的认定准入条件，规定申请认定的企业，其主营业务不属于高污染、高耗能及产能过剩行业，其生产经营过程中不采用国家、地方明令淘汰的落后产品、生产工艺和设备，从而有效地限制"两高一剩"行业参评绿色企业。绿色企业认定程序上，企业可先按照《赣江新区绿色企业认定评价办法》相关要求进行自我评价，并可向政府申请绿色金融、环境保护领域相关专家对辖区内企业进行绿色企业申报培训，最后向赣江新区绿色企业评价小组递交绿色评价相关材料。赣江新区管委会统筹安排绿色企业的认定及动态跟踪评估管理工作，发改部门、金融部门、环保部门、财政部门、安全生产部门组成绿色企业评价小组负责具体业务执行。为鼓励《赣江新区绿色企业认定评价办法》的落地实施，赣江新区对于经评估认定的绿色企业将给予一次性奖励、财政补助、信贷补贴等一系列配套的激励政策，如对深绿、中绿等级的企业分别给予一次性奖励5万元、3万元；对深绿、中绿等级企业的绿色信贷以及绿色债券或资产支持证券分别按金额的1‰、0.5‰给予补助。

《赣江新区绿色项目认定评价方法》参考了国际、国内相关标准，针对赣江新区的重点发展领域及产业发展规划，结合赣江新区的产业结构优化升级方案，建立了绿色项目认定目录，明确绿色项目类别。绿色项目是指有利于支持环境改善、应对气候变化和资源节约高效利用的项目建设运营管理，包括环保、节能、清洁能源、绿色交通、绿色建筑等领域。申请认定的绿色项目应符合国家、地方产业政策要求及行业准入条件，按照国家和地方法律法规要求进行建设和管理，并且其实施主体在近一年内未发生重大环保安全责任事故。绿色项目认定程序上，项目建设主体对照绿色项目认定目录进行自我评价，符合认定条件的，在项目立项（审批、核准、备案）后、未竣工前向绿色项目评价小组提交绿色项目认定所需材料。绿色项目评价小组对申报企业的相关情况做出评估审查，出具绿色项目认定结果，并建立绿色项目数据库。赣江新区管委会对通过认证的绿色项目进行动态跟踪，规定：通过认定的绿色项目变化后应重新认定，变更后仍符合认定条件的，办理相应变更手续，变化后不符合认定条件的，将从绿色项目库移除，并书面告知委托评估单位。纳入绿色项目库的项目在建设或运营过程中发生违反环保税制度、发生重大环境污染事故等情况，将从绿色项目库中移除，且其融资单位、建设单位所承建项目2年内不得申报绿色项目。为促进《赣江新区绿色项目认定评价方法》落地实施，赣江新区每年安排财政专项资金用于支持绿色项目发展，对于经评估认证的绿色项目给予相应的财政奖励。为了鼓励企业积极申报绿色项目认定，赣江新区对经审核认定的绿色项目给予一次性奖励3万元，经评估认定的绿色项目，在申请金融机构项目贷款时给予信贷额度1‰的补助，单个项目的年度补贴总额最高不超过100万元。

为贯彻落实《江西省人民政府关于加快绿色金融发展的实施意见》，江西省宜春市借鉴赣江新区地方绿色金融标准制定的成功经验，形成了宜春市地方绿色金融标准。2020年2月7日，江西省宜春市人民政府办公室印发了《宜春市绿色企业认定评价暂行办法》《宜春市绿色项目认定评价暂行办法》和《宜春市企业环境信息披露指引（暂行）》。其中：《宜春市绿色企业认定评价暂行办法》明确了绿色企业的内涵，提出了绿色企业认定条件及认定方法，明确了绿色企业认定程序，提出了绿色企业认定时效，强化了绿色企业的跟踪管理。《宜春市绿色项目认定评价暂行办法》明确了绿色项目的内涵，提出了绿色项目认定条件，明确了绿色项目认定程序，强化了绿色项目动态跟踪和监督及管理。《宜春市企业环境信息披露指引（暂行）》明确了环境信息披露对象、信息披露内容、信息披露时间要求，并给出了相关监督措施。

2020年7月30日，江西省地方金融监管局、人行南昌中心支行和赣江新区管委会联合主办赣江新区绿色票据发布会，出台《江西省绿色票据认定和管理指引》，是全国首个绿色票据标准。该指引对绿色票据的认定标准、认定流程、业务操作等方面进行了明确；就绿色票据的全流程管理进行了规范，并引入第三方认定机制，有效提升了认定标准的统一性、认定程序的规范性和认定工作的时效性，为绿色票据支持经济可持续发展提供了"江西经验"。同时印发了《关于运用再贴现工具支持绿色票据发展的通知》，明确在再贴现限额中专门划出一部分额度，用于保障绿色票据的再贴现，并对绿色票据的再贴现开辟专门通道，指派专人优先办理。九江银行赣江新区分行为辖区内企业进行绿色票据承兑和绿色票据贴现业务，同时还完成了江西省首笔绿色票据再贴现。

（3）绿色项目库建设

为有效解决绿色项目"泛绿"和"洗绿"问题，促进绿色项目与金融资源的高效对接，赣江新区依据绿色项目评价方法，对重点建设项目进行筛选，并委托第三方认证机构评估论证，建设绿色项目库。

2018年9月12日，由江西省政府金融办、人行南昌中心支行和赣江新区管委会共同主办的江西省绿色金融政银企对接会上，第三方认证机构联合赤道环境评价有限公司发布了《赣江新区绿色项目清单》。根据《项目清单》，赣江新区绿色项目库认定入库了两批共 106 个绿色项目，项目总投资 1100 多亿元，其中：节能类项目 39 个、污染防治类项目 16 个、资源节约与循环利用类项目 6 个、清洁交通类项目 17 个、清洁能源类项目 4 个、生态保护和适应气候变化类项目 23 个、赣江新区绿色产业引导基金项目 1 个。截至 2021 年上半年，赣江新区绿色项目库共认定五批次 250 个绿色项目，覆盖工业企业节能技改、绿色建筑、地下综合管廊等节能效益显著项目，污水处理、水环境整治等污染防治项目，以及废旧资源回收、新能源汽车整车、光伏电站等绿色项目。

江西省也在全省范围内推动绿色产业项目库建设，截至 2021 年 6 月，全省绿色产业项目库入库项目达到 1953 个，项目总投资额 1.19 万亿元，2021 年还新设碳达峰、碳中和子项目库，现有项目 45 个，项目总投资 536 亿元。

## 7.2.3 绿色金融信用信息数据平台建设

《江西省赣江新区建设绿色金融改革创新试验区总体方案》和《赣江新区建设绿色金融改革创新试验区实施细则》均明确指出，要建立覆盖面广、共享度高、实效性好的绿色信用体系，依法加强金融机构与环境保护、安全生产等部门和其他社会组织之间的信息共享，将企业污染排放、环境违规、安全生产、节能减排及绿色矿山建设等信息纳入全国信用信息共享平台和企业征信系统。

赣江新区结合"信用江西"网站建设，搭建绿色金融信用服务平台，健全信用体系协调机制，为社会公众、政府机关和企事业单位提供"一站式"信用信息服务。为了提高赣江新区绿色金融投资透明度，引导更多的资本投向绿色企业和绿色项目，赣江新区企业要定期披露企业环境信息。企业在信息披露的过程中，应以客观事实为依据，尽可能以定量指标充分、全面、完整地披露企业环境信用信息，不得以保护商业秘密为由避重就轻、故意隐瞒或夸大事实，误导监管部门及利益相关者，企业要为其披露的环境信用信息的真实性负责。同时，企业环境信用信息与绿色项目库建设结合，推动产融对接。此外，江西省建立了政府部门的信用监管与公共服务、征信机构"三位一体"的征信运行机制，将企业环保信息纳入省公共信用信息平台和征信系统，推动行业主管部门建立绿色信用体系，依法依规建立信用联合奖惩机制，落实守信激励和失信惩戒措施，强化违约责任追究。

在生态环境监测网络与预警方面，江西省将建设全省"生态云"大数据平台，开展"生态云"大数据相关标准的研制，整合生态与环境数据资源，开展大数据应用服务，并将其融入绿色金融的建设中。此外，赣江新区鼓励各企业在辖区内建设金融数据服务平台，支持企业总部机构在赣江新区建设数控中心和云技术数据中心，以及推广运用大数据、云计算、区块链等金融科技，服务绿色金融发展。

## 7.2.4 绿色金融统计及监管制度建设

由于赣江新区绿色金融改革创新试验区包括南昌市青山湖区、新建区和共青城市以及永修县的部分区域，地区的差异导致绿色金融数据监测口径的不一致。为解决赣江新区因地跨两个行政区划而缺失金融统计数据的实际困难，人民银行南昌中心支行印发《关于建立〈江西省赣江新区金融统计监测制度（试行）〉的通知》，建立了赣江新区金融统计及绿色金融统计监测制度，并于2018年第一季度开始采集数据，为后续评估提供客观真实的基础数据。

为了建立绿色金融监管制度，2017年《江西银监局关于印发绿色信贷工作考核评价及差别化监管暂行办法的通知》出台，明确实施绿色金融差别监管：根据每年对各机构绿色信贷发展战略和组织管理、政策制度和能力建设、业务流程和内部管理、绿色信贷增幅及风险控制、绩效考核和问责等方面，采取机构自评与银监部门复评相结合的办法，开展定性与定量考核评价，并将监管后评价结果与履职评价、监管评级、资本管理等挂钩，实施差别化监管措施。对于考评不合格的机构，视情况采取责令暂停部分业务、停止办理新业务、停止设立分支机构和约见谈话、通报批评等监管措施。

随着各项绿色金融优惠政策的相继出台，江西银监局对绿色金融政策执行中的风险也保持高度警惕。绿色金融发展中常见的风险主要有三类：一是虚构绿色项目，即通过虚构绿色项目材料，从银行骗取信贷资金；二是变更项目投资金额，如凭借单个投资额小的绿色项目将整个企业变成绿色企业而获得更大利益，或者将一个绿色项目分解成若干个小项目，从不同银行机构或其他渠道多头、超额融资用于非绿色项目；三是变更资金用途，借绿色项目名义进行融资，实际资金挪作他用。为防范绿色金融风险，江西省银监局强化绿色金融业务督导和检查，搭建绿色金融信息共享平台，与环保部门合作，将环境行为信用等级评价结果和企业污染排放、环境违规、安全生产、节能减排等信息上传"信用江西"网站，实现信息共享。在此基础上，加大对违规行为处罚力度，严禁绿色项目的"漂绿""染绿"行为。

## 7.2.5　绿色金融人才队伍建设

江西省的金融业不够发达，金融人才严重不足。高端金融人才缺乏，绿色金融从业人员偏少，真正懂金融、善于资本运作的领军人才和高端管理人才稀缺。因此，在发展绿色金融推动经济绿色化发展过程中，江西省需要大批金融人才。

《赣江新区建设绿色金融改革创新试验区实施细则》指出，要制定吸引高层次金融人才的相关配套政策，加强人员培训和人力建设，着力培养一批金融复合型人才。同时，依托国内大型企业和金融机构，打造产学研一体化高端金融人才培训交流平台。赣江新区绿色金融改革试验区制定并实施了绿色金融人才专项工作计划，推动金融监管部门和金融机构优秀人才到赣江新区挂职交流，组建赣江新区绿色金融改革创新专家顾问团，为绿色金融改革创新提供专业指导。

## 7.3　江西绿色金融组织和金融市场体系建设

### 7.3.1　打造赣江新区绿色金融综合集聚区

赣江新区绿色金融改革试验区明确鼓励各类中外资金融机构进驻赣江新区，打造全牌照金融机构体系，支持符合条件的企业在赣江新区设立由金融监管部门核准的持牌金融机构及其他准金融机构。截至2020年6月，赣江新区已聚集各类金融机构188家，其中银行15家、保险机构3家、担保公司2家、小贷公司5家，基本形成以传统银政保为主体，小贷公司和融资担保等新型机构为补充的地方金融组织体系。

为充分释放赣江新区"国家级绿色金融改革创新试验区""国家级人力资源产业园"和"全国双创示范基地"三大国家级牌照的政策红利，2018年赣江新区打造赣江新区绿色创新发展综合体，总投资近13.4亿元，可利用空间面积达13万平方米，由写字楼、科研大厦、创新孵化基地、人才公寓、众创空间、展示馆等组成。

绿色创新发展综合体主要包括绿色金融示范街、人力资源服务产业园、双创集市三个板块。为更好地统筹、整合三大板块的资源，赣江新区创新推出了"1+3+3"的管理体系："1"是成立了绿创体办公室，负责督导并协调解决问题；第一个"3"是指三大板块分别成立了各自的运营公司；第二个"3"是指三大板块结合自身实际，各自出台了优惠政策，以更好地释放国家级新区的政策红利。

为加快建设绿色金融示范街，《赣江新区关于促进绿色金融示范街发展的若干规定》出台，从财税补贴、房租补贴、高管奖励三个方面提出激励措施：对于入驻的各类金融机构缴纳的增值税、企业所得税给予补贴，补贴金额为地方留成部分的50%；对入驻的金融企业首半年免租，之后3年房租保持零增长，并且还会给予房租补贴，最高补贴能达300万元；对入驻的各金融类企业高管给予个税奖励，奖励金额为个税地方留存部分的50%，最高每年能达到20万元。

针对人力资源服务产业园，充分运用"人力资本+互联网"以及"大数据+产业升级"的思维，按照国家人社部和省人社厅的统一要求和部署，通过与智慧人社方面具有优势的中科曙光合作，打造数字化产业园（人才云、人社云），打通高校、人才、企业之间的环节，进而实现一体化和线上与线下相结合的企业创业与人才服务智能化平台，最终实现政策与服务精准匹配到企业与人才。

针对"双创集市"板块，出台一系列优惠政策：入驻双创集市内的双创项目，自运营之日起，房租、物业最高可全额补贴3年；入驻双创集市的项目高层次人才，可向赣江新区绿创体申请入住人才公寓等。

截至2020年9月，赣江新区绿创体已入驻和拟入驻各类企业413家，其中金融街入驻金融机构31家、人力资源产业园入驻企业128家、双创集市入驻企业254家。

## 7.3.2 银行绿色金融专营组织建设

《江西省赣江新区建设绿色金融改革创新试验区总体方案》明确指出，支持银行业机构在赣江新区设立绿色金融事业部或绿色支行。在江西省各级政府的政策支持和省金融办、人民银行南昌中心支行等部门的指导下，江西省银行绿色金融专营组织相继设立。

2018年3月，中国工商银行江西赣江新区支行、中国建设银行南昌昌北支行、招商银行赣江新区支行、兴业银行赣江新区支行、中信银行赣江新区支行、江西银行赣江新区支行、北京银行赣江新区支行 7 家支行，成为全国首批绿色支行。绿色支行秉持"服务新区绿色发展"的理念，创新绿色金融发展思路，侧重绿色信贷投放，主要包括节能、污染防治、资源节约与循环利用、清洁交通、清洁能源、生态保护和适应气候变化等领域，通过加大绿色信贷投入，绿色支行将全力助推新区经济结构调整和绿色生态经济发展。绿色支行设立的同时，还配套了一系列制度支持，对发展规划、组织架构、绿色信贷管理办法、风险管理、考核管理及资源配置管理进行了明确规定，全力支持赣江新区绿色金融发展，形成"立足新区，辐射全省"的绿色金融发展模式。

2019 年 3 月，赣江新区绿色金融服务中心成立。绿色金融服务中心由九江银行绿色金融事业部牵头，会同新区的 7 家绿色支行抱团形成"共贷体"，发挥"绿色支行"特有的灵活机制，为绿色企业和绿色项目提供"一站式"服务。

## 7.3.3 非银行绿色金融专营组织建设

《江西省赣江新区建设绿色金融改革创新试验区总体方案》和《赣江新区建设绿色金融改革创新试验区实施细则》明确指出：允许符合条件的融资担保公司和融资租赁公司等依法设立绿色专营机构；支持设立绿色保险公司或专营机构，提供特色的保险服务，并且指导保险中介机构专业化发展，支持设立符合绿色产业发展需要的保险专业中介机构；支持设立绿色评级与认证、知识产权代理、信用评级、律师事务所、会计师事务所等中介机构。

2018 年 4 月 14 日，赣江新区绿色创新综合体内，人保财险系统在 19 个国家级新区设立的第一家地市级机构人保财险赣江新区分公司，成立了绿色保险产品创新实验室。7 月 9 日，恒邦财产保险股份有限公司绿色保险事业部、营业部正式揭牌。

2019 年 3 月，赣江新区绿色金融保险产品创新中心、绿色金融评价认定中心成立。赣江新区绿色保险产品创新中心由恒邦、国寿等保险公司联合组成"共保体"，研发和集聚创新型的保险产品，旨在集合新区内三家绿色保险机构力量，充分发挥科研机构的专业优势，加强环境风险评估。绿色金融评价认定中心则由专业的联合赤道公司筹建，旨在打造绿色标准的集中认定平台,并将评定、论证结果共享给银行和保险公司。赣江新区还积极创建保险创新综合试验区,研究组建江西健康保险交易中心。

2019年12月31日,抚州市绿色保险产品创新实验室在人保财险抚州市分公司正式揭牌,是江西省第二家由政府与险企共建的绿色保险产品创新实验室,也是抚州市首家绿色保险产品创新实验室,旨在利用保险助推抚州市国家生态产品价值实现机制试点。

此外,江西省信托行业也开始了绿色信托的探索。中航信托是信托行业内首家系统性提出绿色信托概念的公司,并专门成立了绿色信托事业部。

## 7.3.4 绿色金融市场体系建设

江西省以赣江新区绿色金融改革创新试验区建设为核心,着力打造以绿色金融为特色的现代金融服务体系,形成了"产业+金融"的创新发展模式。在绿色产业方面,江西省大力支持赣江新区光电信息、生物医药、智能装备制造、新能源新材料、有机硅和现代轻纺六大绿色主导产业产融结合;优先支持赣江新区绿色建筑、地下综合管廊、海绵城市、特色小镇等基础设施项目;建立绿色产业项目信息系统,定期遴选、认定和推荐项目,为其在信贷、发债、上市等方面提供服务。在绿色融资方面,《江西省赣江新区建设绿色金融改革创新试验区总体方案》中,明确要拓宽绿色产业融资渠道,支持金融机构和大中型、中长期绿色产业项目投资运营企业发行绿色债券或项目支持票据,提升直接融资能力;支持发行中小企业绿色集合债,提高中小绿色企业的资金可获得性;积极推动符合条件的绿色企业在主板、中小板、创业板、"新三板"等多层次资本市场上市(挂牌)。

为鼓励绿色企业上市,赣江新区先后出台《关于推进企业挂牌上市和并购重组的实施意见》及《赣江新区拟上市、拟挂牌新三板及江西联合股权交易中心企业认定管理办法》,对企业股改、辅导备案到境内外上市全过程,以及企业在新三板、"新四板"挂牌给予奖励,并相应出台了可叠加的奖励政策。根据新区及组团叠加的奖励政策,在新区推进上市的企业,从股改、辅导备案到主板成功上市,累计可享受1400万元的奖励。赣江新区继续深挖和培育一批创新型、成长型以及科技型的中小企业到新三板挂牌融资,发行中小企业私募债、引入私募股权投资,推动园区资本市场发展壮大。2018年以来,赣江新区积极推进全省企业上市"映山红行动",针对企业成功上市给予奖励。赣江新区还加大了对上市企业子公司的扶持力度,通过银企对接会、贷款贴息、产业基金等多种方式，引导金融机构贷款投向，加大政策支持力度。

另外，赣江新区积极组建绿色金融功能平台，推进文化产权、金融资产、保险资产、权益类产品等交易平台建设，同时加快建设省碳排放交易中心功能平台，探索推进在省产权交易所等公共资源平台设立排污权、用水权、用能权等各类环境权益交易平台，以利于开展物权、债权、股权、知识产权等环境权益交易服务，创新环境权益交易模式、交易制度和建立实现环境资源权益的市场化机制。江西省已批复筹建江西省旅游文化交易中心，正在筹建江西联合金融资产交易中心、再生资源交易中心、中药材交易中心、京赣金融服务公司等平台，组建设立健康风险保障交易中心、农业保险公司、蜂网物流保险公司、保险经纪公司等经营性和功能性机构。2016年8月，江西省产权交易所增挂"江西省碳排放权交易中心"牌子，根据法律法规和政策，开展碳排放权交易及咨询服务。

此外，赣江新区积极搭建政企银合作研究平台，成立江西省金融学会绿色金融专业委员会和绿色金融行业自律机制，广泛开展绿色金融政策宣讲和实务培训，先后邀请中国绿金委、普华永道、兴业银行总行、中央财经大学绿色金融国际研究院等机构的绿色金融专家来赣做政策宣讲，举办绿色金融学术讲座，普及绿色金融知识，帮助金融机构和绿色企业深入了解绿色金融政策、产品和工具。

## 7.4 江西省绿色金融业务状况

### 7.4.1 绿色信贷业务

江西省绿色资本较多、绿色金融需求强劲，但江西省金融业不太发达，绿色金融供给不足，且以绿色信贷这种传统的绿色金融业务为主。江西省内各大商业银行一直重视绿色信贷业务，2013—2016年，绿色信贷规模持续快速增长，截至2016年末，江西省绿色信贷余额为1245亿元，在金融机构本外币各项贷款中占比为5.73%。2017年赣江新区绿色金融改革创新试验区成立以后，江西省政府、银监局江西监管局、人民银行南昌中心支行出台的绿色金融支持政策中，均明确积极推动绿色信贷发展，自此江西省绿色信贷规模增长迅速，具体如图 7-1 所示。

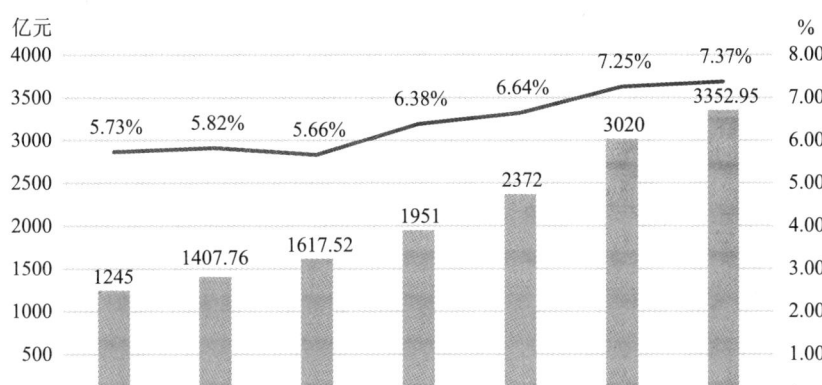

图 7-1　江西省 2016—2021 年绿色信贷余额

注：根据江西银监局数据整理。

截至 2017 年 6 月末，全省绿色信贷 1407 亿元，绿色信贷占比为 5.82%；截至 2018 年 6 月末，江西省绿色信贷余额达 1617.52 亿元；截至 2018 年末，江西省绿色信贷余额达到 1951 亿元，绿色信贷占比增至 6.38%；截至 2019 年末，江西省绿色信贷余额达到 2372 亿元，绿色信贷占比 6.64%，贷款主要投向绿色交通运输、可再生能源及清洁能源项目、自然保护、生态修复及灾害防控项目，分别占全部贷款的 47.12%、14.02%、11.07%。截至 2020 年末，江西省绿色信贷余额为 3020 亿元，绿色信贷占比为 7.25%；截至 2021 年 6 月，江西省绿色信贷余额达到 3352.95 亿元，绿色信贷占比达到 7.37%。

具体到赣江新区，绿色信贷近年增长较快，但总体规模较小：截至 2018 年末，赣江新区绿色信贷余额为 34.95 亿元；截至 2019 年末，赣江新区绿色信贷余额增至 65.01 亿元；截至 2020 年末，赣江新区绿色信贷余额达到 98.5 亿元。

从绿色信贷投向来看，江西银监局引领全省银行业积极落实差异化信贷政策，做好动能转换的"加减法"。一方面，持续加大对全省战略性新兴产业、绿色低碳环保产业和能效项目的支持力度。另一方面，对"两高一剩"行业和"环保风险"客户开展全面摸排、逐户甄别，严格执行"环保安全风险客户"名单制管理、"环保一票否决"制和逐步退出策略，推动"两高一剩"行业压缩产能，实现整合升级。

从绿色信贷产品创新来看，在江西银监局、人民银行南昌支行的政策鼓励下，江西省各大银行推出系列绿色信贷创新产品，具体如表7-3所示。

表7-3　　　　　　　　　　江西省主要绿色信贷产品

| 银行 | 涉贷领域 | 主要产品与成果 |
| --- | --- | --- |
| 兴业银行南昌分行 | 水资源利用与保护 | 江西省水投、南昌市水投绿色信贷，梅湖水系综合治理贷款，污水处理特许经营权质押绿色信贷 |
| | 新能源 | 赣州市石城县光伏扶贫项目贷款，动力电池企业绿色信贷，风力发电项目贷款 |
| | 绿色交通 | 江西省铁投、南昌公交绿色信贷 |
| | 废旧物资回收 | 新钢、章源钨业绿色信贷 |
| | 林业 | 江西丰林投资开发有限公司林业碳汇质押贷 |
| 中国银行江西省分行 | 环保行业 | 为源丰有色金属公司治理电池污染提供3000万贷款 |
| | 铁路建设 | 为九景衢铁路江西段建设项目提供10亿元信贷支持 |
| | 能源行业 | 为萍乡长丰燃气有限公司提供2000万元贷款 |
| | 农业、医药行业 | 宜春市生态农业、医药领域绿色信贷 |
| 邮储银行江西省分行 | "两高一剩"行业 | "两高一剩"企业退出绿色信贷 |
| | 农业 | 科技型企业、现代农业等新型农业经营主体绿色信贷 |
| | 再生资源出口企业 | 宜春市、新余市"再生资源增值税退税托管账户质押小企业贷款池融资业务" |
| 建设银行江西省分行 | 海绵城市、综合管廊 | 海绵城市建设贷款，综合管廊建设贷款 |
| | 新能源 | "节能贷" |
| | 生态保护和治理 | "五河两岸一湖一江"全流域生态保护和治理项目贷款，城市黑水体治理贷款 |
| | 三农 | "地押云贷" |
| 农发行江西省分行 | 三农、扶贫 | "扶贫+新型城镇化基础设施建设"贷款、"扶贫+秀美乡村"贷款、"扶贫+农村公路"贷款 |
| 北京银行南昌分行 | 科技型和成长性企业 | "节能技改贷" |
| 江西省农村信用社（农商银行） | 农业 | "畜禽智能洁养贷"，"赣字号"特色农业绿色品牌绿色信贷，"产业扶贫信贷通"，"绿色脱贫贷" |

注：根据公开资料整理。

兴业银行南昌分行贯彻江西省"绿色崛起"战略，以水资源利用保护、清洁能源、绿色交通、资源循环利用等领域为重点，积极拓展绿色金融综合服务。在水资源利用与保护方面，向江西省水投、南昌市水投等重点客户累计提供融资超过60亿元，向梅湖水系综合治理工程提供了13.7亿元专项绿色信贷支持，用于河道截污清淤、引水活化、岸线治理。在新能源领域，为江西省电力公司的光伏发电和风力发电等重点项目累计授信超过12亿元，其中针对赣州市石城县光伏扶贫项目提供了3.2亿元绿色项目贷款，项目建成后可减轻二氧化碳约6.9万吨，同时帮扶2238户贫困户；针对新能源汽车行业中的动力电池领军企业孚能科技（赣州）股份有限公司，发放了9.97亿元赤道原则项目贷款。在绿色交通领域，向江西省铁投、南昌公交等重点客户累计提供融资超过30亿元。在废旧物资回收利用领域，向新钢、章源钨业等重点客户累计提供融资超过10亿元。在林业碳汇领域，为江西丰林投资开发有限公司发放CEER项目碳汇贷1000万元，用于企业持续推进碳汇造林项目的开发和运营，是江西省首笔林业碳汇账户质押贷款。此外，还推出污水处理特许经营权质押信贷产品、无担保低利率绿色供应链信贷产品。截至2021年5月，兴业银行南昌分行累计为江西省内288家绿色金融客户提供绿色金融融资余额达557亿元。2018—2020年兴业银行南昌分行连续获评"全省绿色金融先进单位""江西省银行机构绿色信贷工作考评优秀单位"。

中国银行江西省分行发挥先锋作用，以公司贷款、项目贷款和固定资产贷款等形式提供各项绿色信贷超过10亿元，主要涉及铁路建设、能源行业、环保行业及生态农业和医药业。

中国邮政储蓄银行江西省分行一方面为"两高一剩"行业退出提供项目贷款，另一方面为科技型企业、现代农业等新型农业经营主体贷款，加大对现代农业的支持力度。2017年4月，中国邮储银行宜春市分行针对优质再生资源出口企业的短期融资需求，创新性地推出"再生资源增值税退税托管账户质押小企业贷款池融资业务"，并发放了首笔金额为97万元的绿色信贷。2020年1月，中国邮储银行新余市分行发放了全市首笔小企业退税贷。

建设银行江西省分行结合区域经济发展特点，在生态环境治理、节能减排、生态农业等领域积极开展绿色信贷业务，如率先发放海绵城市建设贷款和综合管廊建设贷款，针对"五河两岸一湖一江"全流域生态保护和治理、城市黑水体治理给予绿色信贷，在能源管理领域创新性推出"节能贷"。2019年，建设银行江西省分行与省农业农村厅、吉安市人民政府合作，开展金融科技支农服务创新试点，推出"地押云贷"，依托农村土地承包经营权流转服务平台，向农户提供利率为5%、最高额度300万元的抵押贷款。建设银行江西省分行下辖赣江新区分行，自试验区成立以来，不断加大绿色信贷投入、积极创新产品服务。

中国农业发展银行江西省分行作为江西省内唯一的农业政策性银行，扎根地方，服务区域协调发展，不断创新绿色信贷产品和模式，助推国家生态文明试验区建设和绿色金融改革创新试验区建设，助推脱贫攻坚。2019年，农发行永修支行为吴城候鸟小镇项目发放9.7亿元绿色信贷；2020年农发行都昌县支行为都昌县农村公路建设项目发放4.95亿元扶贫贷款；截至2021年6月，农发行江西省分行以产业扶贫为重点，向滨湖四县累计投放扶贫贷款107.65亿元；农发行赣州市分行针对于都县蔬菜大棚产业发放了扶贫贷款；农发行上饶市分行针对横峰县秀美乡村建设先后投放10亿元贷款，受惠自然村达506个。"十三五"期间，农发行江西省分行投放扶贫贷款1405.54亿元，惠及贫困人口394.85万人次。2021年8月农发行江西省分行与省科技厅签署合作协议，农发行将结合江西农业科技发展实际，聚焦现代种业发展、高端农机装备、智慧农业、现代农业科技园区和推广体系建设、生态环保领域关键技术成果转化与推广应用等领域，为江西省农业科技提供更多的信贷产品和更优质的金融服务。

北京银行南昌分行与江西省工信委签署战略合作协议，创新担保方式，创新推出了"节能技改贷"产品，具体是通过"风险补偿金+个人连带责任+担保机构一般责任担保"的信用结构，为江西省优质医药、电子信息、重点产业集群中科技型和成长性企业的技术改造提供贷款支持。截至2017年末，北京银行南昌分行累计为76家企业发放技改贷款8.24亿元，有效缓解企业融资难题，促进了结构调整和产业升级。

江西省农村信用社（农商银行）积极响应人民银行和省政府"畜禽智能洁养贷"试点，在抚州、九江、赣州等地农商银行试点，抚州东乡农商银行2019年面向取得生猪养殖许可的养殖大户、养殖农民合作社、生猪养殖产业化龙头企业等主体，创新推出养殖废弃物资源化利用专项信贷产品"畜禽智能洁养贷"，该产品以互联网智能养殖管理平台为依托，以"养殖经营权"为抵押，为洁养工程实施提供绿色信贷，旨在防治养殖污染、实现绿色养殖。省内各农商行引导金融资源向品牌农业、特色产业聚集，大力支持赣南脐橙、高产油茶和井冈蜜柚等优势特色农业产业，助力打响"赣字号"特色农业绿色品牌；创新推出"产业扶贫信贷通""绿色脱贫贷"等信贷产品，利用人民银行扶贫再贷款，优先支持扶贫带动效果好的绿色富民产业发展，推动产业发展、企业增效和贫困户增收。

## 7.4.2 绿色债券业务

在各项支持政策下,江西省自 2016 年开始发行绿色债券,截至 2021 年 9 月末,江西省境内共发行绿色债券 35 只,发行规模达到 383.9 亿元,债券类型构成如图 7-2 所示。

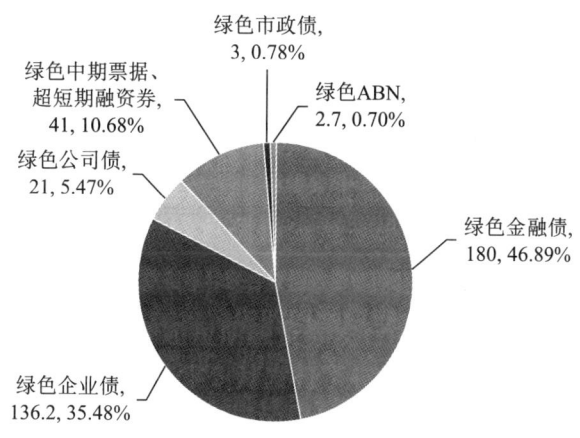

**图 7-2 2016—2021 年江西省绿色债券类型构成**

注:根据中国金融信息网绿债数据库和联合资信数据整理。

绿色金融债总额 180 亿元,占绿色债券总规模的 46.89%,排名第一;绿色企业债总额 136.2 亿元,占比为 35.48%,排名第二;绿色中期票据和绿色超短期融资券总额 41 亿元,占比为 10.68%,排名第三;绿色公司债、绿色市政债、绿色 ABN 分别为 21 亿元、3 亿元、2.7 亿元,占比分别为 5.47%、0.78%、0.7%,位居后三位。

江西省绿色金融债起步较早,省内有四家银行共发行了 10 只绿色金融债,具体发行概况如表 7-4 所示。2016 年 7 月 12 日,江西银行股份有限公司发行了 35 亿元绿色金融债,是绿色金融债全面推广期非试点行发行的全国首单绿色金融债。随后,江西银行股份有限公司又发行了 3 只绿色金融债,该行的绿色金融债总规模达到 80 亿元,是绿色金融债发行规模最大的主体。2018 年九江银行股份有限公司发行 2 只合计 40 亿元绿色金融债,排名第二。2019 年上饶银行股份有限公司发行 2 只合计 30 亿元绿色金融债,2020 年赣州银行股份有限公司发行两只、合计 30 亿元绿色金融债,并列第三。江西省绿色金融债的发行主体主要是地方性商业银行,城市商业银行和农村商业银行还不曾进入这一市场;

绿色金融债期限多为3年，债项评级较高，为AA+或AAA。

表7-4　　　　2016—2020年江西省绿色金融债发行概况

| 发行日期 | 债券简称 | 发行主体 | 规模（亿元） | 期限（年） | 票面利率 | 债项评级 |
| --- | --- | --- | --- | --- | --- | --- |
| 2016-7-12 | 16江西银行绿色金融01 | 江西银行股份有限公司 | 35 | 3 | 3.41% | AA+ |
| 2016-7-12 | 16江西银行绿色金融02 | 江西银行股份有限公司 | 15 | 5 | 3.7% | AA+ |
| 2016-8-4 | 16江西银行绿色金融03 | 江西银行股份有限公司 | 15 | 3 | 3.2% | AA+ |
| 2016-8-4 | 16江西银行绿色金融04 | 江西银行股份有限公司 | 15 | 5 | 3.48% | AA+ |
| 2018-8-15 | 18九江银行绿色金融01 | 九江银行股份有限公司 | 10 | 3 | 4.25% | AAA |
| 2018-11-1 | 18九江银行绿色金融02 | 九江银行股份有限公司 | 30 | 3 | 4.12% | AAA |
| 2019-1-23 | 19上饶银行绿色金融01 | 上饶银行股份有限公司 | 15 | 3 | 3.7% | AA+ |
| 2019-3-5 | 19上饶银行绿色金融02 | 上饶银行股份有限公司 | 15 | 3 | 3.7% | AA+ |
| 2020-4-21 | 20赣州银行绿色金融01 | 赣州银行股份有限公司 | 15 | 3 | 3% | AA+ |
| 2020-11-23 | 20赣州银行绿色金融02 | 赣州银行股份有限公司 | 15 | 3 | 3.89% | AA+ |

注：根据中国金融信息网绿债数据库和联合资信数据整理。

江西省绿色企业债共发行14只，金额合计136.2亿元，具体发行概况如表7-5所示。2017年9月，江西省萍乡市汇丰投资有限公司发行了金额为20亿元的绿色企业债，是省内首单绿色企业债，也是首个由省内担保公司提供增信服务的绿色企业债。2020年南昌轨道交通集团发行了20亿元绿色企业债，与萍乡市汇丰投资有限公司并列发行规模第一位。2021年抚州市投资发展（集团）有限公司先后发行了两期合计18亿元绿色企业债，排名第三。2020年上饶市城市投资建设开发有限公司先后发行了两期合计17亿元绿色企业债，排名第四。江西省绿色企业债发行主体主要是城市投资有限公司，发行期限多为 7 年，债项评级多为 AA＋。

表 7-5　　2017—2021 年江西省绿色企业债发行概况

| 发行日期 | 债券简称 | 发行主体 | 规模（亿元） | 期限（年） | 票面利率 | 债项评级 |
| --- | --- | --- | --- | --- | --- | --- |
| 2017-9-20 | G17 汇丰 1/17 汇丰绿债 | 萍乡市汇丰投资有限公司 | 20 | 7 | 5.79% | AAA |
| 2019-9-24 | G19 萍昌债券/19 萍昌盛债 | 萍乡市昌盛城市投资有限公司 | 6.8 | 7 | 6.7% | AA＋ |
| 2020-7-27 | 20 饶城投绿债 | 上饶市城市投资建设开发有限公司 | 10 | 7 | 4.97% | AA＋ |
| 2020-8-24 | 20 饶城投绿债 02 | 上饶市城市投资建设开发有限公司 | 7 | 7 | 5.05% | AA＋ |
| 2020-9-14 | 20 宜春创投绿色债 | 宜春市创业投资有限公司 | 7.4 | 7 | 7% | AA＋ |
| 2020-10-30 | 20 吉安绿色债 | 吉安市城市建设投资开发有限公司 | 16 | 7 | 5.3% | AA＋ |
| 2020-11-16 | 20 南昌轨交绿色债 | 南昌轨道交通集团有限公司 | 20 | 10 | 4.35% | AAA |
| 2021-2-5 | 21 临川绿色债 | 江西省抚州市临川区城镇建设开发投资有限公司 | 5 | 7 | 6.8% | AA＋ |
| 2021-3-19 | 21 新庐陵绿色债 | 吉安市新庐陵投资发展有限公司 | 10 | 7 | 5.3% | AA＋ |
| 2021-3-19 | 21 景城投绿色债 01 | 景德镇市城市建设投资集团有限责任公司 | 3 | 7 | 6.9% | AA |
| 2021-6-29 | 21 临川绿色债 02 | 江西省抚州市临川区城镇建设开发投资有限公司 | 5 | 7 | 6.74% | AA＋ |
| 2021-7-19 | 21 丰城绿色债 01 | 丰城发展投资控股集团有限公司 | 8 | 7 | 5.77% | AA＋ |
| 2021-7-27 | 21 抚投绿债 01 | 抚州市投资发展（集团）有限公司 | 9 | 7 | 4.47% | AA＋ |
| 2021-8-26 | 21 抚投绿债 02 | 抚州市投资发展（集团）有限公司 | 9 | 7 | 4.41% | AA＋ |

注：根据中国金融信息网绿债数据库和联合资信数据整理。

江西省绿色公司债发展较为滞后，共发行两只绿色公司债，金额合计21亿元，具体如表7-6所示。2020年9月16日南昌轨道交通集团有限公司发行了20亿元的绿色公司债，是省内首单绿色公司债。2021年5月24日江西省交通投资集团有限责任公司发行了1亿元绿色短期公司债，是全国首单碳中和短期公司债、全国首单高速公路碳中和债（全品种类）、全省首单碳中和公司债、全省首单公募短期公司债。

表7-6　　　　　　　　江西省其他绿色债券发行概况

| 发行日期 | 债券简称 | 债券类型 | 发行主体 | 规模（亿元） | 期限（年） | 票面利率 |
|---|---|---|---|---|---|---|
| 2020-9-17 | G20洪轨1 | 绿色公司债 | 南昌轨道交通集团有限公司 | 20 | 3+2 | 3.89% |
| 2021-5-24 | GC赣交S1（碳中和） | 绿色短期公司债 | 江西省交通投资集团有限责任公司 | 1 | 0.7397 | 2.95% |
| 2019-2-22 | 19南昌轨交GN001 | 绿色中期票据 | 南昌轨道交通集团有限公司 | 5 | 3+N | 5% |
| 2020-12-21 | 20南昌轨交GN001 | 绿色超短期融资券 | 南昌轨道交通集团有限公司 | 5 | 0.7377 | 2.45% |
| 2021-4-8 | 21南昌轨交GN001 | 绿色超短期融资券 | 南昌轨道交通集团有限公司 | 5 | 0.7397 | 2.74% |
| 2021-4-21 | 21江铜GN001（碳中和债） | 绿色中期票据 | 江西铜业集团有限公司 | 1 | 3 | 3.55% |
| 2021-4-28 | 21南昌轨交GN002 | 绿色超短期融资券 | 南昌轨道交通集团有限公司 | 10 | 0.7397 | 2.83% |
| 2021-7-15 | 21南昌轨交GN003 | 绿色超短期融资券 | 南昌轨道交通集团有限公司 | 5 | 0.7397 | 2.68% |
| 2021-8-27 | 21南昌轨交GN004 | 绿色超短期融资券 | 南昌轨道交通集团有限公司 | 10 | 0.7397 | 2.43% |
| 2019-6-18 | 19江西14 | 绿色市政债券 | 江西省政府 | 3 | 30 | 4.11% |
| 2021-3-31 | 21宜春国投ABN001 | 绿色ABN | 宜春市国有资本投资运营集团有限公司 | 2.7 | 8 | |

注：根据中国金融信息网绿债数据库和联合资信数据整理。

江西省绿色中期票据和债务融资工具也不多，如表7-6所示。共发行了

2只绿色中期票据，金额合计6亿元，5只超短期融资券，金额合计35亿元。南昌轨道交通集团是最大的发行主体，2019年2月发行了省内首单绿色中期票据，2020—2021年先后发行了5只超短期融资券。2021年4月江西铜业集团有限公司发行了1亿元绿色中期票据，是全国有色金属行业首单、银行间债券市场全国工业项目首单、江西省公开发行首单"碳中和债"。

在绿色市政债券发行方面，江西省走在前列。2019年6月18日，江西省赣江新区绿色市政专项债券（一期）在上海证券交易所成功发行，发行金额3亿元，期限30年，发行利率4.11%，信用评级AAA，联合赤道认证公司认定并给予绿色贴标，由工商银行、招商银行、中德证券等5家金融机构足额认购，募集资金纳入江西省政府性基金预算管理，用于儒乐湖新城一号综合管廊兴业大道项目和儒乐湖新城智慧管廊项目建设。该债券是全国绿色金融改革创新试验区首单绿色市政专项债，也是全国首单绿色市政专项债，对于其他地区发行绿色地方政府债券具有重要的示范意义。

在绿色资产证券化方面，2021年宜春市国有资本投资运营集团有限公司发行了江西省首单绿色定向资产支持票据（碳中和债），总规模2.7亿元，最长期限8年。

此外，在境外绿色债券发行方面，江西省进行了积极尝试。2019年11月28日，江西省水利投资集团有限公司在香港联合交易所成功发行3年期3亿美元高级无抵押绿色债券，票面利率3.4%，募集资金主要用于江西水利基础设施建设，整治生态环境和开发清洁能源。该债券是江西省首单境外绿色债券，也是全国绿色金融试验区首单境外绿色债券，对于江西省和其他绿色金融改革创新试验区境外绿色债券发行具有很好的示范效应。

## 7.4.3 绿色基金业务

为支持当地绿色经济发展，江西省政府2016年决定设立江西省（财政）发展升级引导基金（有限合伙），拟采用母基金"1+N"模式，江西省财政投资集团有限公司出资200亿元，向省内外社会资本募集资金800亿元，形成1000亿元规模的母基金，通过参股设立子基金模式引导社会资本，支持江西省传统优势产业转型升级，加快战略新兴产业发展。

2017年5月，江西省发展升级引导基金母基金经省工商注册成立，随后，33只子基金合作方案成功申报完成，其中农业领域2只、战略新兴领域14只、大健康领域2只、文化旅游领域4只、区域协调发展领域10只、一带一路领域1只,总规模1423亿元。依托省发展升级引导基金,江西省设立了众多绿色产业发展子基金,省内一些地方国有企业也纷纷设立了绿色基金。2016年以来江西省主要绿色基金概况如表7-7所示。

表7-7　　　　　　　　江西省主要绿色基金概况

| 时间 | 基金名称 | 募集方 | 基金规模 |
| --- | --- | --- | --- |
| 2016年5月 | 宜春市绿色生态发展基金 | 宜春市财政投资有限责任公司 | 100亿元 |
| 2017年6月 | 中节能华禹绿色产业并购基金 | 中航信托、中国节能环保集团等 | 62亿元 |
| 2017年6月 | 南昌绿色兴农投资中心（有限合伙） | 江西正邦畜牧发展有限公司、金元证券股份有限公司、江西省发展升级引导基金、深圳正盈基金管理中心、信达资本管理有限公司 | 50亿元 |
| 2019年8月 | 新余市绿滋肴绿色产业投资中心（有限合伙） | 江西绿滋肴控股有限公司、江西省发展升级引导基金、深圳前海万博恒丰投资管理有限公司 | 10亿元 |
| 2019年12月 | 赣江新区绿色产融投资基金 | 新区开投集团、江西省发展升级引导基金 | 30亿元 |

注：根据公开资料整理。

2016年5月,宜春市绿色生态发展基金设立,基金总规模为100亿元,期限为5+5年,重点支持全市城市基础设施建设、旅游服务业、高新产业发展等。

2017年6月,中航信托与中国节能环保集团等10余家企业及金融机构共同发起设立中节能华禹绿色产业并购基金,基金募资总规模达62亿元,旨在通过建立节能环保产业资本运作联盟,推动我国节能环保产业集群的发展。

2017年6月21日,省升级发展引导基金首批子基金"南昌绿色兴农投资中心（有限合伙）"注册成立,总规模50亿元,投资正邦集团绿色生态养殖场建设项目,项目投产后,将有利于加速实现生态养殖产业化,促进江西省绿色生态农业发展,也有利于带动当地农民就业,促进农民增收,实现产业精准扶贫。2017年9月该项目获省引导基金首笔出资1.5亿元。

2019年8月,省升级发展引导基金子基金"新余市绿滋肴绿色产业投资中心（有限合伙）"获证券投资基金协会备案通过,该基金由江西绿滋肴控股有限公司、省引导基金、深圳前海万博恒丰投资管理有限公司共同设立,总规模10亿元,主要用于投资绿滋肴农业板块建设。

2019年12月27日,省升级发展引导基金新区子基金"赣江新区绿色产融投资基金"在新区直管区注册成立。基金由新区开投集团、省升级发展引导基金共同出资,总规模10亿元,聚焦于投资新区"3+1"生物医药、电子信息、高端智造、现代服务业产业等相关领域项目。

此外,2018年2月,润谷东方投资集团与上饶供销集团有限公司签署江西绿色产业基金合作框架协议,旨在推进上饶市绿色产业发展和产业升级转型。

## 7.4.4 绿色保险业务

江西省较早开展了绿色保险业务的探索。2013年5月,根据环保部、中国保险监督管理委员会《关于开展环境污染强制责任保险试点工作的指导意见》的精神,江西省启动了环境污染强制责任保险试点。此类强制险种不仅补偿因企业突发意外事故引起污染损害以及由此导致的第三者人身伤亡和直接财产损失,还包括第三者发生的清污费用、投保企业控制污染物扩散所产生的施救费用以及诉讼费、律师费、调查取证费等法律费用。2014年1月25日,江西省开出首份环境污染强制责任险保单,为赣州市大余县一家钨矿企业投保一年,保险金额为500万元,其中约定每次事故赔偿限额250万元、施救费用125万元。

赣江新区绿色金融改革试验区成立后,江西省各级政府大力支持绿色保险发展,绿色保险品种不断增加,绿色保险范围不断扩大,具体如表7-8所示。

2018年5月,赣江新区管委会与人保财险江西省分公司签署了政府救助保险保单,为赣江新区辖区内60万居民因自然灾害、火灾爆炸、见义勇为等风险提供经济补偿,每人伤亡责任限额为15万元,医疗费限额1.5万元。

2018年5月,赣江新区还与人保财险江西省分公司合作,选定8家省级污染排放企业作为首批环境污染责任保险试点企业,保费金额4.41万元,保险金额500万元。针对这8家试点企业,政府将给予90%的保费补贴,企业自身只需要承担10%的保费。对于首批试点企业,若首年保险期间未出险,第二年续保时,保险公司将给予上年企业自缴部分(10%)的优惠。保险公司还将委托环境风险评估研究所、业内专家为承保企业提供每年两次的环境风险评估、环境风险咨询及培训服务,帮助企业提高环境风险管理水平。对于购买了环境污染责任保险的企业,政府将鼓励辖内金融机构加大对其的信贷支持力度，实现"信贷+保险"的良性互动，不断增强企业的绿色生产意识。

表7-8　　　　　　　　江西省主要绿色保险概况

| 时间 | 保险项目 | 保险特征 |
| --- | --- | --- |
| 2014年1月 | 环境污染强制责任保险 | 补偿因企业突发意外事故引起污染损害以及由此导致的第三者人身伤亡和直接财产损失 |
| 2018年5月 | 政府救助保险 | 为赣江新区辖区内60万居民因自然灾害、火灾爆炸、见义勇为等风险提供经济补偿 |
| 2018年5月 | 环境污染责任险 | 补偿污染事故损失，政府将给予90%的保费补贴，企业自身只需承担10%的保费 |
| 2019年3月 | 建筑工程绿色综合保险 | 提高新区建筑工程质量，保障建筑企业施工项目的安全，推进新区生态文明建设 |
| 2019年11月 | 电梯安全综合保险 | 实现安全风险减量管理 |
| 2019年11月 | 家庭装修有害气体治理保险 | 提高装修用材质量、保障房屋入住空气质量标准 |

注：根据公开资料整理。

2019年3月18日，赣江新区签约了首个建筑工程绿色综合保险。建筑工程绿色综合保险保障范围包括建设工程责任、安全生产责任以及环境污染责任，较之于传统建设工程险，具有保险范围广、成本相对低、手续简便等优势。首次试点企业保费由新区、组团、建设单位按照10%：10%：80%的比例共同负担，新区本级项目由新区、建设单位按照20%：80%的比例共同负担。赣江新区按照"诚信服务、快速理赔"的原则，遴选优秀的承保机构进入建筑工程绿色综合保险试点项目库。目前的承保机构由新区内3家保险机构组建共保体，进行风险共担，这是赣江新区首次探索联合承保的新模式，也是新区保险机构协同合作的新典范，对新区金融机构从聚集转向融合聚变具有重大意义。

2019年11月15日，赣江新区绿色保险产品创新中心发布两个创新绿色保险产品：一是"保险+科技+服务"电梯安全综合保险，基于"PICC电梯卫士"维保过程质量监督系统，利用信息技术手段，实现安全风险减量管理；二是家庭装修有害气体治理保险，由装修公司为业主投保，通过费率杠杆提高装修公司用材质量，保障业主房屋符合入住空气质量标准，有效解决装修纠纷。

## 7.4.5 绿色信托业务

在绿色信托领域,江西省内企业中航信托 2014 年在信托行业内首次系统提出绿色信托理念,将其融入公司发展战略、创新业务、企业文化等各个方面,并专门成立绿色信托事业部,集中绿色产业专业人才,拓展绿色信托的服务深度与广度,推动绿色信托发展,建立了绿色产业领域的外部专家智库,借助绿色外部专家的智慧,提升绿色信托服务能力及专业化水平。

2018 年中航信托牵头完成中国信托业协会的重点研究课题——绿色信托研究,并成为信托行业绿色信托标准《绿色信托指引》制定工作小组的牵头单位。

2019 年 1 月,中航信托通过成立集合资金信托计划,以投贷联动的方式支持诺客环境发展,打造工业危废一站式处置平台。其中,股权投资金额 5000 万元,用于 A 轮增资诺客环境,估值 5.5 亿元;信托贷款授信规模 1.5 亿元,已投放 1 亿元,用于诺客环境江油国大项目、乌海赛马项目、辽阳富山项目等水泥窑协同危废处置项目建设。该项目 2020 年 6 月作为绿色信托板块唯一的优秀案例入选江西银保监局绿色金融白皮书。

中航信托先后与中美绿色基金、中节能集团、中国天楹、诺客环境、中创碳投、美国苹果公司、北京环交所、兰州环交中心、唐山银行、江西赣江新区等绿色产业领域的优秀企业和机构建立战略合作,共建绿色金融生态圈。2019 年末,中航信托主动管理的信托资产投向绿色产业的资产规模累计逾 325 亿元。

## 7.4.6 林业碳汇业务

江西省森林覆盖率达 63.1%,湿地保有量达 91 万公顷,位居全国前列,具有开展林业碳汇业务的天然优势。早在 2013 年,江西省乐安县林业碳汇项目就成为国内首个基于国际碳汇开发标准(简称 VCS)的森林管理类林业碳汇项目,由北京盛达汇通碳资产管理有限公司联合大唐摩科瑞(北京)能源科技发展有限公司开发,并在国际 VCS 平台备案注册。该项目通过优化经营管理、减少采伐量、延长轮伐期等措施,产出二氧化碳减排量,项目计入期 30 年(2006—2035 年),减排总量共计 3377151 吨。

2017 年 6 月 12 日,江西省碳排放权交易中心首单林业碳汇减排量项目签约成交，开创了江西省碳自愿减排量交易先河。江西银行、大新银行南昌分行分别购买了 20000 吨、1000 吨江西省乐安县 VCS 林业碳汇第一期自愿减排量。

2017 年 8 月 30 日，江西省碳排放权交易中心与省林业厅签署"战略合作框架协议"，将进一步探索适合地方的林业碳汇交易模式，提升碳汇交易能力。

2021 年 4 月 17 日，江西省环境生态厅印发《江西省林业碳汇开发及管理办法（暂行）》，规范了林业碳汇项目的开发管理、申报管理、交易管理、第三方审核管理和监督管理。

## 7.5 江西省绿色金融改革创新成效、不足及原因分析

### 7.5.1 绿色金融支持政策层级高，但可行性不足

与广东、浙江等地相比，江西省集合全省之力建设绿色金融改革创新试验区，绿色金融支持政策多由省级政府部门制定，人民银行南昌中心支行、银监局江西监管局也出台了相关绿色金融支持政策。然而这些政策之间还欠缺统一的战略安排，政府部门与金融监管机构之间虽然有一定的职责分工，但相互之间的合作交流机制还不够完善，不能很好地发挥协同效应，政策的可行性大打折扣。

江西省政府部门的绿色金融支持政策多以指导意见为主，欠缺具体的行动计划和任务清单，导致政策的可行性不足，一些支持政策难以发挥应有的作用。另外，江西省目前还欠缺系统全面的绿色金融法律法规体系，在环境保护方面也存在法律保障不足问题，从而不利于绿色金融支持政策的普遍推行。

### 7.5.2 绿色金融服务有所创新，但业务规模偏小

江西省从政府到金融监管机构层面积极推动绿色信贷业务，省内各大银行也积极创新绿色信贷产品和模式，取得了一定的成果。然而，这些绿色信贷创新有的是政策性绿色信贷产品，盈利性较差，不符合商业银行追求利润

的目标，也无法进行大规模的复制或推广。从绿色信贷投放方向来看，江西省对新兴产业、绿色低碳环保产业和能效项目加大了信贷支持力度，但是对"两高一剩"行业的信贷额度无法进行压缩。因此，绿色信贷创新产品在信贷总额中比重较小，传统信贷产品占全省信贷总额的主要部分。在六个开展绿色金融改革创新试点的省（区）中，江西省绿色信贷总体规模偏小，仅高于甘肃省和新疆维吾尔自治区。具体到赣江新区，绿色信贷规模更小，也未能实现之前设定的目标。

江西省积极推动绿色债券市场发展，绿色债券的类型较多，在绿色市政债券方面更是全国首创，但从绿色债券规模来看，江西省绿色信贷规模偏小，远远落后于广东、浙江等金融业发达省份。从江西省绿色债券种类结构来看，除绿色金融债和绿色企业债以外，绿色公司债、绿色中期票据和绿色债务融资工具数量太少，意味着江西省众多公司较少利用绿色债券市场融资；绿色资产证券化产品也仅 1 只，表明这一市场亟待发展。

江西省绿色保险起步较早，赣江新区绿色金融改革试验区设立后，江西省也积极探索绿色保险创新产品和模式，然而由于覆盖面太窄，江西省绿色保险规模也较小，难以发挥绿色保险支持绿色经济发展的作用。

在绿色基金业务方面，江西省启动了千亿级别的省财政升级引导基金计划，但在具体实施过程中，实际认缴资本和吸纳社会资本的规模远远不够，对于绿色基金的管理也不成熟。在绿色信托业务方面，江西省拥有中航信托这类绿色信托发展较好的企业，但总体的业务量还是不够的。

此外，在林业碳汇方面，江西省较早开发了林业碳汇业务，但金融机构出于风险考虑，推广林业碳汇的积极性不高，导致林业碳汇业务量小，未能充分发挥江西省绿色资源丰富这一独特优势。

## 6.5.3 绿色金融高级专业人才缺乏，绿色金融普及程度不高

江西省作为中部一般发达地区，金融业具备一定的基础，但绿色金融作为一种新兴的绿色金融发展模式，在江西省的发展尚处于起步阶段，相关的绿色金融高级专业人才资源十分匮乏，绿色金融的社会普及程度还不够高。

在绿色债券领域，江西省内企业管理层绿色金融素养偏低，利用绿色债券市场融资的意识不足；省内证券公司相关绿色金融高级专业人才欠缺，导致绿色债券及绿色资产证券化产品发行规模偏低。

在绿色保险领域，针对具体险种进行风险识别和量化统计难度较大，风险概率也难以确定，由于江西省保险机构内缺乏专业化高级人才队伍，绿色保险产品定价比较困难，保险公司承保绿色保险的意愿不高。

在绿色基金领域，由于欠缺绿色金融高级专业人才，绿色基金管理能力落后。在林业碳汇领域，由于欠缺绿色金融专业人才，林业碳汇交易量发展缓慢、林业碳汇创新产品和模式很少推出。

# 8

# 贵州省绿色金融改革创新实践

## 8.1 贵州省贵安新区绿色金融改革创新试验区

### 8.1.1 贵州省贵安新区绿色金融改革创新试验区成立背景

贵州省，简称"贵"或"黔"，是中国西南内陆省份，位于北纬24°37′~29°13′、东经103°36′~109°35′之间，东毗湖南、南邻广西、西连云南、北接四川和重庆。贵州省土地面积约17.62万平方公里，其中92.5%的面积为山地和丘陵。截至2021年2月，贵州省下辖6个地级市、3个自治州、16个市辖区、50个县、11个自治县，1个特区，合计88个县级区划。截至2020年末，全省地区生产总值17826.6亿元，位居全国第20位，全省常住人口3856万人，人均GDP为49206元，排名全国第25位，低于全国平均水平72371元。

贵州省高原山地居多，素有"八山一水一分田"之说，同时贵州又是一个多民族共居的地区，含56个民族成分，有3个民族自治州、11个民族自治县。由于地理环境的限制和少数民族聚集，贵州省一直以来经济发展缓慢，是我国较为贫困的省份之一。为了扶持贵州经济发展，"十二五"期间国务院特别出台针对贵州的专项文件"国发2号"，从财税、投资、金融、产业、土地、人才、对口支援七个方面提出了119项支持贵州加快发展的突破性政策，并明确对贵州实行差别化产业政策。在"十二五"政策支持下，贵州明确了"脱贫攻坚+绿色发展"的思路，守住发展和生态两条底线，大力盘活现有绿色资源，着重发展生态利用型、循环高效型、低碳清洁型、环境治理型绿色经济"四型"产业,经济增长迅速。

2016年2月,贵州获批建设国家大数据(贵州)综合试验区,成为首个国家级大数据综合试验区;同年8月,贵州被列入首批国家(贵州)生态文明试验区,也是我国西部首个国家生态文明试验区;同年9月,贵州获批建设贵州内陆开放型经济试验区。在三大国家级试验区设立后,贵州坚持三区联动,全面推进试验区建设,深入实施"大扶贫""大数据""大生态"三大战略行动,取得了令人瞩目的成就:2017年、2018年贵州经济增速均位居全国第一位;经济结构不断优化,转型升级步伐加快;脱贫攻坚成效显著,减少贫困人口768万人;交通建设取得重大突破,在西部地区率先实现县县通高速、村村组组通公路;生态环境持续改善,森林覆盖率达57%。

贵州省贵安新区,成立于2014年1月6日,是全国第8个国家级新区。贵安新区位于贵阳市和安顺市结合部,区域范围含贵阳、安顺两市所辖4县(市、区)21个乡镇,规划面积1795平方公里,直管区470平方公里。贵安新区地处黔中经济区核心区,地势相对平坦,交通区位优越,生态环境良好,旅游资源丰富,具备较大的发展潜力。在贵州相继获批三大国家级试验区后,贵安新区便承载着西部地区重要经济增长极、内陆开放型经济新高地、生态文明示范区三大战略定位。贵安新区也获批国家大数据产业发展集聚区、国家服务贸易创新发展试点、国家相对集中行政许可权试点、国家绿色数据中心试点、国家海绵城市建设试点、国家新型城镇化综合试点、全国首批双创示范基地、国家美丽乡村标准化建设试点、国家行政执法三项制度改革试点。

贵安新区自成立以来,通过明确职能分区、规划产业园区,重点打造大数据、高端电子信息制造、高端特色装备制造、高端文化旅游养生、高端服务业等现代产业集群,地区经济发展迅速,在全国新区中位居前列。根据贵安新区政府统计数据,截至2020年底,贵安新区地区生产总值达到139.35亿元,常住人口25.92万人。

2016年贵安新区在全国首创成立了绿色金融港管委会,组建了由金融机构人员组成的绿色金融专业技术团队,构建了绿色金融"1+5"产业发展体系。

2017年6月26日,中国人民银行、发改委、财政部、环境保护部、银监会、证监会、保监会七部委印发《贵州省贵安新区建设绿色金融改革创新试验区总体方案》,标志着贵安新区正式获批建设全国首批绿色金融改革创新试验区。

## 8.1.2 贵州省贵安新区绿色金融改革创新试验区主要目标和任务

（1）主要目标

由于贵安新区在贵州建设三大国家级试验区（大数据综合试验区、生态文明试验区、内陆开放型经济试验区）中的核心地位，与其他绿色金融改革创新试验区相比，贵安新区绿色金融改革创新试验区建设也必须与贵州三大国家级试验区建设协调配合，狠抓"六个绿色（绿色金融+）"和"五个结合"，"六个绿色（绿色金融+）"是指绿色金融、绿色产业、绿色建筑、绿色能源、绿色基础设施、绿色消费，"五个结合"是指大生态与大扶贫、大生态与大数据、大生态与大旅游、大生态与大健康、大生态与大开放的结合。通过建设贵安新区绿色金融改革创新试验区，充分发挥绿色金融在调结构、转方式、促进生态文明建设、推动经济可持续发展等方面的积极作用，探索绿色金融引导西部欠发达地区经济转型发展的有效途径。

根据《贵州省贵安新区建设绿色金融改革创新实验区总体方案》，贵安新区绿色金融改革创新试验区的主要目标是：通过5年左右的努力，基本建立多层次的组织机构体系、多元化的产品服务体系、多层级的支撑服务体系和高效灵活的市场运作机制，绿色信贷投放规模逐年上升，绿色贷款不良贷款率不高于小微企业贷款平均不良贷款率水平，绿色保险覆盖面不断扩大，绿色债券发行初具规模，初步形成辐射面广、影响力强的绿色金融服务体系，切实推进试验区生态文明建设和绿色金融创新协调发展。

（2）主要任务

根据《贵州省贵安新区建设绿色金融改革创新实验区总体方案》，贵安新区绿色金融改革创新试验区的主要任务有六个：建立多层次绿色金融组织机构体系；加快绿色金融产品和服务方式创新；拓宽绿色产业融资渠道；加快发展绿色保险；夯实绿色金融基础设施；构建绿色金融风险防范化解机制。

## 8.2 贵州省绿色金融政策制度和基础设施建设

### 8.2.1 绿色金融政策支持

贵安新区绿色金融改革创新试验区成立前后,贵州省政府、贵州银保监局、人民银行贵阳中心支行出台了一系列政策支持绿色金融发展,具体如表8-1所示。

表8-1　　　　　　　　　贵州省绿色金融政策

| 颁布时间 | 发布机构 | 政策名称 | 文号 |
| --- | --- | --- | --- |
| 2014-4-16 | 贵州银监局 | 《贵州银行业支持绿色经济发展的指导意见》 | 黔银监发〔2014〕21号 |
| 2016-12-5 | 贵州省人民政府办公厅 | 《省人民政府办公厅关于加快绿色金融发展的实施意见》 | 黔府办发〔2016〕44号 |
| 2017-7-19 | 贵州省人民政府办公厅 | 《贵安新区建设绿色金融改革创新试验区任务清单》 | |
| 2017-12 | 贵州省环保厅、贵州省保监局 | 《贵州省关于开展环境污染强制责任保险试点工作方案》 | 黔环通〔2017〕301号 |
| 2018-3 | 贵州保监局 | 《贵安新区绿色保险创新工作实施方案》 | |
| 2018-5-30 | 贵安新区管理委员会办公室 | 《贵安新区关于开展环境污染强制责任保险试点工作方案》 | 黔贵安管办函〔2018〕49号 |
| 2018-5 | 人民银行贵阳中心支行、贵州省政府金融办 | 《贵安新区绿色金融改革创新试验区工作推进绩效考核办法(试行)》 | |
| 2018-6 | 人民银行贵阳中心支行 | 《贵安新区绿色金融专项统计方案》 | |
| 2018-6 | 人民银行贵阳中心支行 | 《贵安新区绿色金融风险预警工作方案》 | 黔府金发〔2018〕17号 |
| 2018-6 | 人民银行贵阳中心支行 | 《贵安新区绿色金融风险监测和评估办法》 | 黔府金发〔2018〕19号 |

续表

| 颁布时间 | 发布机构 | 政策名称 | 文号 |
|---|---|---|---|
| 2018-7 | 人民银行贵阳中心支行 | 《支持绿色信贷产品和抵质押担保模式创新的指导意见》 | 贵银发〔2018〕66号 |
| 2018-7-5 | 贵安新区管理委员会办公室 | 《贵安新区关于支持绿色金融发展的政策措施（试行）》 | 黔贵安管办发〔2018〕19号 |
| 2018-7-5 | 贵安新区管理委员会办公室 | 《贵安新区绿色金融改革创新试验区建设实施方案》 | 黔贵安管办发〔2018〕20号 |
| 2018-10-23 | 贵州省政府金融办、人民银行贵阳中心支行、银监会贵州监管局 | 《贵安新区绿色信贷评价实施办法（试行）》 | 黔府金发〔2018〕13号 |
| 2019-1-7 | 贵州省生态环境厅 | 《贵州省环境污染责任保险风险评估指南（试行）》 | 黔环通〔2019〕5号 |
| 2019-12 | 贵州省绿色金融发展创新领导小组办 | 《关于绿色金融支持清洁供暖试点建设的七条措施》 | |
| 2021-9 | 贵州省绿色金融发展创新领导小组办 | 《关于积极发展绿色金融推动绿色高质量发展的实施意见》 | |

注：根据公开资料整理。

2014年4月16日，贵州银监局印发《贵州银行业支持绿色经济发展的指导意见》指出：充分认识银行业支持贵州绿色经济发展的重要性；加强信贷政策与产业政策的配合，助推经济转型升级和结构优化；构建分层次、多样化的绿色金融服务体系；加强流程、产品和服务创新，保航绿色金融，促进绿色信贷工作扎实有效开展；内外联动，建立有效的绿色信贷风险补偿和激励约束机制；多方合作，构建良好的绿色信贷外部环境；强化引领，发挥监管的正向引导作用。

2016年12月5日，贵州省政府出台《省人民政府办公厅关于加快绿色金融发展的实施意见》，提出推动贵州省绿色金融发展的具体要求和工作安排，明确加快发展绿色金融的总体思路，提出绿色金融发展的主要目标：积极争取国家批准贵安新区作为绿色金融改革创新试点，用5年左右的时间，逐步形成多层次绿色金融组织体系、多元化绿色金融产品服务体系和多层级政策支持服务体系。

2017年7月19号，为推动贵安新区绿色金融改革创新试验区建设，贵州省政府发布《贵安新区建设绿色金融改革创新试验区任务清单》，明确了贵安新区的发展绿色金融的主要任务共 12 大项 57 小项：建立多层次绿色金融组织机构体系，加强绿色金融产品和服务方式创新，拓宽绿色产业融资渠道，加快发展绿色保险，夯实绿色金融基础设施，构建绿色金融风险防范化解机制，建立健全绿色金融统计制度，加大政策支持，加强人才储备，加强宣传引导，加强执法追责，加强组织领导。

2017 年 12 月，贵州省环境保护厅、中国保险监督管理委员会贵州监管局联合印发《贵州省关于开展环境污染强制责任保险试点工作方案》，决定自 2018 年开始在遵义市、黔南州、贵安新区开展环境污染强制责任保险试点，被列入土壤污染重点监管行业名录或者从事土壤污染修复的、生产或者使用 II 类及以上高风险放射源的、近五年发生过较大以上突发环境事件的等 6 类企业被纳入试点工作范围。

2018 年 3 月，贵州保监局印发《贵安新区绿色保险创新工作实施方案》，支持贵安新区积极研发可再生资源、产品质量保险、专利技术质押贷款保险等，同时探索建立农业保险保费费率与生产经营联动调节机制，积极推介保险资金进行绿色投资。

2018 年 5 月，贵州贵安新区管理委员会办公室出台《贵安新区关于开展环境污染强制责任保险试点工作方案》，明确了基本原则和目标，并对保险实施范围、试点工作步骤、保险模式及责任范围、保险公司环境风险防控服务、保障手段、加强组织领导方面进行了规定。

2018 年 5 月，人民银行贵阳中心支行配合省政府金融办制定《贵安新区绿色金融改革创新试验区工作推进绩效考核办法（试行）》，逐步将绿色信贷执行情况作为重要信贷政策执行情况纳入宏观审慎评估（MPA）指标，持续增强对辖内金融机构开展绿色贷款业务的引导和支持。随后，人民银行贵阳中心支行牵头制定《关于支持绿色信贷产品和抵质押品创新的指导意见》，引导和鼓励金融机构探索开展环境权益抵质押贷款业务等，加大绿色信贷产品和抵质押担保模式创新力度；牵头制定《贵安新区绿色金融专项统计方案》，建立了囊括绿色贷款、绿色债券、绿色企业境内上市融资等多种绿色金融产品的专项统计制度，使得试验区绿色金融统计和分析机制更加明朗；牵头制定《贵安新区绿色金融风险预警工作方案》和《贵安新区绿色金融风险监测和评估办法》，指导试验区金融机构将环境风险的监测、识别、控制纳入日常的经营管理，不断提高对绿色项目环境效益与成本的定量分析能力，筑牢试验区绿色金融改革创新的安全底线。

2018年7月，贵安新区管委会发布《贵安新区关于支持绿色金融发展的政策措施（试行）》和《贵安新区绿色金融改革创新试验区建设实施方案》。《贵安新区关于支持绿色金融发展的政策措施（试行）》中，针对机构落户、绿色金融人才、绿色业务开展、绿色上市等方面制定了具体的扶持奖励措施和标准。《贵安新区绿色金融改革创新试验区建设实施方案》中，进一步明确了贵安新区绿色金融改革创新试验区建设的主要目标，列出了五个方面的具体措施，包括：构建绿色项目认证体系、搭建绿色项目库，探索多元化绿色金融产品和服务体系，打造多层次绿色金融组织机构体系，着力完善多层级绿色金融政策支撑体系，着力健全绿色金融风险防范化解体系，此外还指出了实施步骤和保障措施。

2019年1月，贵州省生态环境厅出台《贵州省环境污染责任保险风险评估指南（试行）》，明确了环境污染责任保险风险评估程序，明确了企业环境风险评估指标体系由环境风险源、环境污染途径、环境风险暴露三类指标构成，解决了前期试点过程中保险公司之间互相恶性竞争、保费确定规则不明确、随意性大等问题，以及保前风险评估的科学性、可操作性、经济性和评估主体的特殊性问题。

2019年12月，贵州省绿色金融创新领导小组办公室发布《关于绿色金融支持清洁供暖试点建设的七条措施》，针对清洁供暖项目提出了七条绿色金融支持举措。

2021年9月，贵州省绿色金融创新领导小组办公室发布《关于积极发展绿色金融推动绿色高质量发展的实施意见》，明确要以绿色金融创新发展作为金融供给侧结构性改革的重要举措，着力构建要素齐备、层次多元、特色鲜明、优势突出的绿色金融综合服务体系，力争在西部率先形成一套绿色金融创新驱动发展的模式。

## 8.2.2 绿色金融标准和绿色项目库建设

（1）绿色金融地方标准

与其他试验区相比，贵州省绿色金融地方标准建设稍显滞后。直至2019年6月13日，贵州省地方金融监督管理局和贵安新区管委会联合发布《贵州省绿色金融项目标准及评估办法（试行）》，随附了《贵州省绿色金融重点支持产业指导性标准（试行）》《贵州省绿色金融支持的重大绿色项目评估办法（试行）》，贵州省终于拥有了绿色金融地方标准。

《贵州省绿色金融项目标准及评估办法（试行）》，建立了绿色金融项目的评估标准及程序、绿色金融项目纳入贵州省绿色金融项目库的流程、重大绿色金融项目评估认证办法及流程；建立了绿色金融项目及重大绿色项目资金投放后的跟踪管理机制。

《贵州省绿色金融项目标准及评估办法（试行）》具有五大特点：①紧密结合生态利用产业、绿色能源、清洁交通、建筑节能与绿色建筑、生态环境保护及资源循环利用、城镇、园区绿色升级、生物多样性保护等贵州省重点支持产业制定标准，体现了地方特色。②采用"指标体系法"和"环境效益评估法"相结合，遵循"公开、公平、公正"原则，引导项目业主进行绿色设计。"环境效益核算法"是指专家团队根据不同行业相关环境影响因素设定参数权重，设计计算模型，通过评估核算得出环境效益值，根据环境效益值评定绿色属性。该方法能够区分项目的"深绿"和"浅绿"，但无法客观地体现绿色与非绿的边界，且评估方法复杂。"指标体系法"是指直接提出不同行业的绿色金融项目需要达到的具体指标，公开、清晰、通俗易懂，但不能评估"深绿"和"浅绿"。③选取高于国内标准且国际金融机构普遍认可的国际标准，使国内标准与国际标准互相配合，以更好地吸引国内资金和国际资金。④主要采用有具体评估指标的定量标准，以确保客观性和公允性，便于实际评估工作的开展。对于目前没有定量标准的行业，则采用定性标准进行环境、生态或绿色相关的描述，以规范和约束项目绿色属性。⑤以性质接近的产业根据"绿色功用"的不同进行归类和划分，将绿色产业分为七个大类，在此基础上，进一步细分为30个二级分类和100个三级分类，共计110类。

（2）绿色项目库建设

贵州省作为大数据综合试验区、生态文明试验区、内陆开放型经济试验区三大国家级试验区，在贯彻实施"大扶贫""大数据""大生态"三大战略时，以项目建设为重要抓手，并自2016年5月开始启动贵州省"项目云"平台建设。"项目云"是全省项目信息共享平台，基于"云上贵州"平台和互联网、电子政务外网运行，充分运用大数据、互联网、云计算、地理信息、数据可视化等先进技术，可实现对全省项目建设的精准调度、精准管理和精准服务。

2018年以来，贵州省林业厅和发改委共同推动贵州省林业项目库建设，由省、市、县三级分别设立，统一纳入"贵州省项目云"平台，重点聚焦七个方向：十大生态修复工程，十大林业产业基地建设，林产工业及一、二、三产融合发展，林下经济发展，森林旅游康养、文化创意等产业，基础设施建设智慧林业等新兴产业。首批入库林业项目771个，其中29个入列国家重大项目库。

2021年，贵州省发改委积极推动"新型工业化、新型城镇化、农业现代化、旅游产业化"重大项目库，目前入库亿元以上重大项目3023个，其中不少是绿色项目。2021年7月，在2021年"生态文明贵阳国际论坛"上，省投资促进局积极招商，促成了88个绿色产业项目达成合作，合同投资总额1098.84亿元，其中：生态利用型产业项目36个，合同投资额197.6亿元；低碳清洁型产业项目27个，合同投资额681.97亿元；循环高效型产业项目19个，合同投资额158.82亿元；环境治理型产业6个，合同投资额60.44亿元。

贵安新区绿色金融改革创新试验区成立后，绿色金融港管委会积极搭建绿色金融综合服务平台，开展绿色项目认证、绿色项目融资设计、绿色项目库建设。2019年《贵州省绿色金融项目标准及评估办法（试行）》出台后，根据该办法评审了贵安新区首批绿色金融项目，有3个项目成功签约，获得了147.1亿元的绿色低息贷款。

## 8.2.3 绿色金融服务平台及其他绿色金融基础设施建设

（1）贵安新区绿色金融综合服务平台建设

绿色金融改革创新试验区成立后，贵安新区积极推动绿色金融综合服务平台建设，并于2019年正式上线。绿色金融综合服务平台将绿色金融与大数据相结合，建设了绿色金融标准数据库、绿色金融项目数据库、绿色金融风险控制数据库等，是试验区绿色金融供给端和需求端对接的主要平台。金融机构相关人员可通过注册成为平台会员，在该平台上了解查询贵安新区绿色金融优惠政策、绿色金融项目库中的绿色项目等；有绿色项目的项目业主也可以通过该平台提交项目材料，主动申请绿色认证，以纳入绿色金融项目库。

（2）贵州省公共信用信息平台

2015年11月，贵州省发展改革委、贵州省公安厅、贵州省工商局、人行贵阳中心支行联合印发《关于加强贵州省公共信用信息记录建设和共享的实施意见（试行）》，贵州省加强公共信用信息平台建设，并接入全国公共信用信息共享平台，打破部门、地区间信用信息孤岛，归集整合分散在各行业领域的信用信息，实现公共信用信息互联互通。2017年11月贵州成为全国首批获社会信用体系与大数据融合发展试点省份之一,贵州省信息中心、贵州省诚信建设促进会依托电子政务外网建设"贵州信用云",目前已建成贵州省个人、企业、机关事业单位法人、社会组织法人四个主体信用信息基础数据库,"信用云"纵向归集了省、市、县99%以上的公共管理部门信用信息,横向同省市场监管局、省法院、省生态环境厅、省文旅厅、省应急厅、省税务局、人民银行贵阳中心支行等20多个部门完成了信用信息共享交换。截至2020年12月,贵州信用云共归集信用信息2.07亿条,完成信用主体数据采集入库总计3772万条。

(3)贵安新区绿色金融行业自制机制

2018年9月18日,贵州省贵安新区13家银行业金融机构组织召开了贵安新区绿色金融行业自律机制成立大会,通过了《贵州省贵安新区绿色金融行业自律机制工作指引(暂行)》,共同签署了《贵州省贵安新区绿色金融行业自律机制公约(暂行)》。通过机制建设引导标准制定和制度创新,提高绿色项目与资金供给对接效率,通过行业自律管理,引导和监督市场主体有序、规范、高效地开展绿色金融业务创新,避免行业内部恶性竞争,从而促进贵安新区绿色金融改革创新试验区内绿色金融行业市场化进程。

## 8.3 贵州省绿色金融组织体系和市场体系建设

### 8.3.1 打造贵安新区绿色金融港

为了构造贵安新区绿色金融、金融衍生品行业、金融配套产业的载体,2016年贵安新区在核心区域投入建设绿色金融港,项目规划含高端研发区、国际人才社区、创智金融区、绿色金融文化岛、金融门户区、科技金融区、金融服务区、贸易金融区。2018年7月,绿色金融港一期工程完工,建筑面积8.4万平方米,成功签约了贵州银行等22家绿色金融机构;绿色金融港二期占地384亩、建筑面积84万平方米,2018年5月开工建设。

按照发展规划,贵安新区绿色金融港建成后,将力争吸纳入驻的银行以及其他金融机构不低于100家,入驻的创新型互联网金融机构不低于100家,初步建成一个设施先进、机构集中、服务完善、特色鲜明、具有辐射效应的绿色金融中心、社会财富管理中心,成为贵州绿色金融产业发展的新高地。

## 8.3.2 绿色金融专营组织建设

《贵安新区绿色金融改革创新试验区建设实施方案》中提出：要打造多层次绿色金融组织机构体系，推动有条件的地方法人金融机构在新区设立绿色金融事业部或绿色分支机构，提高新区绿色金融聚集力，加快绿色金融业务发展。在政策支持下，各大银行和金融机构相继设立绿色金融专营机构。

（1）银行绿色金融专营机构

贵安新区有三家银行的支行以绿色金融命名：2018年1月9日，中国建设银行贵安新区行政中心支行更名为中国建设银行贵安绿色金融改革创新试验区支行；2018年7月10日，中国农业银行贵安新区支行更名为中国农业银行贵安绿色金融支行；2019年10月23日，贵阳银行贵安绿色金融试验区支行成立。此外，贵安新区内，贵州银行贵安新区支行、中国邮政储蓄银行贵安新区支行、光大银行贵安支行相继成立，中国工商银行贵安支行升级为贵安分行，中国银行贵安新区支行升级为贵安新区分行，并设立绿色金融事业部。

兴业银行作为中国首家赤道银行，2012年入驻贵州成立兴业银行贵阳分行，积极推动当地绿色金融发展，2014年成立兴业银行系统内首家生态支行——观山湖（生态）支行、2015年成立环境金融中心、2017年成立绿色金融事业部。

银行绿色金融专营机构实行"有保有压、扶优限劣"的信贷策略，逐步降低高能耗、高排放行业的信贷投放比重，严格执行"环保一票否决制"，匀出信贷存量支持发展绿色金融，降低绿色金融经营主体贷款门槛，进行绿色金融产品和工具的创新，多样化资金来源和融资模式，同时实施绿色信贷工作的考评体系和奖惩机制，将绿色金融的成果作为监管评级、机构准入、业务准入的重要依据。

（2）非银行绿色金融专营组织建设

中天金融集团股份有限公司，成立于1978年，1994年在深圳证券交易所主板上市，是贵州省第一家上市公司，也是贵州省内成长最快、规模最大、综合实力最强的民营企业之一，旗下有中天国富证券、中融人寿、友山基金等成员企业。中天金融顺应市场机遇，坚持"绿色实业金融服务"定位，"引金入黔"助力脱贫攻坚，以绿色金融助推区域经济高质量发展。贵安新区绿色金融改革创新试验区成立后，中天国富证券在园区内设立了绿色金融事业部。

在绿色保险专营机构方面，2018年中国人保财险在贵安新区建立了全国首个"绿色金融"保险服务创新实验室。

### 8.3.3 绿色金融市场体系建设

（1）贵州环境能源交易所有限公司

2010年7月，贵阳环境能源交易所经贵阳市人民政府批准成立，是贵州省唯一从事环境权益交易的交易平台。2014年12月，贵阳环境能源交易所更名为贵州环境能源交易所有限公司（简称"贵州环交所"）。2016年4月，贵州省发改委同意贵州环交所作为贵州省碳排放权交易服务平台，是全国非试点地区第一个被省级主管部门确定的省级碳排放权交易服务平台。

作为贵州省综合性碳排放权交易咨询管理服务平台，贵州环交所集企业温室气体信息报送、第三方核查机构及核查员监管、政府碳配额分配、碳资产托管与咨询以及碳交易基础能力建设等服务功能于一体。同时环交所在贵州省发展改革委设置了专业部门和专职人员负责该平台的各项服务工作，协助省发改委完成全国碳排放权交易市场建设的各项工作任务目标。

2021年9月，贵州环交所与上海环境能源交易所签署共同助推贵州省碳市场建设合作协议，将针对节能减排、绿色低碳、碳交易、碳金融、碳普惠等领域开展研究合作。

（2）贵州绿色资源交易有限公司

2015年5月，贵州黔西南州供销合作社参股的贵州绿色资源交易有限公司揭牌成立，是贵州省首家集林权流转、农林产品交易、投融资服务、信息发布等功能为一体的区域性电子商务综合服务平台。该平台建设按照政府主导、企业承建、市场化运作的方式，建立贵州绿色资源电子交易网，并与华东林业产权交易所、贵州森林资源资产评估有限公司、册亨县林权管理服务中心以及册亨县金融、保险、物流等机构进行合作，围绕"资源—资产—资本—资金"经营构想，打造绿色金融服务产业链，推动农林产业发展，服务"三农"。

（3）贵州绿色金融交易中心有限公司

2015年11月，贵州绿色金融交易中心有限公司在贵阳综合保税区注册成立，是全国第一家聚焦绿色主题的交易中心。其经营范围包括：碳交易，排污权交易，节能量交易，绿色资源品交易，为政府提供污染治理、节能减排、低碳转型等项目提供综合咨询和投融资对接服务，提供绿色产业项目和企业信息展示服务，提供绿色产业企业改制、并购重组、融资渠道拓展相关服务。贵州绿色金融交易中心还借助大数据技术，努力打造聚集绿色企业、绿色项目和绿色资本的大平台，促成绿色资本和绿色企业、绿色项目的成功对接。

## 8.4 贵州省绿色金融业务状况

### 8.4.1 绿色信贷业务

贵州省绿色金融体系中，绿色信贷一直占主要地位。2016年以来贵州省绿色贷款规模持续快速增长，具体如图8-1所示。

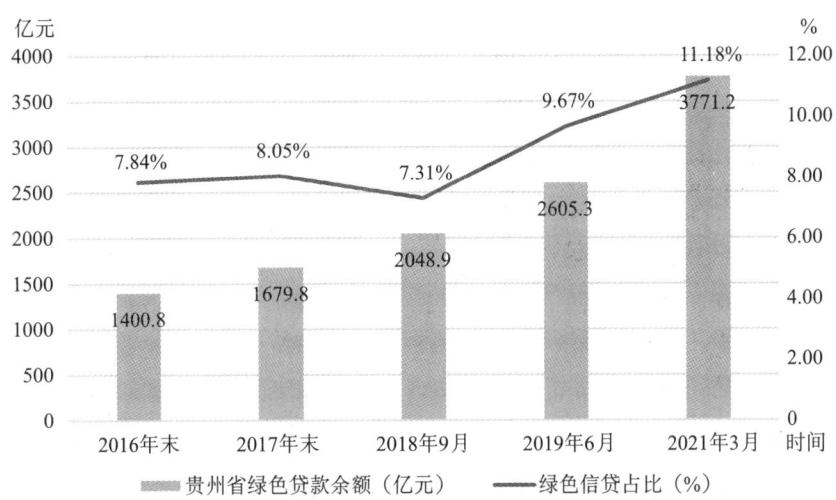

图8-1 2016—2021年贵州省绿色贷款余额

注：根据公开资料整理。

2016年末贵州省绿色贷款余额仅1400.8亿元，占金融机构人民币各项贷款的7.84%；截至2007年末贵州省绿色贷款余额增至1679.8亿元，绿色信贷占比8.05%；截至2018年9月，贵州省绿色贷款余额突破2000亿元，绿色信贷占比为7.31%；截至2019年6月，贵州省绿色贷款余额达到2605.3亿元，绿色信贷占比增至9.67%；截至2021年3月，贵州省绿色贷款余额达到3771.2亿元，绿色信贷占比达到最高点11.18%。

贵安新区作为绿色金融改革创新试验区，出台了一系列绿色信贷支持政策，绿色信贷业务有一定的发展，但总体规模还不大。截至2021年3月，贵安新区绿色贷款余额仅115亿元，约占贵州省绿色贷款余额的3%。

另外，由于贵州省一直坚持"脱贫攻坚+绿色发展"的经济发展模式，贵州省金融机构的人民币各项贷款中，有较大比例的涉农贷款，这部分贷款，尽管没有贴标"绿色贷款"，实际却是绿色的，具体包括两大类：一是绿色农业开发项目贷款，如绿色林业开放项目贷款、生态修复贷款、垃圾处理及污染防治项目贷款等等；二是支持乡村振兴产业发展的绿色贷款，如绿色产业贷款、生态农林牧渔业产业贷款、自然生态保护及旅游资源保护性开发贷款等。2017年以来贵州省金融机构人民币贷款余额、涉农贷款余额的情况如图8-2所示。

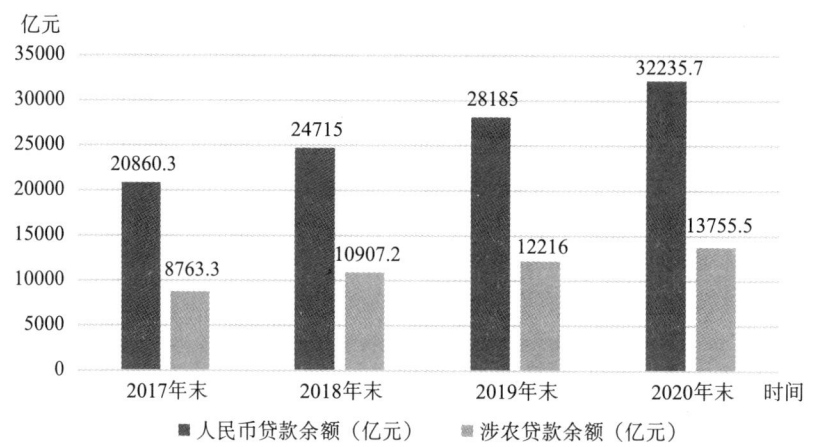

图8-2 2017—2020年贵州省金融机构人民币贷款及涉农贷款余额

注：根据公开资料整理。

截至2017年末，全省人民币贷款余额20860.3亿元，涉农贷款余额8763.3亿元，占比42%；截至2018年末，全省人民币贷款余额24715亿元，涉农贷款余额10907.2亿元，占比44%；截至2019年末，全省人民币贷款余额28448亿元，涉农贷款余额约12216亿元，占比43%；截至2020年末，全省人民币贷款余额32235.7亿元，涉农贷款余额13755.5亿元，占比43%。总体来看，贵州省涉农贷款占据了全部人民币贷款余额的四成以上，也反映出贵州的整体信贷规模中绿色占比较高。

而从绿色信贷产品创新来看，贵州省内各大银行立足当地经济情况，围绕大扶贫、大数据、大生态、大文旅、大健康、新能源、新材料、生态农业、节能环保、低碳减排等绿色产业，相继推出了一系列绿色信贷产品，具体如表8-2所示。

表8-2　　　　　　　　贵州省各银行特色绿色信贷业务

| 贷款银行 | 贷款类型 | 绿色信贷产品 |
| --- | --- | --- |
| 贵州银行 | "三农" | 遵义市茶叶农户贷款、小微企业贷款，兴仁县薏仁米产业绿色贷款，六盘水猕猴桃种植户贷款 |
| | 绿色旅游 | 黄果树—龙宫生态度假旅游、贵阳修文桃源河景区、铜仁十里锦江景区项目贷款 |
| | 污染治理 | 铜仁市区城市污水处理工程项目贷款 |
| | 节能减排 | 都匀市城市道路照明节能改造贷款 |
| 贵阳银行 | 产业扶贫 | "茶园贷""猕猴桃贷" |
| | 林业贷款 | "爽绿贷"系列（"林权抵押贷""爽农订单贷""合同能源管理授信""知识产权系列贷"） |
| | 信息化企业贷款 | 数据资产抵押贷款 |
| 中国农业银行贵州省分行 | 农村基础设施建设 | "美丽乡村贷""农村饮水安全贷""生态移民贷" |
| | 产业扶贫 | "惠农e贷"扶贫产业包 |
| | 乡村旅游 | "乡村旅游e贷" |
| | 城市基础设施建设 | 贵州轨道交通1号线、3号线项目贷款；双龙航空港经济区项目贷款，花果园项目贷款，棚改项目贷款 |
| | 民生项目 | "菜篮e贷" |
| 兴业银行 | 水资源治理 | 长江经济带贵阳经济技术开发区流域生态综合治理工程PPP项目贷款，金钟河（云岩区段）水环境综合治理项目贷款、天柱县鉴江小流域治理项目贷款 |
| | 新能源、再生能源开发 | 项目贷款 |
| | 绿色旅游开发 | 天河潭景区提升建设项目贷款 |
| | 绿色交通 | 企业贷款、项目贷款 |
| | 污染防治 | 项目贷款 |
| 中国工商银行贵州省分行 | 茶叶加工 | "茶e贷" |
| | 生态环境治理 | 赤水河水体功能修复项目贷款，国酒茅台生产基地生态环境保护和建设项目贷款 |
| | 节能环保 | 贵阳生活垃圾焚烧发电项目贷款 |
| | "三农" | 贵州省蔬菜基地项目贷款，茶油精深加工企业贷款 |

注：根据网上资料整理而得。

贵州银行自成立以来始终秉承绿色发展理念，在总行成立"绿色金融部"，牵头全行绿色金融业务的推动管理，将绿色金融列为全行战略核心业务之一，并明确打造绿色金融品牌的绿色金融战略发展目标，制定绿色金融配套制度，2020年11月成为境内第六家赤道银行。贵州银行大力支持全省绿色旅游、节能环保、污染治理、清洁交通、生态保护、绿色产业等领域绿色项目发展。为助推绿色旅游，贵州银行以项目贷款、并购贷款等方式，累计为黄果树—龙宫生态度假旅游、贵阳修文桃源河景区、铜仁十里锦江景区等全省100个旅游景区提供融资38亿元。为支持污染治理和节能减排，贵州银行向铜仁市区城市污水处理工程项目发放贷款2亿元，向都匀市城投公司贷款1.3亿元，支持都匀市城市道路照明节能改造。为支持当地特色产业、助力脱贫致富，贵州银行辖内各分行立足当地深耕绿色信贷业务：遵义分行向当地茶叶小微企业提供绿色贷款5280万元，向两家园艺公司发放绿色贷款9600万元；黔西南分行为兴仁县薏仁米产业提供绿色贷款600万元；六盘水分行为当地猕猴桃种植农户和农旅一体化项目发放绿色贷款1.5亿元。2020年11月30日，贵州银行正式宣布采纳赤道原则，成为国内第六家赤道银行。截至2020年末，贵州银行绿色信贷余额达228.52亿元，占各项贷款比重达10.68%。

贵阳银行2017年6月制定了《贵阳银行打造绿色生态特色银行总体规划》，明确提出打造绿色生态特色银行的总体目标，将节约、环保和可持续发展等绿色金融理念融入信贷业务中。贵阳银行结合贵州农村"一县一业"产业发展布局，主动搭建政银企三方合作平台，引入了40余家全国500强农业龙头企业，创新"龙头公司+基地+银行"服务模式，研发了一系列农业、林业产业金融产品：（1）针对种植茶叶的农户（企业）推出"茶园贷"，首次将茶园资产作为抵押物获取贷款，且在办理茶园资产抵押贷款时，根据贷款方式与种类确定贷款期限和优惠利率，对参加农业保险的农户（企业），优先发放贷款。（2）针对红心猕猴桃猕猴桃产业，开发专项贷款"猕猴桃贷"，有效解决了猕猴桃正式销售前购买有机肥和治理病虫害的流动资金需求。（3）针对珍贵林木罗甸降香黄檀，创新推出活立木按揭贷款"爽绿贷"，2018年9月正式上线营运。为共同推动罗甸降香黄檀活立木市场交易、助力当地脱贫，贵阳银行与贵州乾朗交易中心、贵州汇生林业有限公司签署合作协议：贵州汇生林业有限公司在罗甸县中南部5个乡镇16个村流转近3万亩荒山成功种植罗甸降香黄檀，贵州乾朗交易中心搭建线上线下一体的交易平台，客户在乾朗交易中心"黔乾商城"成功购买活立木产品并支付首付款后，即可以所购活立木不动产权作为抵押担保，在贵阳银行申请"爽绿贷"。此外，针对以数据资源为核心资产的信息化服务公司，贵阳银行2019年在国内首创推出"数据资产抵押贷款"，贵州东方世纪公司拿到了第一笔贷款。截至2020年末，贵阳银行绿色信贷余额193.71亿元，在全部贷款中占比达8.39%。

中国农业银行贵州省分行，作为一家面向"三农"、城乡联动、融入国际、综合经营的大型商业银行，充分发挥点多面广的渠道优势，利用绿色信贷助力脱贫攻坚，截至2020年底，累计向贵州省66个扶贫开发重点县投放贷款2120亿元，精准扶贫贷款余额266.63亿元，累计带动服务建档立卡贫困人口近116.74万人。为助力脱贫攻坚，农行贵州省分行不断创新绿色信贷产品，支持安六铁路、花安高速等交通路网升级，打通贫困地区交通瓶颈，并补齐贫困地区路、水、房、电、文、教、卫等基础设施建设短板，同时围绕农业特色优势产业，量身定制产业扶贫贷款：（1）为支持贫困乡村开展农村人居环境整治，创新推出"美丽乡村贷"，发放贷款107亿元，受惠范围包括66个贫困县、1300多个乡、近7万个村寨。（2）针对农村饮水安全问题，推出"农村饮水安全贷"，投放贷款近10亿元。（3）针对易地扶贫搬迁安置点建设，创新推出"生态移民贷"，累计发放贷款20亿元，受惠范围包括41个县129个安置点。（4）针对猕猴桃、韭黄、蘑菇等特色农业，推出"惠农e贷"，具体包括普定韭黄e贷、从江猪e贷、都匀毛尖e贷、黔东南苗银e贷等107个子产品，累计投放贷款214亿元，受惠对象达15万农户。（5）为支持杉木河、韭菜坪、百里杜鹃等旅游景区建设，推出"乡村旅游e贷"，累计投放贷款282亿元，带动6.5万贫困人口脱贫。在绿色信贷模式上，农行贵州省分行与贵州省农业农村厅、省扶贫开发办公室、省文化和旅游厅结成战略同盟，并与73家担保公司建立合作，探索"政银担合作扶贫"信贷模式。

农业银行贵阳分行利用绿色信贷，助力城市基础设施建设和城市改造，向贵阳轨道交通1号线、3号线项目提供贷款，为贵州双龙航空港经济区和花果园建设项目提供授信，向元琦林居三期、河滨剧场棚改、鲤鱼村棚改提供项目贷款。农行贵阳分行创新信贷模式，采用"农行+担保公司+企业+经营户"4321政府增信模式，为贵阳某物流园驻场商户创新推出"菜篮e贷"，有效解决商户融资难融资贵问题。

兴业银行贵阳分行，充分利用总行绿色金融综合服务优势，顺应贵州大生态发展战略，聚焦低碳转型绿色发展，成为贵州省绿色金融发展的先遣队。截至2021年6月，兴业银行贵阳分行已累计为69家企业提供绿色金融授信

588 亿元，实现投放 385 亿元，绿色金融客户达 310 户。兴业银行贵阳分行在新能源及可再生能源、水资源利用、水污染防治、绿色交通、绿色旅游等领域积极推出绿色金融综合服务：（1）针对长江经济带贵阳经济技术开发区流域生态综合治理工程 PPP 项目，创新推出"项目前期贷款＋项目贷款"组合产品。（2）针对贵阳金钟河（云岩区段）水环境综合治理项目、贵州省水投集团水利设施建设项目、天柱县鉴江小流域治理项目，利用绿色金融差异化授信，投放贷款 140 亿元，解决了百万人口的饮用水安全，保障了产业用水供水。（3）为乌江能源集团、燃气集团、中水能源等新能源和可再生能源企业授信超过 40 亿元，助力新能源发展。（4）为贵阳市轨道交通集团、省铁投、贵阳市和遵义市铁投等省内重点企业授信 156 亿元，支持绿色交通发展。（5）针对天河潭景区提升建设项目，以项目贷款、信托贷款、资产证券化和智慧旅游产品等方式提供打包融资方案，融资金额达 44 亿元。（6）针对"盘州石漠化综合治理项目""六枝特区垃圾焚烧发电项目"等绿色惠民工程，提供绿色贷款。

工商银行贵州省分行响应绿色金融支持政策，实现绿色贷款资源差异化倾斜，截至 2021 年 6 月末，投向节能环保、清洁生产、清洁能源、生态环境、基础设施绿色升级、绿色服务等绿色贷款余额 447 亿元。针对贵州湄潭县、凤冈县茶叶加工企业的流动资金短缺，推出"茶 e 贷"融资方案，以白名单准入＋线上提款为主要方式，以龙头核心企业担保为保证方式。针对赤水河水体功能修复、国酒茅台生产基地生态环境保护和建设项目，联合工行上海分行组建银团，并创新采取项目前期贷款和项目贷款相结合信贷模式。针对贵阳"生活垃圾焚烧发电项目"，与佛山分行组建银团发放贷款。此外，还向贵州省蔬菜基地项目、茶油精深加工项目和企业提供绿色授信。

## 8.4.2　绿色债券

《贵安新区绿色金融改革创新试验区建设实施方案》（2018 年）中指出：支持金融机构加快发行绿色金融债，支持注册在新区的企业在交易商协会发行绿色中期票据等绿色金融产品，积极搭建银行、证券等各类金融机构与企业对接平台，为发行绿色债券企业提供全方位金融服务。《贵安新区支持绿色金融发展政策措施（试行）》（2020 年）中，明确了绿色债券业务奖励政策：对成功发行绿色债券的企业，按其实际发行债券金额给予 0.2% 的一次性奖励，原则上每家企业奖励金额不超过 200 万元。

贵州省自 2017 年开始发行绿色债券，截至 2021 年 9 月末，省内共发行绿色债券 13 只，发行总规模 242.81 亿元，绿色债券类型构成如图 8-3 所示。

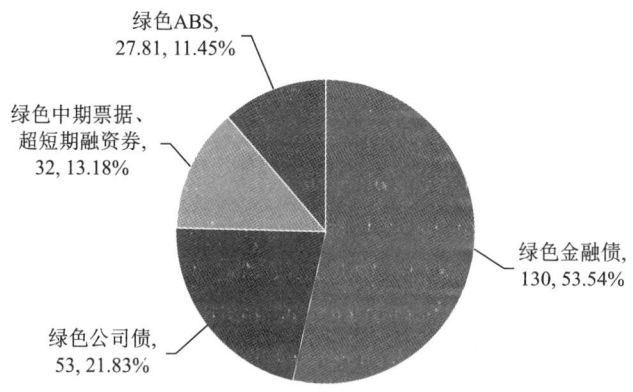

**图 8-3　2017—2021 年贵州省绿色债券类型构成**

注：根据中国金融信息网绿债数据库和联合资信数据整理。

贵州省内发行绿色债券中，绿色金融债占绝对领先地位，共发行 4 只，发行金额合计 130 亿元，占全部绿色债券发行额的 53.54%；绿色公司债位居第二，共发行 4 只，发行金额合计 53 亿元，所占比重为 21.83%；绿色中期票据和超短期融资券位居第三，共发行 3 只，发行金额合计 32 亿元，所占比重为 13.18%；绿色 ABS 产品 2 只，发行金额合计 27.81 亿元，所占比重为 11.45%，排名最末。

贵州省绿色金融债起步较晚，发行主体仅贵阳银行和贵州银行两家，具体如表 8-3 所示。贵阳银行 2018 年 8 月 29 日发行了省内首笔绿色金融债，规模 50 亿元，贵阳银行 2019 年 9 月再次发行 30 亿元绿色金融债，两只合计 80 亿元，是绿色金融债发行规模最大的主体。贵州银行 2018 年 11 月和 12 月两次发行绿色金融债，金额合计 50 亿元。总体来看，4 只绿色金融债单笔规模均较大，发行期限均为 3 年，债券评级较高。

贵州省绿色公司债起步晚、发行主体少、总体规模小，具体如表 8-3 所示。省内 4 只绿色公司债中，贵州省水利投资（集团）有限公司发行了 3 只，2019 年 11 月和 2020 年 1 月分别发行了 32 亿元和 8 亿元的绿色公司债，是非公开发行的私募债，2020 年 1 月公开发行了 10 亿元绿色公司债，总规模合计 50 亿元，占贵州省绿色公司债总规模的 94.34%。此外，贵州省盘州市红腾开发投资有限公司 2021 年发行了 3 亿元绿色公司债（私募债）。

表 8-3　2017—2021 年贵州省绿色债券发行概况

| 发行日期 | 债券简称 | 债券种类 | 发行单位 | 发行额（亿元） | 期限（年） | 票面利率 | 债券评级 |
| --- | --- | --- | --- | --- | --- | --- | --- |
| 2018-8-29 | 18 贵阳银行绿色金融 01 | 金融债 | 贵阳银行股份有限公司 | 50 | 3 | 4.34% | AAA |
| 2018-11-16 | 18 贵州银行绿色金融 01 | 金融债 | 贵州银行股份有限公司 | 30 | 3 | 4.03% | AA+ |
| 2018-12-3 | 18 贵州银行绿色金融 02 | 金融债 | 贵州银行股份有限公司 | 20 | 3 | 4% | AA+ |
| 2019-9-10 | 19 贵阳银行绿色金融 01 | 金融债 | 贵阳银行股份有限公司 | 30 | 3 | 3.55% | AAA |
| 2019-11-26 | G19 贵水 1 | 公司债（私募债） | 贵州省水利投资（集团）有限责任公司 | 32 | 3+2 | 4.59% | AAA |
| 2020-1-17 | G20 贵水 1 | 公司债（私募债） | 贵州省水利投资（集团）有限责任公司 | 8 | 3+2 | 4.59% | AAA |
| 2020-3-18 | 20 贵州水投 GN001 | 中期票据 | 贵州省水利投资（集团）有限责任公司 | 10 | 5 | 4.00% | AAA |
| 2020-11-25 | G20 水利 1 | 公司债 | 贵州省水利投资（集团）有限责任公司 | 10 | 3+2 | | AAA |
| 2021-1-21 | 21 贵州水投 GN001 | 中期票据 | 贵州省水利投资（集团）有限责任公司 | 20 | 5 | 4.50% | AAA |
| 2021-2-2 | G21 红腾 1 | 公司债（私募债） | 贵州省盘州市红腾开发投资有限公司 | 3 | 5 | 5.50% | AAA |
| 2021-9-22 | 21 贵阳勘测 GN002（革命老区） | 超短期融资券 | 中国电建集团贵阳勘测设计研究院有限公司 | 2 | 0.4932 | | |

续表

| 发行日期 | 债券简称 | 债券种类 | 发行单位 | 发行额（亿元） | 期限（年） | 票面利率 | 债券评级 |
| --- | --- | --- | --- | --- | --- | --- | --- |
| 2017-3-24 | 平安-贵阳公交经营收费收益权绿色资产支持专项计划 | 绿色ABS | 贵阳市公共交通（集团）有限公司 | 26.5 | 4+4 | 5.93% | AAA |
| 2019-7-19 | 华创-安顺汽运客运收费收益权绿色扶贫资产支持专项计划 | 绿色ABS | 贵州省安顺汽车运输公司 | 1.31 | | | |

注：根据中国金融信息网绿债数据库和联合资信数据整理。

贵州省绿色中期票据和超短期融资券发行主体少、规模小。贵州省水利投资（集团）有限公司2020年3月发行了省内首单绿色中期票据，规模10亿元；2021年1月又发行了20亿元的绿色中期票据。在其他绿色债务融资工具方面，中国电建集团贵阳勘测设计研究院有限公司了发行了2亿元绿色超短期融资券。

贵州省较早开始绿色资产证券化产品方面的探索，但截至目前仅2只绿色ABS。2017年3月24日，平安—贵阳公交经营收费收益权绿色资产支持专项计划成功发行，规模26.5亿元，募集资金用于新能源和清洁能源公交车辆购置和公交设施运营、偿还存量债务等。这是全国首单省会城市公交绿色ABS项目，也是贵州省首只绿色资产支持证券。2019年7月，华创—安顺汽运客运收费收益权绿色扶贫资产支持专项计划在上交所成功发行，总规模1.31亿元，是以汽运客运收费收益权为基础资产的ABS项目。

贵州省在绿色企业债发行方面十分滞后，目前尚未发行绿色企业债。2019年12月，贵州省中天城投集团获国家发改委批复同意发行不超过49亿元绿色企业债券，所筹资金将用于中天·未来方舟可再生能源集中供能工程（一期、二期）等绿建项目。2020年6月，贵州省黔西南州水资源开发投资有限公司获国家发展改革委批复同意发行绿色债券14亿元，所筹资金7亿元用于贵州鹏昇（集团）纸业有限责任公司年产60万吨包装纸建设项目，7亿元用于补充营运资金。

在绿色债券境外发行方面，贵州省也积极尝试。在2019年1月13—15日于香港举办的"亚洲金融论坛·环球投资项目对接会"中,贵安新区核心区污水处理尾水排放通道工程项目、贵安新区污水处理二期截污工程项目、贵安新区污水处理一期截污工程项目、花溪大学城思丫河截污工程项目、新特汽车—新电出行项目、贵州国家储备林绿色债项目、贵州长江汽车有限公司新能源纯电动乘用车项目、贵安国际绿色金融港启动区二期项目8个绿色金融项目首次面向全球发行绿色债券。

## 8.4.3 绿色基金业务

在各项政策支持下,贵州省绿色基金业务迅速发展。贵州省绿色基金分为五大板块,即水务、农副产品、农村扶贫、工业以及生态健康,通常采取"1+N"的母子基金运作方式,即国有出资资金作为母基金的引导基金,联合社会资本设立多支子基金,子基金遵照筛选优质项目,股债结合,投贷联动的模式来运作,投资支持政府类和市场类项目建设、运营及发展。贵州省目前的主要绿色基金如表8-4所示。

表8-4　　　　　　　　贵州省主要绿色基金

| 基金名称 | 基金规模 |
| --- | --- |
| 贵阳市水务产业发展基金 | 100亿元 |
| 贵阳市菜篮子工程流通产业发展基金 | 30亿元 |
| 贵州绿色产业扶贫投资基金 | |
| 贵州省大健康绿色产业发展基金 | 100亿元 |
| 贵州省工业及省属国有企业绿色发展基金 | 300亿元 |

注:根据公开资料整理。

2017年,贵阳市水务产业发展基金设立,总规模100亿元,主要用于整合原水、制水、中水回用、污水处理、流域治理、污泥处理、固废处理、水环境综合治理等项目。

2017年,贵阳市菜篮子工程流通产业发展基金成立,总规模30亿元,首期规模10亿元,主要投向贵阳市民生产业及农产品市场体系建设领域。

2017年,贵州脱贫攻坚基金下扶贫产业子基金成立,后更名为贵州绿色产业扶贫投资基金,该基金围绕农村产业革命和决战决胜脱贫攻坚,募投社会资本逾千亿元,为12大特色农业产业提供金融保障。截至2020年,全省已累计投资基金项目1714个,投资金额1026.08亿元,其中"9+3"县区累计投资基金项目287个,投资金额163.10亿元。

2018年7月7日,由贵州省发改委发起的贵州大健康绿色产业发展基金成立,总规模100亿元,首期规模20亿元。基金重点支持以"医、养、康、管、游、食"为支撑的大健康产业链,以及生态利用型产业、循环高效型产业、低碳清洁型产业、环境治理型产业,拟实现社会资本、金融资本与贵州省大健康产业和绿色经济产业的有效对接,并进一步推动大健康与大数据、大扶贫、大生态及大旅游的深度融合发展。

2018年10月15日,贵州省工业及省属国有企业绿色发展基金正式启动,该基金为政府引导基金,由省工业和信息化发展专项资金、省属国有企业出资、社会资本定向募集构成,基金总规模达300亿元,将直接投资于贵州省内富有发展前景、成长性好的优质工业企业及省属国企,推动企业改革发展、结构调整、转型升级。截至2020年末,累计投资项目208个,金额合计88.51亿元,带动银行投资134.77亿元,投资项目行业涵盖全省十大工业产业,支持企业遍及9个市州及贵安新区。

## 8.4.4 绿色保险业务

《贵州省贵安新区建设绿色金融改革创新试验区总体方案》(2017年)明确提出要加快发展绿色保险。此后,为支持绿色保险发展,贵州省各级政府及金融监管部门相继出台了一系列政策:《贵州省关于开展环境污染强制责任保险试点工作方案》《贵安新区绿色保险创新工作实施方案》《贵州省贵安新区建设绿色金融改革创新试验区实施方案》等,鼓励在新区试点环境污染强制责任险,加大绿色保险产品创新力度,强化绿色产业风险抵御能力。《贵安新区支持绿色金融发展政策措施(试行)》中规定了发展绿色保险业务的奖励政策:对购买绿色保险或环境污染强制责任保险的企业,按保费金额给予10%的一次性奖励,原则上每家企业奖励金额不超过10万元。

贵州省保险业整体基础较弱,截至2021年6月,贵州省原保险保费收入仅296.22亿元,其中财产险原保费收费113.06亿元。在绿色保险业务方面,尽管有相关的支持政策,绿色保险发展较慢,业务规模较小,创新品种不多。贵州省主要绿色保险品种如表8-5所示。

2017年12月,《贵州省关于开展环境污染强制责任保险试点工作方案》发布,决定自2018年起在遵义市、黔南州、贵安新区开展环境污染强制责任

表 8-5　　　　　　　　贵州省主要绿色保险品种

| 时间 | 保险项目 | 保险特征 |
| --- | --- | --- |
| 2018 年 | 环境污染强制责任保险 | 补偿因企业突发意外事故引起污染损害以及由此导致的第三者人身伤亡和直接财产损失 |
| 2017 年 | 茶叶气象指数保险（茶叶低温保险） | 对茶园低温灾害导致的减产减收进行保险补偿 |
| 2019 年 | 辣椒天气指数保险 | 补偿因天气变化导致辣椒减产的损失 |
| 2020 年 | 食用菌价格保险 | 补偿食用菌市场价格下降导致的损失 |
| 2021 年 | 生猪价格"价格+期货"保险 | 补偿生猪价格波动带来的损失 |
| 2018 年 | 商业性珍稀树木保险 | 补偿自然灾害和非人为因素导致保险珍稀树木的流失、被掩埋、主干折断、甚至死亡的损失 |

注：根据公开资料整理。

保险试点。环境污染强制责任保险（简称"环责险"），是以企业发生污染事故对第三者造成的损害依法应承担的赔偿责任为标的，能减轻企业在环境污染意外事故中本应该承担的赔偿责任，有效避免因企业无力赔偿而使受损害者无法获得赔偿，也有利于政府增强处理环境风险事件的调控能力，缓解环保压力。为此，贵州省搭建了集企业投保、环境风险服务、保险定损理赔、法律支持与服务以及数据归集与信息公开于一体的环境污染责任保险服务平台，并创新"保险服务管家"业务模式，即公开组织申报确定华泰保险经纪公司作为贵州省环境污染责任保险经纪人，同时确定由平安财险、太平洋财险等 8 家保险公司成立"共保体"，作为投保企业免费的"保险服务管家"，协助企业完成投保、风险隐患排查、索赔等事宜。

截至 2021 年 5 月底，贵州省环境污染责任保险服务平台完成企业信息注册 177 家，企业环境风险评级 146 家，企业投保 75 家，保费共计 136.88 万元，提供保险保障 5780 万元。其中，完成危废行业企业信息注册、环境风险评级 106 家，危废行业企业投保 49 家，保费共计 49.68 万元，提供保险保障 2260 万元。

在农业保险领域，贵州省大力开展政策性农业保险，为农户及农业生产组织提供保障。2020 年贵州省政策性农业保险保费收入 16.34 亿元，同比增长 27.32%，累计为 802.3 万户次农户及各类农业生产组织提供风险保障 1922.52 亿元，累计向 32.82 万户次投保农户支付赔款 8.77 亿元，同比增长 8.65%。贵州省政策性农业保险有两类：一是中央财政保费补贴险种，二是地方特色试点险种。近年来,贵州省围绕12个农业特色优势产业,一方面不断扩大保障覆盖面和保障范围,如将蔬菜、茶叶、生态家禽纳入中央财政奖补试点险种,提高能繁母猪保额;另一方面不断开发新的保险品种和模式,如茶叶气象指数保险、辣椒天气指数保险、生猪价格"保险+期货"等。

2017年,锦泰财产保险股份有限公司贵州分公司针对贵州地区茶树的霜冻、倒春寒等低温灾害,创新开发出"山地茶叶气象指数保险",通过建立茶叶气象指数保险模型,运用基于地面观测数据、GIS技术和卫星遥感技术等气象要素精细化技术模型及茶叶气象灾害实时监测平台进行茶园实地温度监测,对茶园低温灾害导致的减产减收进行保险补偿。山地茶叶气象指数保险在贵阳市开阳、清镇、花溪试点三年,累计为三地茶农提供茶叶低温风险保障11000万元,支付赔款1194.88万元。2017年,太平洋保险贵州分公司在遵义市试点开办"茶叶低温保险",受惠对象达1080户次,提供风险保障1.17亿元。

2019年,太平洋保险贵州分公司在绥阳县3个乡镇试点开展"辣椒天气指数保险",惠及6名种植大户1181亩辣椒,提供风险保障70.86万元。

2020年,中国人保财险贵州省分公司、太保财险贵州分公司、平安财险贵州分公司、人寿财险贵州省分公司、国元农险贵州分公司和锦泰财险贵州分公司6家保险公司成立"共保体",为"9+3"县(区)蔬菜产业发展提供蔬菜种植保险和目标价格保险。"9+3"县(区)蔬菜种植户和新型农业经营主体在享受中央、省、市、县政策性蔬菜种植保险和目标价格保险补贴政策的基础上,再按每亩不超过5元的标准据实补助自缴保费部分,超出部分自行承担,补助可用于补贴购买种植保险和(或)目标价格保险。

2020年6月,人保财险道真支公司推出食用菌价格保险,首笔保险是贵州贵旺生物科技公司投保的4340亩杏鲍菇价格指数保险,2021年3月人保财险针对杏鲍菇市场价格低于保险目标价格,向投保公司赔付462万元。

2021年,为稳定生猪生产和猪肉市场价格,在贵州省农业农村厅等部门推动下,中信期货有限公司联合太平洋财产保险贵州分公司在业内首创生猪价格"保险+期货"模式,并在贵州省贵阳市修文县试点实施。项目以大连商品交易所生猪期货2109合约的价格作为参考,根据当地养殖主体的实际情况设定保障价格,为480头生猪提供了价值139万余元的价格保障。

此外,2018年10月30日,中国人民财产保险贵州分公司、乾朗交易中心、汇生林业联合推出了我国首例个人购买的商业性珍稀树木保险。首单是贵州省贵阳市的一位女士为自己购买的降香黄檀活立木投保,保额为20000

元，保险期为一年。根据相关保险条款，凡生长和管理正常的珍稀树木（降香黄檀、古茶树等），均可作为保险标的，在保险期间内，因自然灾害和非人为因素导致保险珍稀树木的流失、被掩埋、主干折断、甚至死亡，均属赔偿范围。

## 8.5 贵州省绿色金融改革创新成效、不足及原因分析

### 8.5.1 绿色金融政策仅针对贵安新区，辐射范围窄、示范效应差

贵安新区绿色金融改革创新试验区成立后，贵州省相关部门、贵安新区管委会、人民银行、银保监局出台了一系列绿色金融支持政策，但政策覆盖区域主要是贵安新区，辐射范围过窄。贵安新区绿色金融改革创新试验政策制度建设方面，没有发挥以点带面的示范效应，贵州省其他地区很少出台相关的绿色金融政策，针对贵州省的绿色金融政策也十分欠缺。另外，贵安新区绿色金融政策主要是政府部门与地方金融监管部门出台的，与发改委、环保部门等其他职能部门的联合出台的少，从而导致绿色金融政策的适应性和可行性不高。这也反映出贵州省绿色金融改革创新尽管集全省力量推动，但却欠缺很好的行动计划和战略安排。

### 8.5.2 绿色金融配套制度不足，绿色金融标准和基础设施建设慢

在绿色金融配套制度方面，贵州省绿色金融激励机制和外部约束机制力度不够，相关绿色金融法律保障制度也不完善。贵州省针对贵安新区的绿色金融支持政策不少，但由于贵州省政府长期负债率较高、财政空间狭窄，资金补贴和税务减免的力度和范围有限，从而无法给予市场较强的正面激励效应。另一方面，由于缺乏强制性、处罚力度不足，绿色金融外部约束机制力度不够，也使得部分绿色金融业务进展缓慢，如环境污染责任制保险。贵州省目前还缺乏相应的绿色金融风险防范和监控制度，不利于绿色金融业务的健康开展。

在绿色金融地方标准建设方面，贵州省直至 2019 年才出台了一个绿色金融项目标准，远远落后于其他绿色金融改革创新试验区。

在绿色金融基础设施建设方面，贵州省拥有"大数据"产业优势，但在绿色金融服务平台建设方面相对滞后，没有形成针对绿色企业（项目）与金融机构、资本市场之间的良好的信息共享平台，也没有建设绿色金融供需双方的良好投融资对接平台。

### 8.5.3 绿色信贷规模不小，但仍存在较大的供需缺口

贵州省绿色信贷在绿色金融市场中居主体地位，在各项政策支持下，贵州省绿色信贷规模持续快速增长，比江西、新疆、甘肃的绿色信贷规模都高，仅低于广东、浙江两省绿色信贷规模。然而，由于贵州省的资源环境和经济发展导向，贵州绿色经济"四型"产业（生态利用型产业、循环高效型产业、低碳清洁型产业、环境治理型产业）比重较高，远超其他省份，贵州省绿色信贷需求较大，主要分布在固废处理、天然气以及非化石能源开发和运用、节能领域、污水处理和大气治理领域、生态保护特别是森林培育、生态产品开发领域等。与旺盛的绿色信贷需求相比，贵州省目前的绿色信贷供给还远远不足，存在较大的供需缺口。

### 8.5.4 非信贷绿色金融业务规模偏小

贵州省目前的绿色发展资金主要来源于银行的信贷资金，融资渠道单一，绿色债券、绿色保险等非信贷绿色金融业务规模偏小。

贵州省绿色债券总体发行数量少，发行规模远远低于其他省份，绿色企业债发展严重滞后，发行主体主要是少数银行和国有企业，民营企业很少进入绿色债券市场，这无疑使得当地庞大的绿色融资需求丧失了一条重要融资途径。

贵州省在绿色保险方面出台了一系列支持政策，也结合地方特色推出了一些基于政策性农业保险的绿色保险创新产品，但这些绿色保险往往需要财政补贴，经济效益较低，可推广性和可持续性存在问题。贵州省绿色保险创新产品业务量有限，环境污染责任保险的覆盖面也不够大，使得整体绿色保险业务规模偏小。

贵州省绿色基金业务方面，已经成立了一些政府引导基金，但在募集社

会资本形成产业基金方面还存在不足。另外,绿色基金管理方面也存在问题,导致最终落地的绿色基金支持项目还不够多。

此外,贵州省在绿色股权交易、环境权益市场交易、碳金融业务等方面也还处在起步阶段。

### 8.5.5 绿色金融基础薄弱,绿色金融专业人才匮乏

贵州省经济发展落后、金融业基础薄弱,高级金融人才尤其是绿色金融方面的人才极度匮乏。一方面,本地高等教育薄弱,金融人才培育方面供给不足,与当地金融机构、企业关于绿色金融的交流缺乏。另一方面,贵州省关于高级金融专业人才引进的激励措施力度不够,难以吸引外来金融人才的流入。绿色金融人才的匮乏,使得贵州省绿色金融理念的推广难度增加、绿色金融基础设施建设迟缓、绿色业务创新乏力。

# 9

# 新疆维吾尔自治区绿色金融改革创新实践

## 9.1 新疆维吾尔自治区哈密市、昌吉州、克拉玛依市绿色金融改革创新试验区

### 9.1.1 新疆维吾尔自治区哈密市、昌吉州、克拉玛依市绿色金融改革创新试验区成立背景

新疆维吾尔自治区,简称"新",位于我国西北边陲,与蒙古、俄罗斯、哈萨克斯坦、吉尔吉斯斯坦、塔吉克斯坦、阿富汗、巴基斯坦、印度等多个国家接壤,自古便是丝绸之路的重要通道,为促进东西方经济、文化交流起到了重要推动作用,现在是第二座"亚欧大陆桥"的必经之路。

新疆维吾尔自治区总面积166.49万平方公里,是中国陆地面积最大的省级行政区,占中国国土总面积的1/6。截至2020年末,自治区下辖4个地级市、5个地区、5个自治州、13个市辖区、27个县级市、61个县、6个自治县,合计107个县级区划。作为少数民族聚集和自治的地区,新疆现有56个民族,截至2020年末,自治区常住人口为2585.23万人。2020年自治区地区生产总值为13797.6亿元,全国排名第24位,人均GDP为54684元,全国排名第21位,低于全国平均水平72371元。

新疆属于典型的资源型省区,拥有丰富的自然资源,已发现矿产138种,查明有资源储量的矿种96种,石油资源占全国陆上石油资源量的30%,天然气占全国陆上天然气资源量的34%,煤炭储量占全国储量的40%,风力和光热等可再生资源优势明显。然而,由于地理环境恶劣,地广人稀,且少数民族聚集,新疆一直以来经济发展缓慢,脱贫攻坚压力巨大,南疆四地州更是

国家认定的深度贫困地区，自然条件差、经济基础弱、贫困人口多。在产业结构上，新疆的产业结构不协调，重化工业比重高，产业利润集中于能源、原材料等初级产品上，导致高耗能、高污染和产能过剩的"两高一剩"企业经济占比大。

2013年我国提出"一带一路"合作倡议，为新疆带来了新的发展机遇。近年来，新疆加快了公路、铁路和机场的建设，旨在将新疆从国家交通网络末端打造为西部高速大通道和交通枢纽中心，成为中国向西开放的前沿。同时，新疆明确了绿色发展理念，即坚持"环保优先、生态立区"，加大保护和改善生态环境的力度，积极推进国家"三北"工程，防沙治沙，扩大人工绿洲面积。2015年，新疆提出"一个核心、双轮驱动、三大功能分布"的经济绿色化发展路径，绿色金融支持绿色发展，具体如图9-1所示。"一个核心"是指以绿色低碳技术作为经济绿色化改造的核心；"双轮驱动"是指实施改造传统产业和培育新兴绿色技术产业的两大战略；"三大布局"则是指依托自治区的城市化地区、农产品主生产区以及重点生态功能区三大布局划分，作为绿色化改造的主要载体，针对不同的功能区划分采取不同的绿色战略格局，即"一核两轴多组团"为主体的城镇化战略格局、"天北与天南两带"为主体的农业战略格局、"三屏两环"为主体的生态安全战略格局。

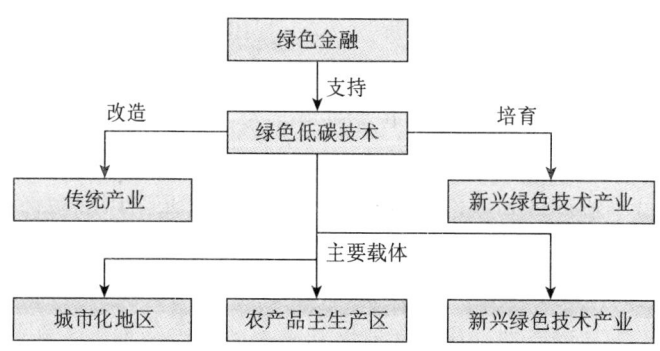

图9-1 新疆绿色发展路径

哈密市地处新疆东部，是通向内地的要道，也是丝绸之路的咽喉，总面积14.21万平方公里，下辖伊州区、巴里坤哈萨克自治县和伊吾县。2020年，哈密市地区生产总值607.91亿元，自治区排名第九，常住人口67.34万人，人均GDP为9.03万元，自治区排名第三。哈密市能源资源丰富，具备较好的绿色经济和绿色金融发展基础：风能资源方面，全疆九大风区有三个在哈密地区，是国家八大千瓦级风电基地之一；太阳能资源方面，全年日照时数

3170~3380小时，太阳能光伏发电站众多；矿山、煤炭资源方面，建成了亿吨级煤炭生产基地和千万千瓦级火电站。

昌吉回族自治州（简称昌吉州）位于天山北麓、准噶尔盆地东南部，总面积7.39万平方公里，下辖2个县级市、4个县、1个自治县。2020年昌吉州地区生产总值1387.25亿元，自治区排名第二，常住人口161.36万人，人均GDP为8.6万元，自治区排名第四。昌吉州作为自治区农业主产区，是全国重要的商品粮和商品棉种植基地，也是番茄生产基地以及农作物制种基地，具备发展绿色农业的基础，绿色金融需求大。另外，昌吉州工业依存度高，具体包括六大支柱产业：煤电煤化工业、有色金融冶炼业、机电和新型建材制造业、纺织业、石油天然气开采和加工业、食品加工业，一些传统工业绿色产业升级需求大，也产生了旺盛的绿色金融需求。

克拉玛依市位于准噶尔盆地西部、欧亚大陆的中心区域，总面积7733平方公里。2020年克拉玛依市地区生产总值886.9亿元，自治区排名第七，常住人口49.03万人，人均GDP18.09万元，自治区排名第二。克拉玛依市是典型资源型城市，地处戈壁沙漠，生态环境恶劣，但石油和天然气资源丰富，是我国三大"石油城"之一。克拉玛依市较早认识到要正确处理好经济发展与生态建设之间的关系：一方面，不断推动石化工业的绿色产业升级；另一方面，积极推动"大绿化"工程，逐步改善生态环境。克拉玛依市的绿色发展之路，为绿色金融的发展提供了良好的经济环境和基础。

2017年6月23日，中国人民银行、发展改革委、财政部、环境保护部、银监会、证监会、保监会七部门印发《新疆维吾尔自治区哈密市、昌吉州和克拉玛依市建设绿色金融改革创新试验区总体方案》，标志着新疆维吾尔自治区哈密市、昌吉州和克拉玛依市正式获批建设国家级绿色金融改革创新试验区。与其他省相比，新疆维吾尔自治区同时有三个试验区，这三个试验区各自的特点和优势是不同的，在绿色金融改革创新试验区建设过程中，需要结合当地特点，探索适合当地绿色经济发展的绿色金融发展路径，形成绿色金融发展的"新疆模式"。

## 9.1.2 新疆维吾尔自治区哈密市、昌吉州、克拉玛依市绿色金融改革创新试验区主要目标任务

《新疆维吾尔自治区哈密市、昌吉州和克拉玛依市建设绿色金融改革创新试验区总体方案》明确了自治区绿色金融改革创新试验区的总体目标：用

五年左右时间逐步提高试验区绿色信贷、绿色债券、绿色股权融资等在社会融资规模中的占比，逐年降低"两高一剩"行业贷款规模和占比，绿色贷款不良贷款率要低于自治区小微企业贷款平均不良贷款率水平；初步构建具有区域特色的组织体系完备、产品工具丰富、政策支持有力、服务绿色产业、稳健安全运行的绿色金融体系，并且探索形成可复制可推广的经验。

《新疆维吾尔自治区哈密市、昌吉州和克拉玛依市建设绿色金融改革创新试验区总体方案》确立了自治区绿色金融改革创新试验区建设的主要任务：（1）培育发展绿色金融组织体系；（2）创新发展绿色金融产品和服务；（3）拓宽绿色产业融资渠道；（4）稳妥有序探索开展环境权益交易；（5）加快发展绿色保险；（6）夯实绿色金融基础设施；（7）构建绿色金融服务产业转型升级发展机制；（8）建立绿色金融支持中小城市发展和特色小城镇的体制机制；（9）构建绿色金融风险防范化解机制九大任务。

## 9.2 新疆维吾尔自治区绿色金融政策制度和基础设施建设

### 9.2.1 绿色金融支持政策

2017年6月新疆三地市绿色金融改革创新试验区成立前后，新疆维吾尔自治区政府、地方金融监管机构、三个绿色金融改革创新试验区地方政府部门相继制定了一系列绿色金融政策，具体如表9-1所示。

（1）新疆维吾尔自治区绿色金融政策

早在2016年，新疆维吾尔自治区政府制定《新疆绿色金融工作推动方案》和《新疆地区绿色金融产品推介方案》，开始探索自治区绿色金融发展之路。

2017年7月17日，自治区人民政府发布《关于自治区构建绿色金融体系的实施意见》，明确了新疆建设绿色金融体系的工作目标，即2020年初步建立与自治区经济绿色发展需求相适应的分层次、多样化绿色金融体系，还指出：新疆经济管理部门，要根据自治区发展战略、发展目标规划和经济结构特点，以各类绿色金融和产业政策为基础，明确自治区绿色产业和项目界定，确定重点支持领域，建立对应的绿色清单产业和项目清单，定期开展遴选、认定和推荐

表9-1　　　　　　　　　　新疆绿色金融政策

| 颁布时间 | 发布机构 | 政策名称 |
| --- | --- | --- |
| 2016 | 新疆维吾尔自治区人民政府 | 《新疆绿色金融工作推动方案》 |
| 2016 | 新疆维吾尔自治区人民政府 | 《新疆地区绿色金融产品推介方案》 |
| 2017-7-17 | 新疆维吾尔自治区人民政府 | 《关于自治区构建绿色金融体系的实施意见》 |
| 2017-9 | 新疆维吾尔自治区人民政府 | 《新疆维吾尔自治区哈密市、昌吉州和克拉玛依市建设绿色金融改革创新试验区实施细则(暂行)》 |
| 2018-5 | 人民银行乌鲁木齐支行 | 《货币政策工具支持绿色金融改革创新试验区绿色经济发展实施细则(暂行)》 |
| 2017-12-19 | 昌吉州人民政府 | 《自治州建设国家绿色金融改革创新试验区实施方案》 |
| 2018-7 | 哈密市人民政府 | 《哈密市绿色支行管理暂行办法》 |
| 2019 | 克拉玛依市人民政府 | 《克拉玛依市绿色金融改革创新试验区专项资金管理办法》 |
| 2017-9-6 | 克孜勒苏柯尔克孜自治州人民政府 | 《自治州构建绿色金融体系实施方案》 |
| 2018-2 | 伊犁哈萨克自治州人民政府 | 《自治州构建绿色金融体系实施方案》 |

注：根据公开资料整理。

工作，为其在债券发行、信贷、基金、上市等多方面的融资活动提供服务。

2017年9月，《新疆维吾尔自治区哈密市、昌吉州和克拉玛依市建设绿色金融改革创新试验区实施细则（暂行）》出台，进一步对三地绿色金融改革创新试验区建设的具体举措做出了明确规定。

2018年5月，人民银行乌鲁木齐中心支行印发《货币政策工具支持绿色金融改革创新试验区绿色经济发展实施细则（暂行）》，明确了人民银行乌鲁木齐中心支行要按照"客观审慎、特定用途、按需供给、成效评估"的原则，对在三个绿色金融改革试验区开展绿色信贷或办理绿色票据贴现业务的金融机构给予信贷政策支持。

（2）昌吉州绿色金融政策

2017年11月30日，昌吉州人民政府发布《自治州建设国家绿色金融改革创新试验区实施方案》，明确了昌吉州建设绿色金融改革创新试验区的总体要求、基本原则、发展定位和目标，明确了加快培育绿色经济的具体方面，指出要从支持绿色信贷创新发展、创新利用绿色资本市场、发挥绿色基金引导撬动作用、加快发展绿色保险、积极参与环境权益市场交易五个方面来开发和培育多元化的绿色金融产品体系，还指出要从发展完善绿色金融组织体系、加强绿色金融基础设施建设、建立绿色金融风险防范机制、加大绿色金融创新对外开放四个方面建立强有力的绿色金融支撑体系，此外还明确了健全配套政策支持体系、建立组织保障体系所涵盖的内容。

在配套支持政策上，昌吉州计划从2018年起连续五年，每年设立至少2000万元的专项资金，用于绿色金融补贴、风险补偿和奖励，专项资金逐年累积；对于试验区的绿色信贷给予1个百分点的利息贴息，单个金融机构累计贴息不超过100万元；绿色债券方面，对单支绿色债券给予50%的绿色认证费用补贴，最高可达100万元；对在主板、创业板上市的绿色企业，分阶段进行绿色认证以及上市费用补贴，最高为500万元；绿色保险方面，对参保环保污染责任保险的企业和项目，按照实际保费的50%进行补贴，最高30万元；绿色贷款风险补偿机制方面，担保公司、自治区再担保（集团）有限公司、承贷机构、企业所在县市、园区，分别按照40%、30%、20%、10%的比例，共同承担贷款本金代偿责任，单个金融机构每年累计风险补偿不超过500万元；建立绿色金融奖励机制，对在试验区改制或设立绿色分支机构的金融机构一次性给予50万到100万元的奖励，对银行给予最高200万元的绿色信贷贷款余额增量奖励，对当年支出绿色保险赔款的保险机构给予最高200万元的增量奖励。

（3）哈密市绿色金融支持政策

哈密市2018年7月发布《哈密市绿色支行管理暂行办法》，明确了绿色金融的内涵，并明确了"绿色支行"的申报评选程序，由哈密市绿金办每年进行绿色支行申报评选和复核，复核不合格的金融机构将被予以摘牌。根据哈密市的认定标准，首次参选绿色支行的金融机构绿色信贷年末余额占比或绿色信贷授信客户数量占比需不低于60%，而已获"绿色支行"的金融机构在第二年认定时除需满足上述指标外，绿色信贷增速还须不低于本机构贷款平均增速，不良贷款率低于本机构哈密辖内小微企业贷款平均不良贷款率等。

（4）克拉玛依市绿色金融政策

克拉玛依市政府2019年出台《克拉玛依市绿色金融改革创新试验区专项资金管理办法》，并安排专项预算支持绿色金融业务：建立绿色贷款贴息机制，明确给予"纯绿"项目贷款1个百分点的利息贴息，对于传统石油石化产业绿色改造升级、新兴环保循环产业引进、荒漠生态环境改善等三类项目，再给予0.5个百分点贴息；在建立绿色贷款风险补偿机制上，发生风险后将按照银行、担保机构实际损失的20%给予补偿;绿色保险方面,对参保环境污染保证保险的企业进行20%到50%的保费补贴。

(5) 其他州绿色金融政策

2017年9月6日,克孜勒苏柯尔克孜自治州人民政府办公室发布《自治州构建绿色金融体系实施方案》,明确了总体要求,指出要从加大政策支持、发展绿色信贷、推动发行绿色债券等九个方面创新金融服务、构建功能互补的绿色金融体系,也指出了要突出重点、明确绿色金融支持方向,强化保障、实现绿色金融健康持续发展。

2018年2月,伊犁州人民政府出台《自治州构建绿色金融体系实施方案》,明确了绿色金融发展目标,通过建立完善自治州绿色金融组织体系、产品体系以及配套措施体系,引导金融资源向经济绿色发展领域和绿色产业配置,重点支持基础设施、农业改革、农村改造、农民脱贫、工业转型升级、资源节约和清洁能源推广、自然生态保护和环境治理等领域,强调以绿色金融发展推动经济结构转型升级和经济发展方式转变,实现生态文明建设和经济社会协调可持续发展。

## 9.2.2 绿色金融项目库建设

2017年10月,新疆维吾尔自治区开始启动绿色项目库建设,新疆绿色金融改革创新试验区工作领导小组办公室率先组织三个试验区对绿色项目进行申报,具体申报入库流程如图9-2所示。

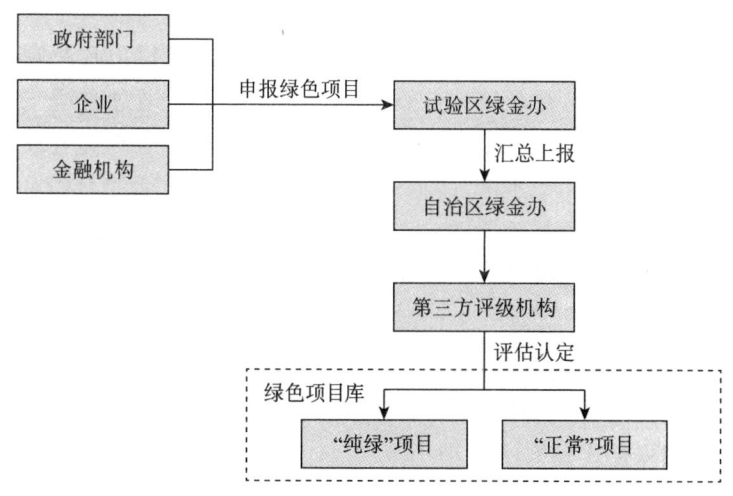

**图 9-2 新疆绿色项目库申报入库流程**

新疆维吾尔自治区绿色项目库制定了统一的绿色项目库填报标准，根据绿色项目库管理制度，绿色项目由政府部门、企业、金融机构向试验区绿色金融办申报，经试验区绿金办复核后汇总上报自治区绿色金融办，然后委托独立专业的第三方机构联合赤道评价有限公司对申报的绿色项目进行遴选、认定和推荐。联合赤道公司依据自身行业环境贡献度分级方案，征询多方意见，设计了适合投资方需求的项目库统计要素，并将绿色项目绿色程度分为5个级别，由高到低分别为G1至G5。通过审核企业填报的项目建设内容信息和相关资料，对部分项目进行了详细的现场踏勘，从哈密、昌吉和克拉玛依上报的451个项目，筛选出365个绿色项目，确定新疆试验区首批绿色项目库。2018年1月16日，新疆绿色金融改革创新试验区绿色项目库信息发布暨项目对接会成功召开，新疆成为全国首个建设绿色项目库的绿色金融改革创新试验区，为全国绿色项目库建设提供了规范的"新疆样本"。

绿色项目库的建立，对"绿色"和"非绿色"项目进行了有效区分并向外披露，避免了由于信息不对称等所造成的"贴绿""洗绿"风险的出现，为绿色金融服务绿色实体经济提供了重要的支持平台，成为推进地方绿色经济发展的重要抓手，调动了地方政府和金融机构的积极性。入选的"纯绿"项目是各金融机构在开展相关绿色金融业务的重点倾斜对象，在债券发行、信贷、基金、上市等多方面融资活动享受绿色金融政策红利。并且，对于开展"纯绿"项目信贷的银行业金融机构还可由担保公司、自治区再担保（集团）有限公司、承贷机构和企业所在地政府，分别按照40%、30%、20%、10%的比例，共同承担贷款本金代偿责任，为其提供风险补偿，单个金融机构每年累计风险补偿不超过500万元。此外，人民银行乌鲁木齐中心支行还对向"纯绿"项目发放信贷或发行债券的金融机构予以货币政策倾斜，全额满足其再贷款、再贴现融资需求，优先给予资金支持。通过政策支持，做到"纯绿"项目的金融资源"只增不减"，"正常"项目按照常规处理，而非绿色项目的金融资源"只减不增"。通过这种围绕绿色项目库的激励机制，积极引导非绿项目进行绿色技术的改造升级。另一方面，绿色项目库采用动态管理的方式，对已经入选项目库但是不再符合入库条件的绿色项目将通知有关金融机构及时清理出库，进一步杜绝"洗绿"风险的出现。

截至2021年6月，自治区绿色项目库中，拥有1715个项目，三地试验区共有1600个绿色项目，覆盖范围由三地试验区扩展到乌鲁木齐市、伊犁哈萨克自治州、阿勒泰地区等11个地州市。

## 9.2.3　绿色金融同业自律机制

2018年4月4日，在人民银行乌鲁木齐中心支行的指导下，30家金融机构自主成立了新疆绿色金融同业自律机制，是全国首个绿色金融同业自律机制。与此同时，《新疆维吾尔自治区绿色金融同业自律机制工作指引（暂行）》和《新疆维吾尔自治区绿色金融同业自律机制公约（暂行）》发布，确立了自治区绿色金融同业自律机制的运行原则、组织架构、工作职责以及成员单位行为规范，选举国家开发银行新疆分行为主任委员单位，中国工商银行新疆分行、兴业银行乌鲁木齐分行和昆仑银行等金融机构为副主任委员单位。

在昌吉州绿色金融改革创新试验区，昌吉州绿金办结合人民银行总行《绿色金融行业自律机制建设方案》和新疆绿色金融同业自律机制工作指引和公约，制定了《昌吉州绿色金融同业自律机制工作管理办法（暂行）》和《昌吉州绿色金融同业自律机制公约《暂行》》。2018年8月16日，昌吉州辖区内24家金融机构签署了《昌吉州绿色金融同业自律机制公约（暂行）》，标志着昌吉州绿色金融自律机制正式成立。

新疆绿色金融同业自律机制作为"自上而下"的绿色金融制度的补充，对金融市场主体进行了自我约束和自我规范，并营造出共同遵守、相互监督、互利共赢、共同发展的良好互动环境，很好地解决了新疆维吾尔自治区在发展绿色金融的过程中出现的金融机构各自发展、行为准则不统一的问题。在推动金融机构服务绿色经济上，新疆绿色金融同业自律机制积极引导成员单位认识绿色金融投资回报长期稳健的优势，将金融资源主动配置到绿色产业领域，激发金融机构发展绿色金融的内在动力，形成了"绿色业务只升不降，非绿业务只降不升"的同业规范，倒逼落后污染产能进行绿色化改造或退出。在防范绿色金融创新风险上，新疆绿色金融同业自律机制运用试验区建立试错、容错机制，在进行绿色金融创新的同时把握试错空间，探索建立风险预警机制，对试错探索中的问题及时察觉，对认定的风险及时防控，实现绿色金融创新在规范中发展。

## 9.2.4　其他配套绿色金融制度

为配合绿色金融改革创新试验区建设，帮助金融资源对接绿色企业，昌吉州2020年发布《新疆昌吉州绿色企业认定办法（试行）》，明确了绿色企业的含义，提出了绿色企业认定条件及认定方法，建立了绿色企业认定程序和规范的绿色企业入库流程。

## 9.3 新疆维吾尔自治区绿色金融组织体系建设

### 9.3.1 银行业绿色金融专营组织

新疆维吾尔自治区金融发展基础薄弱，金融机构以银行业为主，非银行金融机构数量和业务量都比较小。因此，新疆维吾尔自治区发展绿色金融，也主要是由银行业金融机构参与并推动，非银行金融机构参与程度较低。

新疆维吾尔自治区银行金融组织体系主要有如下几类：（1）政策性银行，包括国家开发银行、农业发展银行、进出口银行新疆分行。（2）国有商业银行，包括中国银行、农业银行、建设银行、工商银行、交通银行新疆分行。（3）股份制商业银行，如兴业银行乌鲁木齐分行。（4）地方性商业银行，如昆仑银行、哈密市商业银行、昌吉农商银行。

新疆绿色金改试验区成立后，政策性银行、国有商业银行、股份制商业银行和地方商业银行积极推动辖区内绿色金融专营机构建设。银行业绿色专营机构主要是指绿色支行、绿色事业部、绿色柜台。

2006年10月，全国首家"赤道银行"兴业银行入驻新疆，兴业银行乌鲁木齐分行成立，2014年兴业银行乌鲁木齐分行成立环境金融中心，2017年进一步升级成为绿色金融事业部。

2018年4月27日，昆仑银行克拉玛依分行钟楼支行绿色专营支行正式成立，是克拉玛依绿色金融改革创新试验区首家绿色支行，也是西北五省（区）首家绿色支行。截至2019年底，克拉玛依市绿色金融事业部增至7个，绿色支行增至5个，绿色柜台达到6个，实现了辖内银行业绿色专营机构全覆盖。

2018年7月24日，昆仑银行乌鲁木齐分行昌吉支行被授予"绿色支行"，成为昌吉州首家绿色支行。此外，兴业银行昌吉州支行在绿色金融特色支行下还设置了绿色金融特色业务部，建立了绿色金融项目沙盘；工商银行昌吉州支行设立了绿色金融事业部；农业发展银行在全辖区各县支行营业柜面统一设立了"绿色信贷柜台"。截至2019年11月，昌吉州共授牌4家绿色支行、13家绿色金融事业部、8家绿色柜台，在全疆率先实现辖区内绿色专营机构的全覆盖。

2018 年 7 月 27 日，中国建设银行哈密分行营业部成功授牌"绿色金融特色支行"，是哈密市第一家绿色支行。此后，中国工商银行哈密广东路支行、中国农业银行伊吾县支行、中国银行哈密市绿色金融改革创新试验区辖内分支机构也被授予"绿色支行"称号。8 月 24 日，昆仑银行吐哈分行广东路支行成为绿色专营支行。2020 年 4 月 10 日，农发行巴里坤县支行被授予"绿色支行"称号。此外，中国银行、交通银行、哈密市城商行也设立了绿色金融事业部。截至 2021 年 6 月，哈密市辖内 14 家银行机构已设立绿色支行、绿色事业部和绿色柜台，其中授牌绿色支行 6 家。

截至 2021 年 6 月，新疆维吾尔自治区三个绿色金融改革创新试验区已设立银行业绿色专营机构（绿色支行、绿色金融事业部、绿色柜台）59 家，实现了试验区内银行业金融机构绿色专营机构全覆盖。

自治区银行业绿色专营机构的设立与壮大，成为自治区试验区绿色金融发展的有效金融机构保障。试验区为银行业绿色专营机构的各项业务提供各项优惠政策和奖励制度，鼓励银行开展绿色金融业务、进行绿色金融产品和模式创新。如昆仑银行在建设绿色支行中，采用绿色信贷"六单"机制，即采用单列信贷规模、单列资金价格、单列风险管理指标、单列信贷审批通道、单列金融产品、单列绩效考核的方式开展绿色信贷业务，大大提高绿色信贷的放贷效率，有效解决绿色产业和项目融资艰难的问题。

## 9.3.2 非银行业绿色金融专营组织

特变电工股份有限公司成立于 1993 年，是新疆维吾尔自治区昌吉市的一家国家级高新技术企业和大型能源装备制造企业，主要经营范围包括输变电高端制造及电力系统集成产业、电子铝箔和高纯铝电子新材料产业、新能源开发和利用产业。2019 年 6 月 6 日，特变电工集团成立了新疆首家非银行业绿色专营机构"绿色金融事业部"，旨在探索产业资本和金融资本的深度融合，并以绿色金融发展带到产业转型、促进生态文明发展的新样板。

截至 2021 年 6 月，新疆维吾尔自治区三个绿色金融改革创新试验区已设立非银行业绿色专营机构 10 家。

## 9.4 新疆维吾尔自治区绿色金融市场体系建设

《新疆维吾尔自治区哈密市、昌吉州和克拉玛依市建设绿色金融改革创新试验区总体方案》明确提出：要稳妥有序探索开展环境权益交易。积极支持试验区光伏、风电等行业企业争取申报自愿减排项目；审慎研究探索试验区林业碳汇、绿色减排项目碳储量评估、碳盘查及相关数据体系建设；依托试验区整合新疆排污权交易平台，探索开展排污权、水权、用能权交易，完善定价机制和交易规则，支持减排项目，降低减排成本，提高减排效率。

### 9.4.1 碳排放权交易市场

2016年6月，为响应国家关于碳排放交易市场建设工作，《新疆维吾尔自治区贯彻落实全国碳排放权交易市场建设工作实施方案》出台。2017年9月15日，新疆碳排放权交易中心（有限责任公司）在吐鲁番市成立，是全疆唯一的碳排放权交易场所，为全疆以及"一带一路"沿线地区提供配额交易、CCER交易、CCER项目服务、节能量交易、碳资产管理、碳金融服务、低碳技术转型服务、VER交易、培训与服务等。

2018年9月，新疆哈密广恒新能源有限公司通过清洁发展机制与荷兰企业达成碳交易协议，由荷兰企业购买该企业风电项目投产发电至2016年6月产生的碳减排量，交易金额3万欧元，这是新疆首笔跨境碳交易业务。

2019年5月13日，新疆碳排放权交易中心开发的旅游碳汇交易正式落地，湖南省地方金融监督管理局周晖副局长一行考察新疆碳排放权交易中心时，扫描二维码购买碳汇，用于中和自己在新疆考察工作的二氧化碳排放量。2019年11月22日，吐鲁番市首批旅游碳汇资金4998元发放给了鄯善县辟展镇卡格托尔村10户贫困农民，是全疆第一笔碳汇扶贫资金。

2019年8月，新疆碳排放权交易中心首单林业碳汇减排量项目签约成功，12月6日，湖南金融资产交易中心有限公司通过新疆碳排放权交易中心认购了吐鲁番市绿园绿化管理有限责任公司所属56289亩林地碳汇产品，是全疆第一笔机构碳汇交易。

### 9.4.2 排污权交易市场

2015年12月2日，《新疆维吾尔自治区排污权有偿使用和交易试点工作暂行办法》发布，启动包括水污染和大气污染的污染物排污权有偿使用和交易的试点工作。2016年4月1日，新疆维吾尔自治区环境保护厅印发《新疆维吾尔自治区排污权有偿使用和交易工作实施细则（试行）》，对排污权的有偿使用和交易做出更加具体的要求，进一步完善排污权储备管理、交易方式、交易流程、监督管理等方面的制度。

新疆国资委下新疆产权交易所是自治区排污权交易唯一指定平台，负责组建、运营、维护交易平台，发布交易信息，提供交易场所，组织开展交易活动，公示交易结果，并履行鉴证职责。

2017年5月24日，新疆排污权有偿使用及交易工作在新疆产权交易所正式启动，首次通过公开电子竞价的方式，对二氧化硫、氮氧化物、化学需氧量、氨氮等四种主要污染物排污权进行交易。截至2017年末，自治区排污权交易额1365.43万元，51家企业参加了电子竞价会，37家企业签订了合约，共出让二氧化硫1508.13吨、氮氧化物1965.99吨、化学需氧量100.79吨、氨氮7.09吨。

## 9.5 新疆维吾尔自治区绿色金融业务状况

### 9.5.1 绿色信贷业务

新疆维吾尔自治区绿色产业众多、绿色项目丰富，然而，由于金融业总体发展水平较低，证券、保险、基金等非银行业金融机构在自治区金融机构的占比小，因此，为绿色产业和项目提供绿色金融服务的重任主要由银行业金融机构承担，而银行支持绿色产业和项目的主要方式是绿色信贷。

新疆绿色金融改革创新试验区成立以来，各级政府出台的绿色金融政策均鼓励绿色信贷业务发展。人民银行乌鲁木齐中心支行也利用再贷款、再贴现、常备借贷便利、宏观审慎评估以及准备金优惠政策等货币政策工具，强化绿色金融政策支持，引导更多的资金流向绿色环保领域。在绿色再贷款方面，乌鲁木齐中心支行指导昌吉州人民银行积极对接绿色项目库融资需求，2018年7月12日，为昌吉农村商业银行办理了新疆首笔利用再贷款支持绿色项目业务，定向用于支持新疆慧尔集团新型液体肥和新疆首禾农业10万亩高标准优质绿色基地建设项目，为两家企业减少近600万元的融资成本，保证了政策性资金优惠的有效传导。在绿色票据再贴现方面，乌鲁木齐中心支行向克拉玛依市人民银行授权限额3亿元的再贴现业务权限，用于支持试验区金融机构开展绿色票据贴现业务。2018年6月20日，人民银行克拉玛依中支行成功办理新疆首笔绿色金融改革创新试验区绿色票据再贴现业务，绿色票据资金主要投向克拉玛依辖区石油石化传统产业绿色化升级、落地原油等污染物无害化处理等改造项目。截至 2021 年 6 月末，新疆维吾尔自治区累计发放绿色支农再贷款 18.8 亿元、绿色信贷资产质押再贷款 500 万元、绿色再贴现 3.605 亿元。

在各项支持政策和激励措施的推动下，新疆维吾尔自治区绿色信贷余额逐年增长，具体如图 9-3 所示。

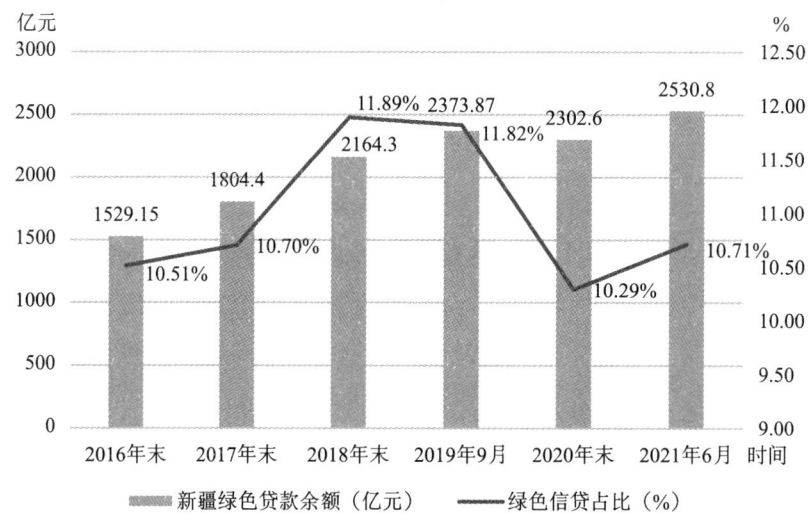

**图 9-3 2016—2021 年新疆维吾尔自治区绿色贷款余额**

注：根据公开资料整理。

截至 2016 年末，自治区绿色贷款余额仅 1529.15 亿元，绿色贷款占金融机构人民币各项贷款的 10.51%；截至 2017 年末，自治区绿色贷款余额增至 1804.4 亿元，绿色信贷占比为 10.7%；截至 2018 年末，自治区绿色贷款余额达到 2164.3 亿元，突破 2000 亿元，绿色信贷占比达到 11.89%；截至 2019 年 9 月，自治区绿色贷款余额 2373.87 亿元，绿色信贷占比为 11.82%；截至 2020 年末，自治区绿色贷款余额稍有下降，为 2302.3 亿元，绿色信贷占比为 10.29%；截至 2021 年 6 月，自治区绿色贷款余额达到 2530.8 亿元，绿色信贷渣比为 10.71%，主要投向清洁能源产业、基础设施绿色升级以及节能环保产业。

哈密市、昌吉州、克拉玛依市自绿色金融改革创新试验区成立以来，三地绿色贷款余额也有较大幅度增长，具体如图 9-4 所示。

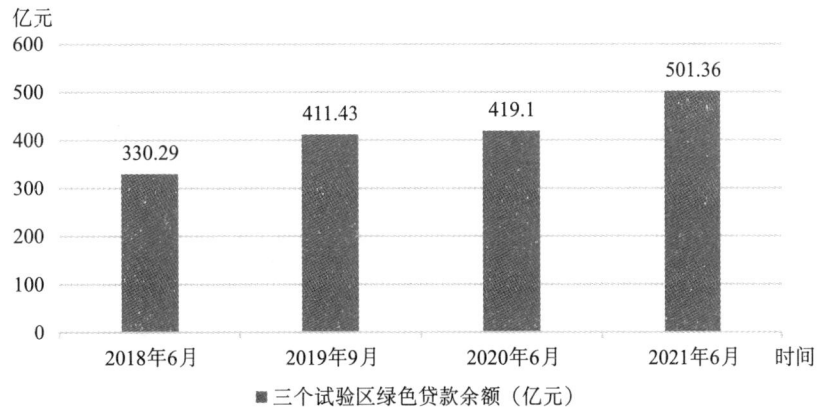

图9-4　2018—2021年哈密市、昌吉州、克拉玛依市三地绿色贷款余额

注：根据公开资料整理。

截至2018年6月，三个绿色金融改革创新试验区绿色贷款余额达到330.29亿元，占各项贷款总额的16.96%；截至2019年9月，三地绿色贷款余额增至411.43亿元；截至2020年6月，三地绿色贷款余额达到419.1亿元，绿色贷款占比达到18.04%，其中哈密市绿色贷款余额为237.89亿元，绿色贷款占比高达34.02%，是绿色金改试验区中绿色贷款占比最高的；截至2021年6月，三地绿色贷款余额增至501.36亿元，绿色贷款占比达到18.67%。

从绿色信贷产品来看，新疆维吾尔自治区辖内银行结合自身优势和当地绿色产业、绿色项目的具体情况，不断推出创新产品，具体如表9-2所示。

表9-2　　　　　　　　新疆维吾尔自治区绿色信贷产品

| 贷款银行 | 涉贷领域 | 主要产品与成果 |
| --- | --- | --- |
| 国家开发银行新疆分行 | 清洁能源改造 | 乌鲁木齐"煤改气"工程贷款 |
| | 新能源开发 | 新华水电项目贷款；哈密风电基地贷款；南疆光伏发电项目贷款 |
| | 污染防治、循环经济 | 塔里木河等"三大河流"流域治理项目贷款，中泰PVC循环经济产业项目贷款 |
| | 绿色交通 | 乌尉高速、兰新铁路第二双线、乌鲁木齐市轨道交通项目贷款 |
| | "三农"、扶贫 | 农村基础设施建设贷款，乌鲁木齐、哈密特色小镇建设贷款，各类精准扶贫贷款 |

续表

| 贷款银行 | 涉贷领域 | 主要产品与成果 |
|---|---|---|
| 中国农业发展银行新疆分行 | 污染防治 | 中泰集团污水、大气污染防治贷款；博达公司油污泥土壤污染治理项目贷款 |
| | "三农"、扶贫 | 粮食收购贷款、棉花收购贷款；产业扶贫贷款 |
| 中国建设银行新疆分行 | 清洁能源 | 风电项目贷款，风电企业贷款，可再生能源补贴确权贷款 |
| | "三农" | "库贷挂钩+保证保险"棉花贷款，棉花期货标准仓单贷款，棉花流动资金收购贷款 |
| | 绿色节能 | 绿色节能企业贷款 |
| 中国工商银行新疆分行 | 清洁能源，节能环保，循环经济，生态经济 | 乌鲁木齐"煤改气"项目贷款，能源项目贷款 |
| 兴业银行乌鲁木齐分行 | 清洁能源、循环经济 | 风电项目贷款，风电企业贷款，固废处理项目贷款 |
| 交通银行新疆分行 | 清洁能源 | 企业贷款，绿色项目贷款 |
| 进出口银行新疆分行 | 清洁能源 | 风电企业贷款，出口卖方信贷 |
| 昆仑银行 | 清洁能源，污染防治 | "蓝天贷"，收费权质押贷，绿色项目收益权质押贷 |
| 哈密市商业银行 | 新能源 | 广汇新能源公司绿色项目贷款 |
| 昌吉农商行 | "三农" | 绿色小额信贷，植物新品种权质押贷款 |

注：根据公开资料整理。

国家开发银行新疆分行拥有政策性金融和开发性金融优势，是绿色金融领域的主力军。新疆绿色金融同业自律机制成立后，国开行新疆分行被选举为主任委员，承担着推动成员单位服务绿色经济，引领新疆维吾尔自治区绿色金融发展的责任。国开行新疆分行制定了《开行新疆分行关于绿色金融发展的实施意见》，开展《绿色金融理论政策与开发性金融支持绿色产业发展实践》课题研究、《绿色金融支持新疆能源发展问题研究》调研，大力支持循环经济、清洁能源、"三农"等领域，服务优势资源转换战略，助推脱贫攻坚和高质量发展。在清洁能源升级改造方面，积极参与乌鲁木齐"煤改气"工程，为新疆庆华能源集团有限公司煤制天然气项目一期工程提供银团贷款。在清洁能源领域，与新疆新华水电投资股份有限公司签订开发性金融合作协议，对阿尔塔什、玉龙喀什河等水利枢纽工程项目等在内的水电项目建设提供"债、贷、投、租、证"一体化综合金融服务；为哈密风电基地、新疆华电达坂城风电场风电项目、金风科技风电项目提供贷款；为新疆和田地区最大光伏发电项目新华墨玉二期130MWp光伏发电项目、特变电工光伏发电项目提供贷款。在污染防治和循环经济方面，为塔里木河等"三大河流"流域治理项目提供贷款，为中泰PVC循环经济产业提供项目贷款。在绿色交通领域，为乌尉高速、兰新铁路第二双线、乌鲁木齐市轨道交通项目提供贷款。在"三农"和脱贫攻坚方面，以基础设施扶贫、产业扶贫、旅游扶贫等多种形式发放精准扶贫贷款超过500亿元，惠及贫困人口超过500万人。

中国农业发展银行新疆分行作为"三农"发展主力银行和政策性银行，在绿色信贷方面，主要聚焦"三农"和污染防治，助力脱贫攻坚和生态环境建设。在"三农"领域，发放粮食收购贷款、棉花收购贷款，保障重要农产品的有效供给，以产业扶贫贷款等形式助力脱贫攻坚，扶贫贷款余额超过750亿元，位居全区金融同业首位，获全国脱贫攻坚奖组织创新奖。在污染防治领域，2018年6月与新疆中泰（集团）有限责任公司签订战略合作协议，并陆续发放了20.11亿元绿色贷款，用于污水处理和废弃物综合治理等项目；2018年12月至2019年3月，为哈密市的新疆广汇集团能源股份有限公司审批发放了20亿元绿色贷款，主要用于污水处理和大气污染治理；2019年3月，向昌吉州的新疆蓝山屯河能源有限公司等企业发放绿色贷款14.5亿元，用于土壤"白色"污染的改善改良、绿色化肥生产以及头屯河两岸三地生态环境的治理；2019年3月，为克拉玛依市博达环保科技有限公司提供绿色贷款5亿元，用于支持"博达公司油污泥土壤污染治理项目"。

中国建设银行新疆分行利用全牌照金融资源和技术优势，积极创新绿色信贷产品和模式，支持新能源项目建设、"三农"发展、绿色节能产业发展。在新能源领域，布局哈密、达坂城、阿勒泰等优质风区，重点支持了华电、中电投、大唐、中广核、国电等一批风力发电投资企业。此外，2021年5月9日发放了建行系统首笔可再生能源补贴确权贷款，金额3800余万元。在"三农"领域，针对兵团棉花产业推出了"库贷挂钩＋保证保险"棉花贷款、棉花期货标准仓单贷款、棉花流动资金收购贷款；针对高效节水农业创新"互联网＋金融科技＋节水农业"融资，受惠农户4.7万户。为助力脱贫攻坚，搭建了农业全产业链云平日，并推广至兵团5个师24个团场。在绿色节能产业发展方面，截至2019年11月，累计向绿色节能企业发放绿色贷款550亿元。

中国工商银行新疆分行成立绿色金融委员会，积极推动绿色信贷发展，主要投向可再生能源和清洁能源、工业节能节水环保、绿色交通、资源循环利用、自然保护生态修复、垃圾处理及污染防治等领域。截至 2020 年末，工行新疆分行法人客户绿色贷款余额 399.57 亿元，在各项贷款余额的占比达到 20.5%。

兴业银行乌鲁木齐分行利用集团绿色金融综合服务优势和"点绿成金"绿色金融 IT 平台，将金融科技和绿色金融业务相结合，成为新疆维吾尔自治区绿色金融的重要力量。2017 年 9 月，兴业银行与新疆维吾尔自治区人民政府签署了"加强绿色金融合作，助推绿色金融创新改革试验区建设"战略合作协议，在"十三五"期间计划为自治区新增各类绿色融资共 500 亿元。兴业银行还与昌吉州、哈密市绿色金融改革创新试验区分别签订了战略合作协议。兴业银行乌鲁木齐分行结合新疆当地经济发展特点及综合信贷政策导向，重点支持项目和领域为：疆电外送通道上的光伏、风电电站建设项目；多晶硅、风力发电设备等制造业；天然气调峰储能、LNG 应用推广等清洁能源领域；水务、燃气、供热、固废处理领域等。截至 2021 年 6 月末，该行绿色融资规模约 148 亿元，实现各项绿色金融业务投放 32 亿元。

交通银行新疆分行自 2008 年开始推行绿色信贷优先支持低碳经济战略，设立了绿色信贷项目推动工作小组，将环保指标纳入考核标准，2011 年绿色客户占比已达 98.95%，绿色贷款余额 183.63 亿元，占总贷款余额的 84%，主要集中于新能源和可再生能源、节能环保、污染防治等领域。近年来，交通银行新疆分行不断完善中小企业金融服务运营体系，为中小微企业加快发展搭建绿色金融平台，推出了普惠小微贷款。

进出口银行新疆分行，发挥进出口政策性银行优势，立足新疆丝绸之路经济带核心位置，大力支持新疆绿色产业发展，并推动绿色企业走出去。持续为区内大型能源装备制造企业特变电工提供综合金融服务，截至 2021 年 2 月累计投放政策性贷款逾 150 亿元，开立跨境非融资性保函逾 14 亿美元，支持该企业在"一带一路"沿线 10 多个国家开展业务。2021 年 3 月，为区内风电设备制造龙头企业金风科技股份有限公司提供 6.67 亿元出口卖方信贷，支持企业出口至"一带一路"沿线国家，同时为这些国家提供清洁能源。截至 2020 年末，进出口银行新疆分行外贸产业贷款余额 327.12 亿元，占全部贷款的 62.27%，其中有相当一部分贷款是绿色贷款。

昆仑银行结合新疆产业发展特点和资源禀赋，按照绿色低碳要求调整信贷结构，创新绿色金融产品和服务：结合产融特色研发推出"蓝天贷"，为

20 家发电和供热企业累计发放 23.24 亿元绿色贷款;针对石油石化产业链绿色化改造升级、油田污染防治,推出收费权质押贷款、绿色项目收益权质押贷款。截至 2021 年 6 月,该行绿色信贷余额 133.83 亿元,约 70% 投向风电、光电、天然气等清洁能源领域。

哈密市商业银行践行绿色发展理念,积极对接市绿色产业投资项目。2018 年向新疆广汇新能源有限公司 P-MBR 膜生物反应器项目和循环水节水改造项目发放了 1040 万元首批绿色贷款。

昌吉农商行牵头建设绿色农户小额贷款管理系统,2019 年 11 月上线运行,2021 年依托该系统推广绿色小额信贷试点工作,引导农户进行有机绿色种植,提高农产品品牌效应,推动农业绿色发展。截至 2021 年 5 月,昌吉州共安装 POS 机 104 台,为 1886 名农户投放贷款 1.6 亿元。2021 年 8 月,昌吉农商行以植物新品种权作为质押担保,向九圣禾控股集团有限公司发放了期限一年、优惠利率的 3000 万元贷款,是新疆农信系统首笔植物新品种权质押绿色贷款。

## 9.5.2 绿色债券业务

新疆维吾尔自治区的绿色债券市场 2016 年开始起步,但发展较为缓慢,截至 2021 年 9 月末,新疆维吾尔自治区境内共发行了 15 只绿色债券,发行总规模 108.5 亿元,绿色债券的类型有绿色金融债、绿色公司债、绿色中期票据和绿色 ABS,具体结构如图 9-5 所示。

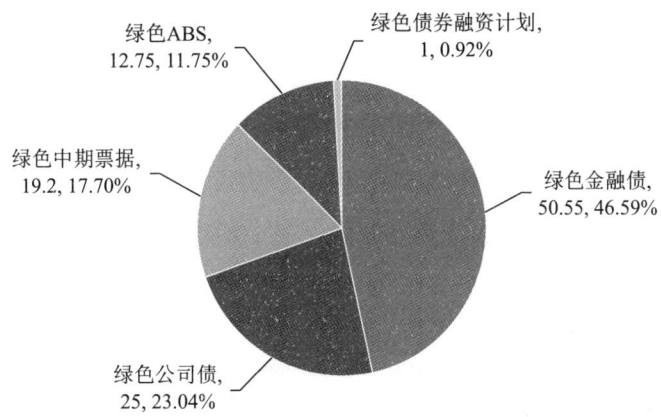

图 9-5　2016—2021 年新疆维吾尔自治区绿色债券种类结构

注:根据中国金融信息网绿债数据库和联合资信数据整理。

绿色金融债总规模50.55亿元，占全区绿色债发行规模的46.59%，位居首位；绿色公司债排名第二，总规模为25亿元，占比为23.04%；绿色中期票据位居第三，总规模19.2亿元，占比为17.7%；绿色ABS发行规模12.75亿元，占比11.75%，排名第四；绿色债券融资计划发行规模1亿元，占比0.92%，排名最后。

新疆维吾尔自治区共有四个发行主体发行了7只绿色金融债，具体情况如表9-3所示。2016年12月9日，乌鲁木齐银行发行了1亿元绿色金融债，是自治区首单也是西北五省首单绿色金融债。长城国兴金融租赁公司2019年6月发行20亿元绿色金融债，创单笔规模最大，2020和2021年又发行了两期绿色金融债，总发行规模达到40亿元，是绿色金融债发行规模最大的主体。此外，昆仑银行发行了两只金额合计5亿元的绿色金融债，昌吉农商行发行了1只0.55亿元绿色金融债。总体来看，绿色金融债期限均为3年，债券评级较高，为AA+为AAA。

新疆维吾尔自治区仅发行了两只绿色公司债，具体如表9-3所示。2018年9月26日，乌鲁木齐市城市交通投资有限责任公司向合格投资者非公开发行了15亿元绿色债券，是新疆地区首单绿色公司债。2021年6月，阿克苏地区绿色实业开发有限公司也发行了10亿元绿色公司债（私募债）。绿色公司债均为非公开发行的私募债，发行主体均为地方性国有企业，债券期限均为5年。

新疆维吾尔自治区共有3个发行主体共发行了4只绿色中期票据，具体如表9-3所示。2016年5月27日，新疆金风科技股份有限公司发行了10亿元绿色中期票据，是自治区首单绿色债券，也是全国首单绿色永续债券。同年9月金风科技又发行了一期绿色中期票据，两期总规模15亿元，是绿色中期票据发行规模最大的主体。此外，天业集团和新疆新能源（集团）有限责任公司分别发行了2.2亿元、2亿元绿色中期票据。

表9-3　　2016—2021年新疆维吾尔自治区绿色债券发行情况

| 发行日期 | 债券简称 | 债券种类 | 发债主体 | 规模（亿元） | 期限（年） | 票面利率 | 债券评级 |
|---|---|---|---|---|---|---|---|
| 2016-5-27 | 16金风科技GN001 | 绿色中期票据 | 新疆金风科技股份有限公司 | 10 | 5+N | 5% | |
| 2016-9-6 | 16金风科技GN002 | 绿色中期票据 | 新疆金风科技股份有限公司 | 5 | 5+N | 4.20% | |

续表

| 发行日期 | 债券简称 | 债券种类 | 发债主体 | 规模（亿元） | 期限（年） | 票面利率 | 债券评级 |
|---|---|---|---|---|---|---|---|
| 2016-12-9 | 16乌市银行绿色金融01 | 绿色金融债 | 乌鲁木齐银行 | 5 | 3 | 3.95% | AA+ |
| 2017-12-20 | 17昆仑银行绿色金融01 | 绿色金融债 | 昆仑银行 | 1 | 3 | 6% | AAA |
| 2018-4-20 | 18天业GN001 | 绿色中期票据 | 天业集团 | 2.2 | 3 | 5% | AA+ |
| 2018-5-24 | 18昆仑银行绿色金融01 | 绿色金融债 | 昆仑银行 | 4 | 3 | 4.85% | AAA |
| 2018-9-26 | G18乌交1 | 绿色公司债（私募债） | 乌鲁木齐市城市交通投资有限责任公司 | 15 | 5 | 6.60% | |
| 2019-6-13 | 19新疆能源GN001 | 绿色中期票据 | 新疆新能源（集团）有限责任公司 | 2 | 3 | 5.90% | AA |
| 2019-6-13 | 19长城国兴租赁绿色01 | 绿色金融债 | 长城国兴金融租赁有限公司 | 20 | 3 | 4.05% | AAA |
| 2020-8-20 | 20国兴租赁绿色01 | 绿色金融债 | 长城国兴金融租赁有限公司 | 10 | 3 | 3.65% | AAA |
| 2021-1-22 | 21国兴租赁绿色债01 | 绿色金融债 | 长城国兴金融租赁有限公司 | 10 | 3 | 3.60% | AAA |
| 2021-6-10 | G21阿地1 | 绿色公司债（私募债） | 阿克苏地区绿色实业开发有限公司 | 10 | 5 | 5.20% | |
| 2021-9-24 | 21昌吉农商绿色金融债01 | 绿色金融债 | 新疆昌吉农村商业银行股份有限公司 | 0.55 | 3 | 4.95% | AA- |
| 2016-8-3 | 农银穗盈-金风科技风电收费收益权绿色资产支持专项计划 | 绿色ABS | 新疆金风科技股份有限公司 | 12.75 | | | |
| 2018-4-18 | 18新特能源ZRGN001 | 绿色债券融资计划 | 新特能源股份有限公司 | 1 | 1 | 5.50% | |

注：根据中国金融信息网绿债数据库和联合资信数据整理。

新疆较早发行绿色资产证券化产品，2016年8月3日，中国农业银行主导的新疆金风科技风电收费收益权绿色ABS产品成功发行，规模为12.75亿元，是上交所首单绿色资产证券化产品，也是目前自治区唯一的绿色资产证券化产品。

新疆也率先发行了绿色债权融资计划，2018年4月18日，新疆地区特变电工控股子公司新特能源股份有限公司发行了1亿元绿色债权融资计划，是全国首单挂牌发行绿色债权融资计划，丰富了绿色债券品种。

此外，在境外绿色债券发行方面，早在2015年7月17日，新疆金风科技股份有限公司全资子公司金风新能源（香港）投资有限公司携手中国银行、德意志银行、法国兴业银行，在香港联交所成功发行3亿美元境外债券，是中资企业发行的首单境外绿色债券。

### 9.5.3 绿色基金业务

《新疆维吾尔自治区哈密市、昌吉州和克拉玛依市建设绿色金融改革创新试验区总体方案》中明确提出，鼓励社会资本成立各类绿色产业基金。试验区成立前后，新疆维吾尔自治区、克拉玛依市、昌吉州、哈密市积极设立绿色产业基金，助力本区域绿色产业和绿色项目发展，具体如表9-4所示。

表9-4　　　　　　　　　　新疆维吾尔自治区主要绿色基金

| 时间 | 基金名称 | 基金规模 |
| --- | --- | --- |
| 2017年6月 | 中国腐殖酸绿色产业引导（新疆）基金 | 120亿元 |
| 2016年 | 昌吉州华昌瑞丰基金 | 25亿元 |
| 2016年 | 昌吉州花儿昌吉发展建设基金 | 30亿元 |
| 2018年 | 昌吉州现代农业创新基金 | 1000万元 |
| 2018年 | 昆仑银行卓越绿色产业投资引导基金 | |

注：根据公开资料整理。

2017年6月，人民银行乌鲁木齐中心支行与中国腐殖酸工业协会联合创立"中国腐殖酸绿色产业引导（新疆）基金"，总规模达120亿元，并在三个绿色改革创新试验区成立子基金，推动新疆腐殖酸绿色产业的发展。

2016年以来，昌吉州建设"花儿昌吉"工程，州财政局利用政府产业引导基金，与金融机构合作，设立系列绿色产业基金：与华夏银行合作，设立25亿元昌吉州华昌瑞丰基金，用于昌吉市城区垃圾处理、供排水管网改造、塔西河工业园区污水处理等项目；与兴业银行合作，设立 30 亿元昌吉州花儿昌吉发展建设基金，支持"两清两美一绿"行动。昌吉州国投集团出资 1000 万元，牵头联合九禾投资集团有限公司、金融机构、红山基金成立"昌吉州现代农业创新基金"。此外，昌吉州政府与招商新能源集团、北京银行乌鲁木齐分行签订 100 亿元绿色产业基金合作框架协议。

哈密市设立了科技股权基金 3000 万元、产业引导基金 3333 万元，支持哈密市科技型中小企业绿色发展。2018 年，哈密市政府与中国能源工程集团有限公司签订循环经济及能源产业发展基金合作协议，总规模为 100 亿元。

2018 年，克拉玛依市成立昆仑银行卓越绿色产业投资引导基金，投资克拉玛依市先进能源技术创新有限公司，以中科院大连化物所的先进创新技术为支撑，洁净能源国家实验室中试基地为平台，构建了"公司＋基金＋基地＋实验室"四位一体系统，满足本区域洁净能源领域的资金需求。

## 9.5.4 绿色保险业务

新疆维吾尔自治区较早开始绿色保险业务，主要绿色保险品种如表 9-5 所示。

表 9-5　　　　　　　　新疆维吾尔自治区主要绿色保险品种

| 时间 | 保险项目 | 保险特征 |
| --- | --- | --- |
| 2013 年 | 环境污染强制责任保险 | 补偿因企业突发意外事故引起污染损害以及由此导致的第三者人身伤亡和直接财产损失 |
| 2015 年 | 环境污染责任险中附加自然灾害责任保险条款和场所内清理费用保险条款 | 补偿农业生产中对农田及周边环境造成的环境污染损失 |
| 2018 年 | 棉花"价格保险＋期货" | 补偿棉花市场价格低于目标价格的损失 |
| 2019 年 | 新疆林果业保险 | 补偿林果业种植成本 |
| 2019 年 | 畜禽养殖成本保险 | 补偿畜禽养殖成本 |
| 2019 年 | 红枣"价格保险＋期货" | 补偿红枣价格低于目标价格的损失 |

注：根据公开资料整理。

早在 2013 年，自治区环保厅与保监会新疆监管局印发《关于印发新疆开展环境污染责任保险工作实施意见的通知》和《关于开展环境污染责任保险试点工作的通知》，确定了乌鲁木齐市、克拉玛依市、巴音郭楞蒙古自治州和哈密市 16 家企业为环境污染强制责任险保险试点投保企业。随后，试点范围不断扩大，截至 2016 年，全区共有 135 家企业投保了环境污染责任保险，保费总额 990.43 万元，责任限额总额 53576.4 万元，理赔案件 32 起，理赔金额 395.45 万元。

2017 年 6 月，绿色金融改革创新试验区成立后，《新疆维吾尔自治区哈密市、昌吉州和克拉玛依市建设绿色金融改革创新试验区总体方案》《关于自治区构建绿色金融体系的实施意见》中，明确支持绿色保险发展，并指明了绿色保险发展的重点方向：一是鼓励在环境高风险领域建立环境污染强制责任保险制度，研究建立面向环境污染责任保险投保主体的环境风险监控和预警机制，实时开展风险监测，定期开展风险评估，及时提示风险隐患，高效开展保险理赔，及时救济污染受害者，降低对环境的损害程度。二是鼓励和支持保险机构研发针对低碳环保类消费品的产品质量安全责任保险、风力（光伏）发电指数保险、绿色企业贷款保证保险、森林保险和农牧业灾害保险等产品。

2017 年 6 月，新疆维吾尔自治区环保厅、保监局新疆监管局印发《新疆维吾尔自治区环境污染责任保险试点工作实施方案》，明确了伊犁河、额尔齐斯河、额敏河 3 个跨境河流流域、乌鲁木齐—昌吉—石河子—五家渠区域、奎屯—独山子—乌苏区域内所有重点排污企业，以及全疆涉及石油化工、重金属采选冶炼、危险化学品运输等高风险行业的 7 类相关企业均为环境污染责任保险试点范围。

在绿色金融改革创新试验区，昌吉州 14 家单位投保环境污染责任保险，保费总额 120 万元，责任限额 8800 万元；克拉玛依市人保财险、中华联合财险创新推出石油石化环境污染责任险和区域性污染防控环境责任险，破解了"企业污染、群众受害、政府买单"的困局。

新疆维吾尔自治区是我国重要的粮食和棉花产区，拥有全国最大的省域农业保险市场，农业保险保费收入居全国首位。自治区充分利用国家农业保险支持政策，一方面拓展政策性农业保险业务范围，另一方面结合当地产业特点，不断创新绿色农业保险产品和模式。

2010 年，新疆在阿克苏地区阿克苏市启动地方政策性林果业保险试点，自治区财政给予总保费 65% 的补贴，覆盖枣、苹果、香梨三个林果品种；2019 年，中央财政将新疆林果业保险纳入地方优势特色农产品保险"以奖代补"试点范围，覆盖阿克苏市、喀什市、克孜勒苏柯尔克孜自治州、和田南疆四地州，涵盖种植面积共计 1400 万亩的核桃、枣、杏、巴旦木和葡萄等 6 个林果主栽品种，单位保险金额统一为 1600 元/亩，中央财政将给予最大规模为 4 亿元的保费奖补。

2015 年，中华联合保险公司新疆分公司创新开展涉农环境污染责任保险业务，针对自治区农业生产中风灾、洪水等气象灾害多发和使用地膜、滴灌带的规模种植模式特点，在环境污染责任险中附加自然灾害责任保险条款和场所内清理费用保险条款，对农田及周边造成环境污染的责任事故进行赔付。

2018 年，自治区启动棉花"价格保险+期货"试点，当棉花市场价格低于国家目标价格时，棉农可从保险公司获得赔偿。保险期限 5 个月，保险费由自治区财政从中央棉花目标价格改革补贴资金中安排。棉花"价格保险+期货"试点范围不断扩大，目前涵盖博尔塔拉蒙古自治州博乐市、阿克苏地区柯坪县、喀什地区叶城县、昌吉回族自治州昌吉市、新疆生产建设兵团，是我国规模最大的农产品价格保险试点之一。

2019 年，和田地区启动地方性优势特色畜禽养殖成本保险"以奖代补"试点，保险品种包括兔、鸡、鸭、鹅和鸽 5 种，地区财政、县市财政分别给予总保费 50% 和 30% 的奖补。2019 年 4 月，在"中国红枣之乡"若羌县，为帮助当地枣农实现风险管理需求，浙江期货交易所联合太保产险创新商业性红枣"价格保险+期货"业务，为若羌县 20 万斤红枣提供价格保险，是全国首单红枣"保险+期货"。

## 9.6 新疆维吾尔自治区绿色金融改革创新成效、不足及原因分析

### 9.6.1 绿色金融政策少，配套激励机制不足

相比于其他试验区，新疆维吾尔自治区各级政府和金融监管部门绿色金融支持政策还不够系统和全面：自治区层面，仅出台了建设绿色金融改革创新试验区的总的指导意见和实施细则，欠缺针对绿色信贷、绿色保险、绿色基金等具体绿色金融业务方面的方案和政策。三个试验区层面，仅昌吉州结合本州情况出台了建设绿色金融改革创新试验区的实施方案，哈密市和克拉玛依市均未出台建设绿色金融改革创新试验区的实施方案，仅分别针对绿色支行建设、绿色金融专项资金管理出台了相关意见，试验区的绿色金融支持政策数量过少，也欠缺针对各类绿色金融业务的政策，绿色金融支持政策的

广度和深度均严重不足。

在绿色金融激励措施方面,绿色信贷贴息、费用补贴、担保等激励措施都没有落地,绿色再贷款、扩展绿色再贷款借款主体、安排绿色再贷款专项额度、提供绿色再贷款期限和利率优惠以及根据绿色信贷考核结果实施差别化的存款准备金率等方面的具体政策还没有出台,仅靠窗口指导政策引导金融机构参与绿色金融业务的效果有限。另外,由于自治区整体经济发展水平落后,脱贫攻坚任务重,地方财政困难,地方财政对于绿色金融业务给予财政奖励、补贴十分有限,导致财政支持绿色金融发展的力度不够。

此外,新疆维吾尔自治区在绿色金融法律法规保障方面也十分欠缺,不能为绿色金融健康发展提供良好的法律环境。

## 9.6.2 绿色金融项目库建设领先,但绿色金融标准和其他基础设施建设滞后

新疆维吾尔自治区在全国率先建立了绿色项目库,并覆盖了全区 11 个地市,是试验区中绿色项目库建设最好的地区。但在绿色金融标准和其他基础设施建设方面,新疆维吾尔自治区相对滞后。

在地方绿色金融标准建设方面,目前新疆维吾尔自治区建立了绿色项目分类标准,昌吉州建立了绿色企业认定标准,但其他绿色金融地方标准严重欠缺,如绿色金融产品标准、绿色金融业务管理规范、绿色金融信息披露标准以及绿色信用评级标准等。

在绿色金融服务平台建设方面,新疆维吾尔自治区目前仍然欠缺正式的绿色项目融资对接平台,也欠缺绿色金融信用信息平台,从而无法实现金融机构、金融资本与绿色企业、绿色项目之间的高效精准对接。

## 9.6.3 绿色金融业务规模偏小,供需缺口大

新疆维吾尔自治区金融体系还不够发达,绿色融资主要渠道是银行的绿色信贷。在各级政府和金融监管部门的支持政策下,自治区绿色信贷规模持续增长,截至 2021 年 6 月超过了 2500 亿元。但由于新疆维吾尔自治区属资源型省(区),风电、太阳能发电等清洁资源开发、煤矿和煤电资源绿色化转型、棉花和粮食种植业和加工业发展等,产生了庞大的绿色融资需求。与自治区庞大的绿色资金需求相比,目前的绿色信贷规模还太小,远远难以满足

需求。另外，从绿色信贷产品来看，针对节能环保、清洁能源、清洁基础设施等绿色项目绝大多数是采用了传统的信贷产品和模式，绿色信贷产品创新品种和模式较少；针对对于现金流暂时不稳定的绿色环保企业的绿色创新信贷产品很少。

新疆维吾尔自治区绿色债券起步较早，但整体发展缓慢。新疆绿色债券发行数量仅 15 只，发行规模刚超过 100 亿元，在六个设立绿色金融改革创新试验区的省份中位居倒数第二位，仅高于甘肃省。从绿色债券的种类来看，新疆维吾尔自治区仅发行绿色公司债两只，绿色中期票据 4 只，尚未发行绿色企业债，这意味着拥有众多绿色项目的新疆本土企业鲜少进入绿色债券市场融资，绿色债券市场服务绿色经济的作用很低。另外，在绿色资产证券化方面，自治区目前仅一单产品，也反映出这一领域的发展太慢。

在绿色股权融资方面，新疆维吾尔自治区企业自 2017 年起享受首发上市、新三板挂牌"即报即审、审过即发"的"绿色通道"，但最终上市企业较少。截至 2021 年 6 月，注册地在自治区的企业仅 57 家，其中的绿色企业就更少，包括金风科技、特变电工、伊力特、新疆天业、天康生物、新农开发、新赛股份、西部牧业。在区域性股权市场上，新疆股权交易中心帮助了恒利环保、莱沃科技、双诚电气、浩天能环保等一批具有发展潜力的绿色环保企业在交易中心挂牌融资，但目前尚未建立专门针对自治区中小微绿色企业的绿色环保板块。这也意味着自治区绿色企业难以借助资本市场融资，绿色股权融资贡献小。

在绿色保险方面，新疆维吾尔自治区绿色保险以环境污染保险和政策性农业保险为主，绿色保险总体规模还不够大，绿色保险创新品种也少。

在绿色基金方面，新疆维吾尔自治区设立了一些绿色产业基金，但总体规模还不够大。另外，由于绿色基金管理存在问题，政府绿色产业引导基金撬动社会资本的能力有限，绿色基金落地项目较少。

## 9.6.4 绿色金融专业人才缺乏，绿色金融能力低

新疆维吾尔自治区经济相对落后，高等教育相对薄弱，当地在金融人才培养方面较为欠缺，且主要是金融理论人才，绿色金融方面的应用型人才十分缺乏。新疆维吾尔自治区金融行业总体发展水平低，金融机构、企业对绿色金融专业人才的吸纳能力和吸引力有限，自治区目前针对绿色金融专业人才的引进政策和激励措施还不够，导致绿色金融人才流入少，绿色金融专业

人才十分缺乏。

由于绿色金融专业人才欠缺，新疆维吾尔自治区绿色金融理念的宣传力度还不够，众多企业和民众的绿色金融意识不强，从而参与绿色金融业务的积极性不高，这就使得绿色金融业务规模发展缓慢，绿色金融产品创新动力不足。

另一方面，由于绿色金融专业人才欠缺，新疆维吾尔自治区绿色金融技术支持力量弱，使得自治区在绿色金融标准建设、绿色金融服务平台建设、绿色信贷产品和绿色保险产品创新、绿色基金管理等方面困难重重、发展缓慢。

# 10

# 甘肃省绿色金融改革创新实践

## 10.1 甘肃省兰州新区绿色金融改革创新试验区

### 10.1.1 甘肃省兰州新区绿色金融改革创新试验区成立背景

甘肃省，简称"甘"或"陇"，位于中国西北地区，位于北纬32°11′~42°57′、东经92°13′~108°46′之间，东通陕西，西达新疆，南瞰四川、青海，北扼宁夏、内蒙古，西北端与蒙古接壤。甘肃省地处黄土高原、青藏高原和内蒙古高原的交汇地带，土地总面积42.58平方公里，有山地、高原、平川、河谷、沙漠、戈壁多种地貌。

截至2020年末，甘肃省下辖12个地级市、2个自治州、17个市辖区、5个县级市、57个县、7个自治县，合计86个县级区划，全省常住人口2502万人，全省地区生产总值9016.7亿元，位居全国第27位，人均GDP仅36517元，约为全国人均GDP平均水平（725371元）的一半，也是全国人均GDP最低水平。

甘肃地理位置特殊、气候类型复杂多样，是黄河、长江、内陆河的重要水源涵养区和补给区，是我国西部重要的生态安全屏障，生态地位极其重要。同时，甘肃也是我国生态最为脆弱的地区之一，生态承载能力低、修复能力弱，限制开发区域和禁止开发区域分别占89%和18%。20世纪60年代以来，甘肃省生态环境破坏问题严重，从森林砍伐盗伐到矿山开采再到小水电开发，造成局部植被破坏、水土流失、地表塌陷、水生态系统遭到破坏、河道水环境污染等诸多问题。2017年，甘肃祁连山国家级自然保护区生态环境问题被曝光，引起党中央和国务院的高度关注，甘肃省如何实现生态保护和经济增长双重目标成为地方政府的首要任务。汲取祁连山生态问题教训，2018年初甘肃省委做出《关于构建生态产业体系推动绿色发展崛起的决定》，并出台《甘肃省推进绿色生态产业发展规划》，确定节能环保、清洁生产、清洁能源、循环农业等十大重点产业，对甘肃省经济合理布局、方向选择、产业结构调整作出重要部署。经过两年多的发展，甘肃省绿色经济转型成绩突出。截至2020年末，十大生态产业增加值2179.4亿元，占全省地区生产总值的24.2%。

2010年12月，甘肃省设立兰州新区，2012年8月批复为国家级新区，是全国第五个、西北第一个国家级新区。兰州新区位于秦王川盆地，是兰州、白银两市的接合部，地处兰州、西宁、银川3个省会城市共生带的中间位置，总面积1744平方公里，现托管3镇，常住人口46.5万人。作为丝绸之路经济带和欧亚"大陆桥"的重要连接点，兰州新区被赋予"西北地区重要的经济增长极、国家重要的产业基地、向西开放的重要战略平台和承接产业转移示范区"的战略使命。

兰州新区充分利用地缘优势和优惠政策，大力引进产业项目、研发人才，现已建成综合保税区、国际航空港、铁路口岸3个开放平台和粮食、肉类、跨境电商等8个指定监管场地，开通12条国际货运航线，入选"国家陆港型物流枢纽"，获批"国家跨境电商综合试验区""国家外贸转型升级基地"。截至2020年，兰州新区地区生产总值达到230亿元，增速连续多年位居国家级新区前列，成为西北经济最活跃的地区。

2019年11月28日，中国人民银行等六部委印发《甘肃省兰州新区建设绿色金融改革创新试验区总体方案》，标志着兰州新区绿色金融改革创新试验区正式获批，成为全国第九个国家级绿色金融改革创新试验区。兰州新区是第二批唯一获批的国家级绿色金融改革创新试验区，也是继新疆哈密市、昌吉州和克拉玛依市绿色金改试验区之后西北地区新增的绿色金改试验区，充分体现了国家对西北地区绿色金融改革创新的重视。与其他试验区相比，兰州新区绿色金融改革创新试验区的定位主要是寻求西部欠发达地区绿色金融改革创新模式，打造全省金融改革创新的"排头兵"、绿色金融体系的"先行区"和金融对外开放的"新亮点"，并形成绿色金融支持生态产业发展的"新支点"，进而有效辐射带动甘肃及西北地区绿色发展，最终实现国家新一轮西部大开发战略意图。此外，兰州新区绿色金融改革创新试验区还要依托"一带一路"倡议，广泛借鉴国内外绿色金融发展经验，提升金融业开放合作水平,打造区域绿色金融中心。

## 10.1.2 甘肃省兰州新区绿色金融改革创新试验区主要目标和任务

2019年11月28日,中国人民银行等六部委印发《甘肃省兰州新区建设绿色金融改革创新试验区总体方案》(简称《总体方案》),为兰州新区绿色金融改革创新试验区的建设提供了来自中央的指导意见。

根据《总体方案》,兰州新区绿色金融改革创新试验区的主要目标为:通过5年左右的努力,基本建立多层次的金融组织体系、多元化的产品服务体系、多层级的增信保障体系和高效灵活的市场运作机制。引导社会资本向绿色产业、绿色企业和绿色项目流动,实现所有大中型新建建筑和基础设施项目达到或超过国家绿色标准,绿色产业比重明显上升,符合绿色投向的融资较快增长,金融机构通过绿色金融产品投资项目数量显著增加,绿色金融服务的可得性和满意度显著提升。生态环境质量得到有效改善,单位GDP能耗、水耗、地耗以及工业企业碳排放量等指标低于全国平均水平,为西部地区树立绿色、可持续发展典范。

根据《总体方案》,兰州新区绿色金融改革创新试验区建设包括九项主要任务:建立绿色金融支持产业绿色转型发展框架、构建绿色金融组织体系、加快绿色金融产品和服务方式创新、拓宽绿色产业融资渠道、发展绿色保险、稳妥有序推进环境权益交易市场建设、夯实绿色金融发展基础、扩大绿色金融对外交流合作、构建绿色金融风险防范化解机制。

## 10.2 甘肃省绿色金融政策制度和基础设施建设

### 10.2.1 绿色金融政策支持

甘肃省政府、兰州新区管委会在绿色金融改革创新试验区建设前后,出台了相关的绿色金融政策,具体如表10-1所示。

早在2018年1月,甘肃省根据国家七部委《关于构建绿色金融体系》的要求,发布了《甘肃省人民政府办公厅关于构建绿色金融体系的意见》(甘政

表10-1　　　　　　　甘肃省各级政府绿色金融相关政策

| 颁布时间 | 部门 | 政策名称 | 文号 |
| --- | --- | --- | --- |
| 2018-1-3 | 甘肃省人民政府 | 《甘肃省人民政府办公厅关于构建绿色金融体系的意见》 | 甘政办发〔2018〕1号 |
| 2020-7 | 甘肃省人民政府办公厅 | 《兰州新区建设绿色金融改革创新试验区实施方案》 | |
| 2020-10 | 兰州新区管委会 | 《兰州新区绿色金融五年发展规划（2020—2024年)》 | |
| 2020-10-20 | 兰州新区管委会 | 《兰州新区绿色金融发展奖励政策（试行)》 | |
| 2020-12 | 兰州新区管委会 | 《2020年兰州新区建设绿色金融改革创新试验区工作方案》 | |
| 2021-4-2 | | 《兰州新区绿色金融行业自律机制公约》 | |
| 2021-4-2 | | 《甘肃省兰州新区绿色金融行业自律机制工作指引（暂行)》 | |

注：根据公开资料整理。

办发〔2018〕1号），提出通过金融、财政、环保等政策和相关规章制度的配套支持，计划用5年左右时间，逐步形成多层次绿色金融组织体系、多元化绿色金融产品服务体系和多层级政策支持服务体系，并指出构建全方位多层次的绿色金融体系的十大举措，如建立绿色项目信息共享机制、支持金融机构绿色化发展、引导设立各类绿色发展基金、加快绿色信贷产品创新与推广、鼓励发行绿色债券、支持绿色企业上市挂牌、扩大绿色保险覆盖面、鼓励和引导设立环境权益交易机构、探索建立新型绿色投融资交易机制、强化金融风险防控。

2019年11月，兰州新区获批国家级绿色金融改革创新试验区，为推进试验区建设，2020年7月，甘肃省办公厅印发《兰州新区建设绿色金融改革创新试验区实施方案》，明确了兰州新区建设绿色金融改革创新试验区的目标任务、工作进度和责任考核，并且从绿色金融规模、组织体系、产品服务、体制机制创新等多个方面提出了兰州新区绿色金融改革创新试验区的发展目标：力争到2024年底，兰州新区绿色金融改革创新试验区的绿色信贷余额较2019年底翻一番，绿色信贷余额增速高于全部信贷余额增速，新增绿色信贷占全部新增信贷的比重不低于20%，累计发行各类绿色债券30亿元以上，绿色产业基金投资规模 30 亿元以上。此后,《兰州新区绿色金融五年发展规划（2020—2024 年)》出台，提出绿色金融改革创新目标，进一步明确了建设兰州新区绿色金融改革创新试验区 9 个方面具体任务和举措，以及试验区建设路线图。

2020 年 10 月 20 日，兰州新区管委会发布《兰州新区绿色金融发展奖励政策（试行)》，计划在试点期间安排 10 亿元财政专项资金，通过贷款贴息、风险补偿、费用补贴、创新奖励等措施，引导金融资源向新区绿色产业和绿色项目集聚，鼓励和支持绿色金融改革创新，具体奖励政策包括以下九个方面：设立绿色金融发展专项资金、推进绿色金融组织体系建设、提升绿色贷款投放、促进绿色基金发展、开展绿色保险创新试点、支持发行绿色债券、鼓励绿色金融改革创新、推动绿色企业和项目认定评级工作。《2020 年兰州新区建设绿色金融改革创新试验区工作方案》随后出台，初步形成绿色金融支持的政策体系。

2021 年 4 月 2 日，兰州新区财政局（国资局）组织新区 18 家银行业金融机构召开会议，审议通过《甘肃省兰州新区绿色金融行业自律机制工作指引（暂行)》，签署《甘肃省兰州新区绿色金融行业自律公约（暂行)》，为试验区绿色金融市场规范发展营造了绿色金融合作共赢的良好氛围。

## 10.2.2 绿色金融标准和绿色项目库建设

《甘肃省兰州新区建设绿色金融改革创新试验区总体方案》中，兰州新区绿色金融改革创新试验区的一项重要任务是：建立绿色项目库、健全绿色项目库标准，动态开展项目遴选、认定和推荐工作，探索制定符合西部地区实际的绿色金融团体标准。

在绿色金融标准建设方面，甘肃省和兰州新区积极落实《总体方案》的要求，选择 13 家金融机构作为兰州新区试行绿色金融标准的试点机构，推行先试先行。相关部门也认真学习国内其他绿色金改试验区的经验，同时结合本地特点，探索地方绿色金融标准。

甘肃省和兰州新区积极推动兰州新区绿色企业和绿色项目的认证及评级工作，并制定了相关的奖励政策，对兰州新区绿色企业和绿色项目的绿色认证及评级费用给予全额补助。

2021 年 2 月 24 日，《兰州新区绿色项目认证及评级办法（试行)》和《兰州新区绿色企业认证及评级办法（试行)》正式发布。《兰州新区绿色项目认证及评级办法（试行）》从绿色项目分类和范围、组织实施、申报条件、认定程序、跟踪管理、认证机构管理、监督管理等多个方面做出了详细规定，同时还附上了《兰州新区绿色项目分类目录》。《兰州新区绿色企业认证及评级办法（试行）》分别从组织实施、申报条件、认定程序、跟踪管理、认证机构管理、监督管理等方面进行了详细规定，并附上了兰州新区绿色产业领域界定范畴、绿色企业评价方法和评价指标体系。

2021年6月28日，兰州新区化工园区污水处理厂（一期）项目经兰州新区西部绿色认证中心评定为深绿类绿色项目，是兰州新区首个绿色认证项目。此后，兰州新区建筑垃圾资源化利用项目、甘肃省乡村振兴产业园—生态畜牧养殖园建设项目（一期）、兰州中建大厦（1#办公楼）、兰州广通新能源汽车有限公司搬迁改造扩能项目也相继被认定为绿色项目。

兰州新区在绿色项目库建设方面，一方面采取激励措施，对纳入项目库的绿色项目，符合条件的可获得绿色金融发展奖励政策支持；另一方面注重跟踪管理，建立动态退出机制，纳入项目库的绿色项目有效期为2年，有效期满后需继续纳入项目库的绿色项目，项目业主在"绿金通"平台提交绿色项目现状说明，由第三方评价机构（绿色认证中心）根据原申报材料及绿色项目现状说明等进行核查认证，兰州新区财政局（国有资产监督管理局）和兰州新区经济发展局（统计局）根据核查认证结果，审查公示合格后继续将该项目纳入项目库。截至2021年8月底，兰州新区筛选储备能源、新材料、节能环保、生态修复等入库绿色项目174个。

## 10.2.3 绿色金融服务平台建设

根据《甘肃省兰州新区建设绿色金融改革创新试验区总体方案》的要求，兰州新区在绿色金融服务平台建设方面需要实现的工作包括：加强绿色金融数据运用、信息披露和事后跟踪；加快传统金融服务向数字化、智能化转型，为资金供求双方打造快捷匹配服务的投融资信息平台；建立综合信息服务平台，实现征信、信用评级、税务、用能、生态环境、应急管理等方面信息共享，为金融机构投资决策提供参考依据。

鉴于此，兰州新区财政局（国资局）牵头搭建了甘肃省首家绿色金融综合服务平台——"绿金通"。"绿金通"平台一方面汇集了各类绿色企业及绿色项目的融资需求信息，另一方面提供了各类金融机构及其金融服务供给信息（信贷产品或非银融资），从而能实现企业融资需求与金融机构资金供给的精准对接,提高金融机构服务效率及企业融资成功率。该平台通过整合覆盖工商、税务、司法、环保等多维度涉企数据,基于大数据技术,为金融机构提供"企业信用报告";该平台还运用人工智能、云计算等金融科技赋能机金融机构,有效降低实际融资成本,提供更精准的差异化金融服务,真正引导绿色金融服务实体经济高质量发展。兰州新区"绿金通"平台2020年12月底正式上线,2021年5月启动二期建设,加大涉企信息采集和集成范围,新增绿色保险与融资增信业务,另外,推动"绿金通"平台与绿色认证融合发展,促进绿色企业、绿色项目认证及评级的全流程线上化,对经过认证评级的绿色企业及绿色项目实行分类管理和动态调整。截至2021年8月底,"绿金通"平台已注册企业791家,上架金融产品108种,为48家企业融资89.5亿元,其中实现绿色贷款18.5亿元。

## 10.2.4 其他绿色金融基础设施建设

(1) 建立绿色金融协调管理组织和机制

兰州新区绿色金融改革创新试验区成立后,甘肃省设立了"甘肃省兰州新区绿色金融改革创新试验区工作领导小组",兰州新区设立了"兰州新区绿色金融改革创新试验区工作推进小组",人民银行兰州中心支行设立了"绿色金融工作领导小组",定期召开绿色金融工作推进座谈会,从而保证了各个层面的绿色金融协调与管理工作。另外,在人民银行兰州中心支行的协调机制下,兰州新区完善了绿色金融专项统计制度,保障全面、及时、准确地收集与报送绿色金融数据,为兰州新区绿色金融发展提供决策依据。

(2) 完善绿色金融智库体系

甘肃省聚集全省绿色金融智力资源,成立了绿色金融专业委员会和绿色金融研究中心。2021年,甘肃省金融学会与兰州环境能源交易中心共同组建了碳金融与绿色发展实验室。"一委一中心一室"共同构成了甘肃省绿色金融智库体系,不断推动绿色金融产品创新、金融科技应用的能力建设及咨询研究工作,同时与兰州大学、兴业银行、人保财险、联合赤道环境评价有限公司密切合作,定期邀请相关领域的专家和学者,召开绿色金融研讨会,针对绿色金融标准、碳达峰碳中和相关问题、绿色金融发展战略等问题进行探讨,为甘肃省绿色金融创新发展搭建了基础理论平台和产学研用对接平台。

(3) 完善绿色金融人才培训体系

在金融人才培训方面,甘肃省金融学会与兰州大学绿色金融研究院合作,为省内金融监管部门、金融机构、兰州新区试验区相关人员进行绿色金融专题培训，同时将专题培训推进高校校园，以此夯实绿色金融人才培训体系的基础。

## 10.3 甘肃省绿色金融组织和绿色金融市场体系建设

### 10.3.1 绿色金融组织体系建设

《甘肃省兰州新区建设绿色金融改革创新试验区总体方案》中明确提出，要构建绿色金融组织体系，具体包括：鼓励大型商业银行进一步完善试验区内分支机构的绿色金融服务功能，支持全国性股份制商业银行在试验区设立分支机构，在试验区依法依规引入和新设相关法人金融机构。为推动绿色金融组织体系建设，《兰州新区绿色金融发展奖励政策（试行）》中，对相关举措给予了具体的奖励方案，包括：在新区新设或迁入银行、保险、证券等全国性金融机构总部的，一次性给予奖励资金1000万元；全国性金融机构在新区设立或迁入省级（一级）分支机构的，一次性给予奖励资金500万元；全国性金融机构在新区设立或迁入业务总部或功能性总部的，一次性给予奖励资金200万元；经金融监管部门批准，在新区设立绿色金融专营机构的，一次性给予奖励资金50万元。

2020年12月25日，兴业银行兰州分行兰州新区绿色支行挂牌成立，成为甘肃省首家绿色支行，也是兰州新区第一个绿色专营支行。兴业银行兰州新区绿色支行将充分发挥其在绿色金融方面的专业优势，以打造"一站式绿色金融服务"的零售网点为目标，将"绿色金融、社会责任"等理念融入零售银行板块，通过信用卡、理财、消费贷款等业务，推广节能与环境友好类产品，推行绿色消费理念，推动兰州新区开展绿色金融改革创新，形成多层次、多元化绿色金融组织体系和产品体系，为新区绿色产业的发展提供金融支持。随后，甘肃银行、交通银行、建设银行也相继在兰州新区设立绿色支行。

2021年5月18日，人保财险兰州新区绿色保险专营机构成立，旨在有效拓展和完善新区绿色保险市场，丰富绿色保险产品和服务。

2021年5月25日，由兰州新区金控集团与中节能衡准科技服务（北京）有限公司联合成立的兰州新区西部绿色认证中心揭牌。该中心在兰州新区财政局（国有资产监督管理局）的指导下开展工作，实行中心主任负责制，设立专家技术委员会。西部绿色认证中心成立后，将开展试验区绿色认证评级业务，同时协助运营"绿金通"平台，为绿色项目和绿色企业融资打造一揽子金融服务：西部绿色认证中心首先根据绿色认证评级标准进行在线评级，及时将评级结果反馈至企业及金融机构，同时将评级通过的企业第一时间转至绿色项目库，从而能缩短绿色项目与金融产品的匹配时间，提高融资效率，降低融资成本。此外，西部绿色认证中心还可以利用其绿色金融服务方面的专家和专业优势，促进绿色金融专业技术人才的引进，以及为企业和金融机构提供绿色咨询技术服务。

## 10.3.2　绿色金融市场体系建设

《甘肃省兰州新区建设绿色金融改革创新试验区总体方案》中提出，要拓宽绿色产业融资渠道，包括：支持符合条件的企业通过上市和挂牌等方式募集发展资金；鼓励试验区企业利用境内外多层次资本市场收购标的企业股权或资产，推动现有产业结构转型升级；支持金融机构发行绿色金融债券，募集资金用于支持污染防治、清洁能源、节水、生态保护、绿色农业等绿色领域；支持符合条件的企业发行企业债、公司债和非金融企业债务融资工具，募集资金用于传统生产方式和技术的绿色化升级改造。拓宽绿色融资渠道，还包括深化与保险机构战略合作，引导保险资金依法合规通过股权、债权、资产支持计划、政府和社会资本合作（PPP）等多种形式，为企业绿色发展提供中长期资金支持。此外，《总体方案》也提出要稳妥有序推进环境权益交易市场建设。

为推动绿色金融市场体系建设，《兰州新区绿色金融发展奖励政策（试行）》中提出，要促进绿色基金发展、支持发行绿色债券，并给出了具体奖励措施：对于参与新区绿色产业发展基金的社会资本方，将合作基金归政府方所有的超额收益，全部让渡参与基金的社会资本方，由社会资本方根据股权比例进行分配；对于在新区新设或新引入的投资基金管理机构，按照实际投向新区绿色企业资金（不包含政府引导基金出资额）的1%给予奖励；对于成功发行绿色债券的新区企业或金融机构，募集资金用于支持新区绿色产业发展，按照实际募集金额的1%给予一次性奖励。

在环境权益交易市场建设方面，甘肃省早先已建立了碳排放权交易中心和环境能源交易中心，并搭建了排污权标准化服务平台，开展排污权、碳排放权、水权等环境权益交易。兰州新区在环境权益建设方面也开始进行摸清绿色资产底数、健全碳排放信息披露机制、碳配额核发分配等前期准备工作。

## 10.4 甘肃省绿色金融业务状况

### 10.4.1 绿色信贷业务

甘肃作为西部欠发达地区和生态脆弱地区,绿色金融需求旺盛,但甘肃省的绿色金融发展还处于较低水平,且以传统的绿色信贷业务为主。近三年甘肃省绿色贷款余额及占比情况如图10-1所示。

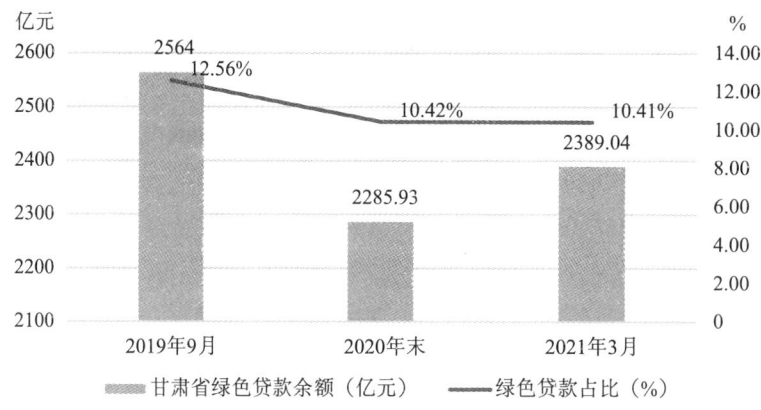

图 10-1  2019—2021 年甘肃省绿色贷款余额及占比

注:根据公开资料整理。

截至2019年9月末,甘肃省绿色贷款余额2564亿元,占各项贷款余额的12.56%,高于全国10.1%的绿色信贷占比;贷款投向主要集中在绿色交通运输、可再生能源及清洁能源、绿色农业开发、工业节能节水环保等领域。截至2020年末,甘肃省绿色贷款余额为2285.93亿元,占各项贷款余额的10.42%。截至2021年第一季度末,甘肃全省绿色贷款余额达到2389.04亿元,占各项贷款余额的10.41%,重点支持了基础设施绿色升级、清洁能源、生态环境修复等领域。

具体到兰州新区,绿色金融创新改革试验区成立以后,人民银行兰州中心支行综合运用再贷款、再贴现、央行金融机构评级一级绿色信贷业绩评级等政策工具,积极引导金融机构开展绿色信贷业务,兰州新区绿色贷款余额及其占比不断增长,具体如图10-2所示。

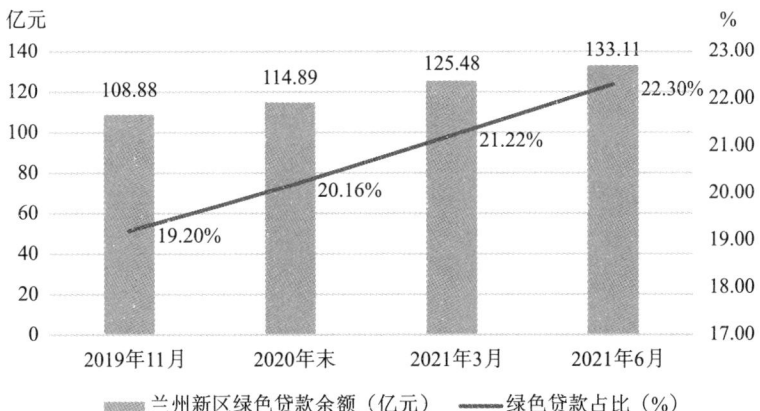

**图 10-2　2019—2021 年兰州新区绿色贷款余额及占比**

注：根据公开资料整理。

截至 2019 年 11 月，兰州新区绿色贷款余额为 108.88 亿元，占各项贷款余额的 19.2%；截至 2020 年末，兰州新区绿色贷款余额为 114.89 亿元，占各项贷款余额的 20.16%；截至 2021 年第二季度末，兰州新区绿色贷款余额达 133.11 亿元，占各项贷款余额的 22.3%，主要投向生态环境、基础设施绿色升级、节能环保、清洁能源等产业。

在绿色信贷产品创新方面，甘肃省金融机构结合本地产业特征，先后推出了"风电贷""陇药通""光伏贷""金种宝"等绿色信贷产品，支持清洁能源、循环农业、中医中药等生态产业发展，具体如表 10-2 所示。

表 10-2　　　　　　　　甘肃绿色信贷产品

| 银行 | 涉贷领域 | 绿色信贷产品 |
| --- | --- | --- |
| 中国银行甘肃省分行 | 新能源 | "风电贷" |
| 工商银行甘肃省定西分行、工商银行武威分行 | 新能源、小微企业 | "风电贷""网贷通" |
| 农业发展银行甘肃省分行 | 新能源、扶贫 | "光伏贷" |
| 农业银行甘肃省分行、农业银行广河县支行 | 新能源、三农 | "水电贷""粮改饲"贷款 |
| 甘肃银行 | 节能环保 | 白银集中供热改造贷款 |
| 甘肃陇西农村合作银行 | 三农 | "陇药通" |
| 甘肃省武威农商行 | 绿色生态农业 | "金种宝""惠企通""惠商通" |

注：根据公开资料整理。

中国银行甘肃省分行，2014年为甘肃瓜州安北第三风电场AB区400MW工程项目建设提供10亿元项目贷款，支持当地风电企业和项目发展。

工商银行甘肃省定西分行，2021年针对陇西县和安定区风电场项目发放5.8亿元项目贷款。

农业发展银行甘肃省分行，结合当地太阳能资源条件，2017年在全省金融系统成功审批发放了首笔1.45亿元光伏扶贫贷款，项目带动当地建档立卡贫困人口3584户，涉及16个乡镇、60个自然村。

农行甘肃省分行，2019年为柴家峡水电有限公司发放3亿元贷款，支持当地水利建设和生态保护。农行广河县支行采用"合作社（养殖场）+贫困户+粮改饲""饲草企业+贫困户+粮改饲"等方式，累计向产业大户和产业关联贫困户发放贷款2.6亿元，使全县2300多户贫困户摆脱了贫困。

甘肃银行，通过供热收费权+资产抵押的综合担保方式，为白银市集中供暖民生工程提供项目贷款及后续的金融服务。

甘肃陇西农村合作社推出农村金融信贷产品"陇药通"，采用"专业合作社+基地+农户"的方式，为药材种植户、经营户和公司提供融资。甘肃省武威农商行推出"金种宝"等绿色信贷产品，支持当地生态农业。

## 10.4.2 绿色债券业务

甘肃省各级政府在政策文件中明确支持绿色债券的发展，2017年甘肃省绿色债券业务开始起步，但发展较慢，全省共发行8单绿色债券，发行规模合计66.55亿元，债券类型具体如图10-3所示。

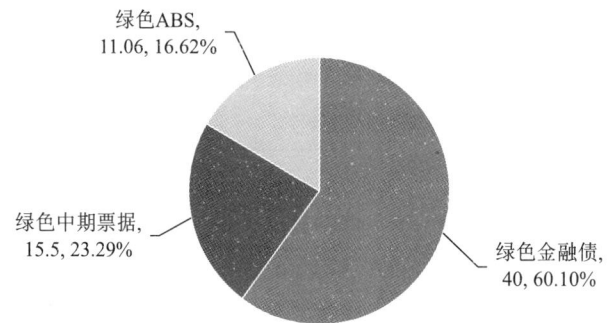

图10-3 2017—2021年甘肃省绿色债券类型

注：根据中国金融信息网和联合资信数据整理。

甘肃省共发行绿色金融债3只，规模合计40亿元，占比60.1%，位居首位;发行绿色中期票据3只,规模合计15.5亿元,占比23.29%,排名第二;发行绿色资产专项支持计划(绿色ABS)两只,规模合计11.06亿元,占比16.62%。

甘肃省绿色金融债发行情况见表10-3。2017年5月23日,甘肃银行在全国银行间债券市场成功发行10亿元绿色金融债券,是中国人民银行绿色债券公告以来甘肃省首支绿色金融债券。随后,兰州银行2017年和2019年发行了两期共30亿元的绿色金融债,成为省内绿色金融债发行规模最大的主体。

甘肃省绿色债务融资工具仅发行了绿色中期票据,具体见表10-3。甘肃电投能源发展股份有限公司共发行两期合计10亿元的绿色中期票据,是甘肃省银行间市场首单绿色债务融资工具。此外,兰州轨道交通有限公司也发行了5.5亿元绿色中期票据。

甘肃省在绿色资产证券化方面进行了积极尝试,具体见表10-3。2017年3月,武威发展集团供热合同债权资产支持专项计划成功发行,是甘肃省首单绿色ABS产品。2021年,华龙证券—兰州城乡公交收费收益权1期绿色资产支持专项计划是甘肃省第二单绿色ABS产品。

表10-3　　　　　2017—2021年甘肃省绿色债券发行概况

| 发行日期 | 债券简称 | 债券类型 | 发行主体 | 规模(亿元) | 期限(年) | 票面利率 | 债项评级 |
|---|---|---|---|---|---|---|---|
| 2017-5-23 | 17甘肃银行绿色金融债 | 绿色金融债 | 甘肃银行 | 10 | 3 | 4.9% | AA+ |
| 2017-11-16 | 17兰州银行绿色金融债01 | 绿色金融债 | 兰州银行 | 10 | 3 | 4.8% | AA+ |
| 2019-4-2 | 19兰州银行绿色金融债01 | 绿色金融债 | 兰州银行 | 20 | 3 | 3.5% | AA+ |
| 2019-12-16 | 19甘肃电投GN001 | 绿色中期票据 | 甘肃电投能源发展股份有限公司 | 5 | 3 | 3.99% | AAA |
| 2020-3-18 | 20甘肃电投GN001 | 绿色中期票据 | 甘肃电投能源发展股份有限公司 | 5 | 3 | 3.87% | AAA |
| 2020-4-22 | 20兰州轨交MTN001 | 绿色中期票据 | 兰州市轨道交通有限公司 | 5.5 | 5 | | AAA |

续表

| 发行日期 | 债券简称 | 债券类型 | 发行主体 | 规模（亿元） | 期限（年） | 票面利率 | 债项评级 |
|---|---|---|---|---|---|---|---|
| 2017-3-1 | 武威发展集团供热合同债权资产支持专项计划 | 绿色ABS | 武威市经济发展投资（集体）有限公司 | 7.37 | 5 | | |
| 2021-2 | 华龙证券—兰州城乡公交收费收益权1期绿色资产支持专项计划 | 绿色ABS | 兰州交通发展建设集团公司 | 3.68 | 3+2 | | AAA |

注：根据中国金融信息网绿债数据库和联合资信数据整理。

## 10.4.3 绿色基金业务

早在2018年底，甘肃省政府计划建立绿色生态产业发展基金，重点支持节能环保、清洁生产、清洁能源、循环农业、中医中药、文化旅游、通道物流、数据信息、军民融合、先进制造十大绿色生态产业发展。绿色生态产业发展基金将采用"母基金—子基金"架构设计，甘肃省政府出资100亿元，同时募集社会资本400亿元，设立母基金，并通过参股十大生态产业子基金，总规模达到2000亿元。2019年1月25日，甘肃省绿色生态产业发展政府引导基金管理有限公司注册成立；此后的2019年和2020年，绿色生态清洁生产产业发展基金、绿色生态节能环保产业发展基金、绿色生态军民融合产业发展基金、绿色生态数据信息产业发展基金、绿色生态先进制造产业发展基金、绿色生态文化旅游产业发展基金、绿色生态清洁能源产业发展基金、绿色生态通道物流产业发展基金、绿色生态中医中药产业发展基金相继注册成立。

2019年底兰州新区绿色金融改革创新试验区成立后，兰州新区拟设立总规模不少于30亿元的兰州新区绿色金融改革创新试验区发展基金。2020年12月29日，兰州新区绿色金融改革创新试验区发展基金完成注册、正式运营，基金总规模30亿元，首期规模10亿元，由兰州新区财政局与兰州新区产业投资基金管理有限公司共同出资设立，兰州新区产业投资基金管理有限公司担任基金管理人，基金主要投向新区绿色化工、现代农业、生物医药等绿色发展重点领域，对新区优质绿色企业提供资金支持。

## 10.4.4 绿色保险业务

甘肃省绿色保险业务起步较早，2013年9月人保财险甘南州分公司承保了甘肃甘南州合作市给排水公司环境污染责任保险，累计保险责任85万元，保费收入1.14万元，是甘肃省第一单环境污染责任保险。

2013年6月28日，开始在全省14个市州开展环境污染评估，在1435家重点监控企业首先开展环污险试点。甘肃省环保厅与甘肃保监局联合下发《甘肃省环境污染责任保险管理暂行办法》，明确了环境污染责任保险试点的运作模式：由保险经纪公司拟定实施方案，组织协调保险公司集中承保，参保企业强化管控措施，环保厅、保监局协调推动，四方各负其责、齐抓共管。承担环境污染责任保险的公司包括人保财险甘肃省分公司、太平洋财险甘肃分公司、平安财险甘肃分公司以及中华联合保险甘肃分公司。这几家保险公司认真借鉴学习其他地方环境污染责任保险的承保经验，不断提升业务能力，对环境污染责任险的开展情况进行实时跟踪和数据监控。

兰州新区绿色金融改革创新试验区成立后，各级政府政策支持绿色保险发展。2021年8月，兰州新区管委会办公室印发《兰州新区化工园区开展安全生产责任绿色保险试点工作的实施方案（试行）》，规定新区化工园区规划范围内从事危险化学品生产、运输、储存经营、使用的企业及危废处置、废水处理、热源供应等提供配套服务的企业自试运行起应购买安全生产责任保险（以下简称安责险）。该方案旨在由化工园区率先推广实施安责险，试点时间为3年，试点期内新区财政每年支持80万元，用于安责险试点实施经费。

## 10.4.5 其他绿色金融业务

（1）绿色银行卡

兰州中支推动甘肃银行、兰州银行、平安银行兰州分行开展绿色银行卡创新，运用甘肃省金融学会碳金融与绿色发展实验室研发的"丝路碳惠"碳足迹测算工具，将客户绿色行动纳入银行信贷服务范畴，引导社会公众绿色生活、低碳消费。

（2）碳金融业务

为助力甘肃实现碳达峰、碳中和目标，助推甘肃绿色转型发展，培育新动能、打造新增长极，甘肃省积极探索碳金融业务。截至 2020 年末，甘肃省共完成排污权交易 76 场，累计成交金额 1435.62 万元，二氧化硫、氮氧化物、烟粉尘等 5 类污染物完成确权 8523.3 吨，确权金额 874.79 万元，为碳金融发展奠定了基础。2021 年 4 月 17 日，"甘肃省碳金融与绿色发展实验室"揭牌，将在绿色金融产品设计、金融科技应用、绿色融资、应对气候变化能力建设及咨询研究等方面发挥绿色金融高端智库平台作用。

（3）林业碳汇业务

甘肃省是国家生态安全屏障，将植树造林与扶贫脱困相结合，发展林业碳汇业务具有广阔的市场。2008 年启动的甘肃省定西市安定区碳汇造林项目，是中国绿色碳汇基金会支持的首批以积累碳汇、应对气候变化为目的的碳汇造林项目。绿色金融改革创新试验区成立以来，甘肃省积极推进林业碳汇项目的开发和交易，搭建碳汇计量检测平台，举办林业碳汇项目培训班，指导张掖等地在全省率先开展林业碳汇项目开发。

## 10.5 甘肃省绿色金融改革创新成效、不足及原因分析

### 10.5.1 绿色金融支持政策不完善

与 2017 年 6 月设立的第一批国家级绿色金融改革创新试验区相比，甘肃兰州新区绿色金融改革创新试验区 2019 年 11 月设立，建设时间短，绿色金融支持政策还不完善。目前已出台的政策主要是针对兰州新区绿色金融改革创新试验区建设的实施方案、工作方案和奖励政策，大多是笼统的指导意见，欠缺具体的实施细则或行动计划，这就容易导致绿色金融支持政策落地较难。已出台的政策也不曾涉及具体的绿色金融基础设施建设或具体绿色金融业务发展，从而不能为甘肃省绿色金融基础设施建设或绿色金融业务发展提供良好的政策环境。

从绿色金融政策配套体系来看，由于欠缺绿色金融的外部激励机制和约束机制，也缺少绿色金融相关法律法规配套，金融机构开展绿色信贷业务的积极性和主动性不足，企业购买环境污染责任险等绿色保险的动力也不足。

## 10.5.2 绿色金融地方标准和基础设施建设滞后

甘肃省兰州市绿色金融改革创新试验区成立后,兰州新区仅在绿色项目和绿色企业认证和评级方面出台了相关的绿色金融标准,在其他方面尚未出台相关的绿色金融地方标准。根据绿色项目认证和评级办法,兰州新区积极推动绿色项目库建设,但目前来看,绿色项目库仅限于兰州新区,数目和融资需求规模都不够,从而对绿色金融的拉动作用也十分有限。

在绿色金融基础设施建设方面,兰州新区已建成"绿金通"综合服务平台,但由于运营时间较短,且目前也仅限于兰州新区内的绿色企业和绿色项目,因此绿色融资规模也有限。甘肃省目前还没有建设绿色金融信用信息共享平台,也没有出具权威的绿色金融统计考核办法,不利于绿色金融业务的开展。

## 10.5.3 绿色金融业务规模小、创新少

甘肃省绿色金融业务中,绿色信贷占主导地位,主要是大型国有银行授信给一些大型的风电项目、水电项目、民生改造项目,绿色信贷总体规模偏小,创新产品也少。兰州新区绿色金融改革创新试验区绿色信贷规模近年有所增长,但绿色信贷规模还较小,绿色信贷品种较少,欠缺典型的可推广的绿色信贷创新产品,这也反映出兰州新区内的金融机构绿色信贷产品创新能力有待提升。

甘肃省绿色债券起步不晚,但发展极为缓慢:绿色债券发行数量仅8只,总体发行规模仅66.55亿元;绿色债券发行品种过少,仅限于绿色金融债、绿色中期票据和绿色ABS,目前还不曾出现绿色公司债和绿色企业债产品;绿色债券发行主体少,主要是银行和大型国有企业,其他私营企业尚不曾运用绿色债券融资。这反映出当地企业鲜少利用绿色债券市场融资,绿色债券市场的广度和深度严重不足,亟待发展。

甘肃省绿色保险市场上,较早推行了强制性环境污染责任险试点,兰州新区2021年开始推动安全生产责任保险点,然而,这两类均为传统绿色保险产品,甘肃省绿色保险创新产品极为欠缺,绿色保险总体规模也较小。

## 10.5.5　绿色金融专业人才缺乏

甘肃省经济相对落后,金融业发展水平较低,对金融人才的吸引力和吸纳能力较差,金融人才外流严重,导致金融人才缺乏,相关的绿色金融专业人才更为稀缺。绿色金融专业人才欠缺,一方面使得绿色金融宣传力度小,省内金融机构、企业、普通民众对绿色金融的认识水平低,参与意识不强,从而使得绿色金融产品创新的可能性降低;另一方面,导致绿色金融项目风险收益评估、绿色项目认证等方面的技术人才不足,从而难以顺利开展相关绿色金融业务。

# 主要参考文献

1. Aizawa, M. and Yang, C. Green credit, green stimulus, green revolution? China's mobilization of banks for environmental clean up [J]. The Journal of Environment & Development, 2010, 19 (2): 119 – 144.

2. Bai, Y., Faure, M. and Liu, J. The Role of China's Banking Sector in Providing Green Finance [J]. Duke Environmental Law & Policy Forum, 2014, (24): 89 – 101.

3. Cowan E. Topical Issues in Environmental Finance [R]. Economy and Environment Program for Southeast Asia (EEPSEA), 1998.

4. Gilbert, S., and Zhou, L. The Knows and Unknows of China's Green Finance [C]. Contributing paper for the Sustainable Infrastructure Imperative: Financing for Better Growth and Development, New Climate Economy, London and Washington, DC, 2017.

5. Gianfrate, G., and Peri. M. The Green Advantage: Exploring the Convenience of Issuing Green Bonds [J]. Journal of Cleaner Production, 2019 (219): 127 – 135.

6. Grossman, G. M., and Krueger, A. B. Economic growth and the environment [J]. The Quarterly Journal of Economics, 1995, 110 (2): 353 – 377.

7. Höhne N, Khosla S, Fekete H, Gilbert A. Mapping of Green Finance Delivered by IDFC Members in 2011 [J]. Cologne, Ecofys, 2012(14): 6 – 12.

8. Jeucken, M. Sustainable finance and banking [M]. USA: The Earthscan Publications, 2006.

9. Labatt S, and White, R. R. Environmental Finance: A Guide to Environmental Risk Assessment and Financial Products [J]. Transplantation, 2002, 66 (8): 405 – 409.

10. Li K, Liu C. Construction of Carbon Finance System and promotion of En-

vironmental Finance Innovation in China, Energy Procedia, 2011, 5 (1): 1065 – 1072.

11. Li, W., and Hu, M. An overview of the Environmental Finance Policies in China: Retrofitting and Integrated Mechanism for Environmental Management [J]. Frontiers of Environmental Science & Engineering, 2014, 8 (3): 316 – 328.

12. Rajan, R. G., and Zingales, L. Financial Dependence and Growth [J]. American Economic Review, 1998, 88 (3): 559 – 586.

13. Zadek, Simon and Flynn, Cassie South – Originating Green Finance: Exploring the Potential, The Geneva International Finance Dialogues, UNEP FI, SDC, 2013.

14. 和秀星. 实施绿色金融政策是金融业面向21世纪的战略选择 [J]. 南京金专学报, 1998 (4).

15. 乔海曙. 树立金融生态观 [J]. 生态经济, 1999 (5).

16. 熊学萍. 传统金融向绿色金融转变的若干思考 [J]. 生态经济 (中文版), 2004 (11).

17. 安伟. 绿色金融的内涵、机理和实践初探 [J]. 经济经纬, 2008 (9).

18. 汤伯虹. 我国发展绿色金融存在的问题及对策分析 [J]. 长春大学学报, 2009 (9).

19. 陈柳钦. 国内外绿色信贷的实践路径 [J]. 环境经济, 2010 (12).

20. 张雪兰, 何德旭. 环境金融发展的财税政策激励: 国际经验及启示 [J]. 财政研究, 2010 (5).

21. 巫天晓. 论我国碳金融体系的构建与完善 [D]. 厦门: 厦门大学, 2011.

22. 天大研究院课题组, 王元龙, 马昀, 王思程, 刘宇婷. 中国绿色金融体系: 构建与发展战略. 财贸经济, 2011 (10).

23. 龙卫洋, 季才留. 基于国际经验的商业银行绿色信贷研究及对中国的启示 [J]. 经济体制改革, 2013 (5).

24. 韩立岩, 王臻. 绿色信贷发展的国际比较与启示 [J]. 国际经济合作, 2014 (2).

25. 马骏. 论构建中国绿色金融体系 [J]. 金融论坛, 2015 (5).

26. 马骏. 中国绿色金融的发展与前景 [J]. 经济社会体制比较, 2016 (11).

27. 国务院发展研究中心"绿化中国金融体系课题组",张承惠,谢孟哲,田辉,王刚. 发展中国绿色金融的逻辑与框架 [J]. 金融论坛,2016 (2).

28. 殷剑锋,王增武. 中国的绿色金融之路 [J]. 经济社会体制比较,2016 (11).

29. 辜胜阻,韩龙艳,李睿. 绿色发展视角下的绿色金融探讨 [J]. 社会科学家,2016 (5).

30. 安同信,侯效敏,杨杨. 中国绿色金融发展的理论内涵与实现路径研究 [J]. 东岳论丛,2017,38 (6).

31. 卜永祥. 构建中国绿色金融体系的思考 [J]. 区域金融研究,2017 (6).

32. 杨娉,马骏. 中英绿色金融发展模式对比 [J]. 中国金融,2017 (22).

33. 王凤荣,王康仕. 绿色金融的内涵演进、发展模式与推进路径——基于绿色转型视角 [J]. 理论学刊,2018 (5).

34. 陈雨露. 推动绿色金融标准体系建设 [J]. 中国金融,2018 (10).

35. 单国俊. 我国绿色金融的发展:执行标准、市场状况与政策演进[J]. 商业经济,2018 (9).

36. 中国人民银行研究局绿色金融标准课题组,王信,推动我国与全球主要绿色金融标准趋同 [J]. 中国金融,2019 (11).

37. 钱立华,鲁政委,方琦. 以实施绿色标准促进绿色金融大发展 [J]. 中国农村金融,2019 (4).

38. 王康仕. 工业转型中的绿色金融:驱动因素、作用机制与绩效分析 [D]. 济南:山东大学,2019.

39. 王修华,刘锦华,赵亚雄. 绿色金融改革创新试验区的成效测度 [J]. 数量经济技术经济研究,2021 (10).